悟りのシリーズ ②

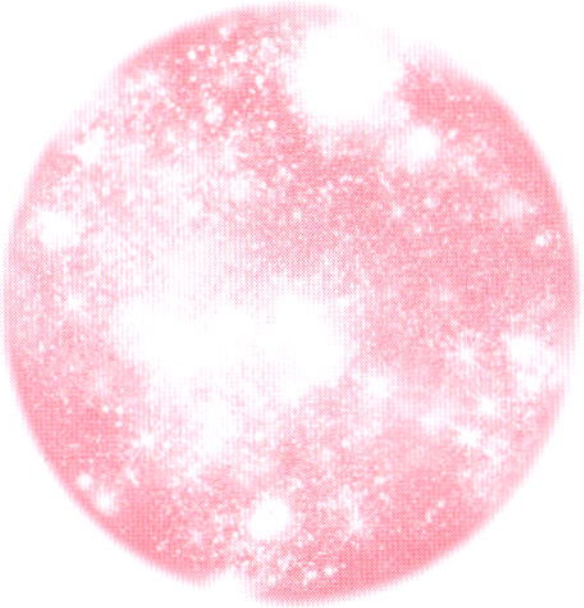

# 極めつけの悟りの歴史

## 22の主要な悟り

TAIKO

たま出版

# はじめに

本書は、本書と同時に上梓しております悟りのシリーズ①「神が世界をあらためた~悟りとともにあらためた」とセットのものです。悟りのシリーズ①においては、神によって世界は宇宙と同じ陽《よう》のみにあらたまっていること、明るい見通しが立っていることをお伝えしておりますが、本書はその素《もと》となった極めつけの悟りの歴史をお伝えしております。

極めつけの悟りの歴史、それは悟りを極めた歴史のことであって、悟りを極めた歴史をお伝えしております。

悟り、それはこれまで極められていませんでした。パーフェクトに極められていなかったのですが、宇宙創造神でもあるところの宇宙根源神が人の身（女の身）に生まれ極めた、１９７０年~１９８９年12月22日の約20年間かけて極められたのですが、その20年間にわたる悟りの歴史をお伝えしております。

悟りを極めるには22の主要な悟りを要しましたが、その22の主要な悟りの歴史をお伝えしております。

なお、この悟りの歴史は１９９８年に神がひとりの人をお相手にテープ（カセットテープ）に吹き込まれていたものを起こしたものです。

神はこの方に「悟りを極めた者」という立場でお話しされており、それを起こしたものです。

左の図（）が「極めつけの悟り」、「悟りの極め」です。

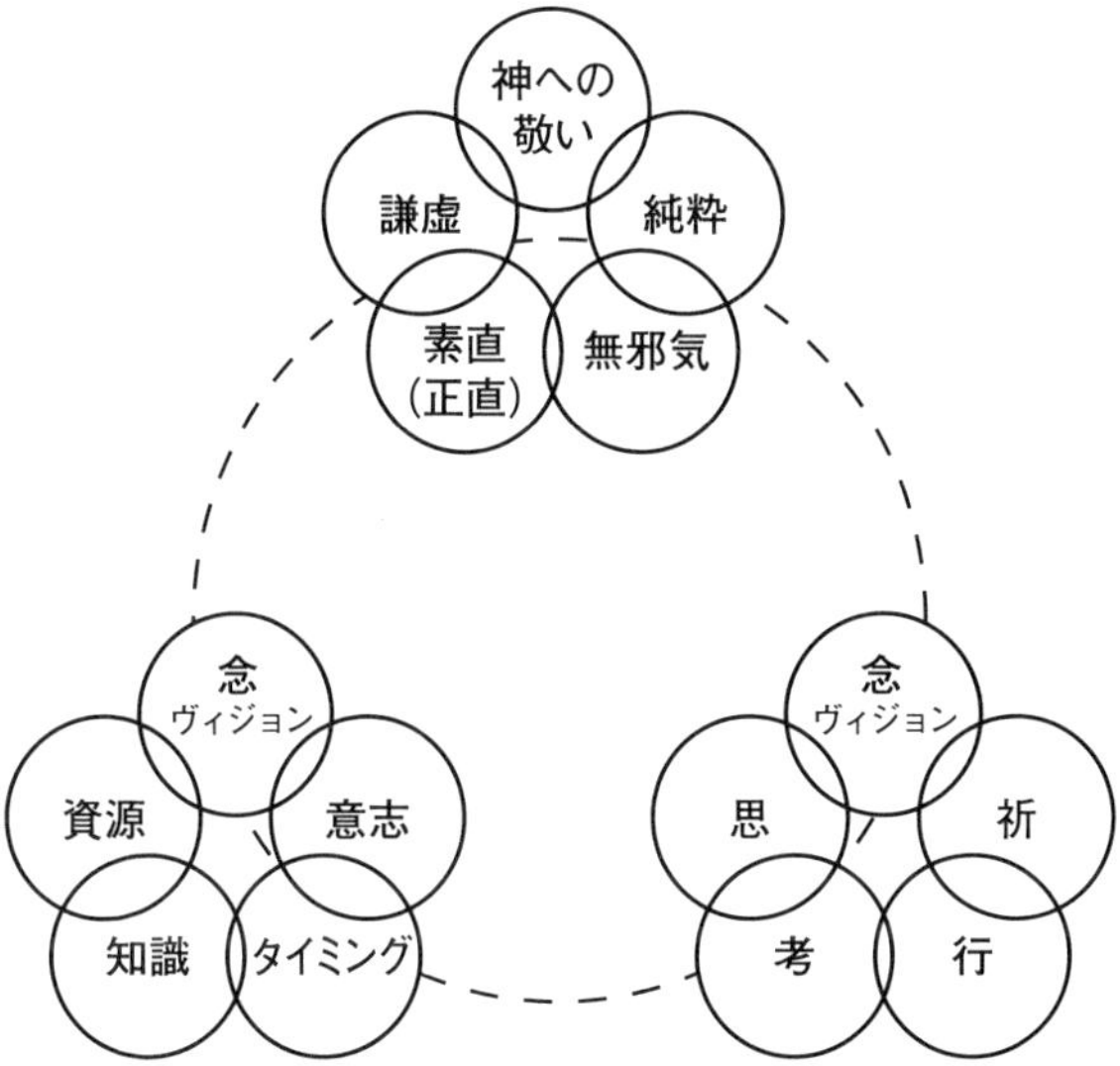


## まんだら

は「まんだら」と言っております。それは、は宇宙を顕《あ》かしたものでもあり、そして宇宙を顕かしたものを仏教的には「曼陀羅」とひと言でいっており、それに乗っかって、「まんだら」と言っております。ひらがなにしているのは「金剛界曼陀羅」、「胎蔵界曼陀羅」、この二つをひとつにしたものであり、これを超えた今様曼陀羅であることを意味しております。

なお、∴《まんだら》は、極めつけの悟りのみでなく全ての素であり、全て、人間が考え得る全てを含んでおり、またそれ以上の全てであり、宇宙であり神であるのです。

つまり、∴《まんだら》＝宇宙＝神でありますが、軸は神であるのです。そしてそれは愛、神をひと言で申しますと愛であって、そしてそれは絶句するようなスケールの愛でありますが、それはまた人間、人間の本来の姿、在り様なのです。

つまり人間は本来は∴《まんだら》であり、宇宙であり、神ほどであるのです。人間は本来神ほどの存在であるのです。

また、∴《まんだら》は人間を神ほどの本来の人間に変換する霊的エネルギーでもあって、∴《まんだら》を呑み込むことで変換なりますが、∴《まんだら》の呑み込み方は「悟りのシリーズ①」に載せております。

# 序　章

こんにちは、

今日は悟られました極めつけの悟り、その中枢は22あるとお伺いしておりますが、そのお話しをして下さるということで楽しみにして参りました。

どうぞよろしくお願いします。

こんにちは、

こちらこそよろしくお願いします。

何しろこの悟りは１９７０年、昭和45年のときから20年間に渡ってしたものでして、ゆえに思い出しつつのものとなり、そこから跡切れ跡切れになるやも知れません。

でも一生懸命努力してお話しさせて戴きますのでお聞き苦しき面あるやと思いますが、御勘弁下さいましてこちらこそどうぞよろしくお願いします。

では、その22の悟りですが、それはここにあるこの《まんだら》、この中枢であります。

そしてこの《まんだら》が先きほど申しました極めつけの悟りです。そしてこの中枢は22あります。

つまり主要な悟り、それは22あるということです。

そしてその主要な悟りをこの度させて戴きまして、このような《まんだら》としてひとつにまとめました。

そしてこれが極めつけの悟り、これ以上のものはない、もともとあった、もともとのこれが悟りなんですね。

では22、何々あるか、と申しますと、

①お金の悟り
②愛の悟り
③あい別れにさよならの悟り
④書くことの悟り
⑤目に見えないもうひとつの世界の悟り
⑥負《ふ》の悟り
⑦生命《いのち》の悟り（結びの悟り）
⑧儀式の悟り（秩序の悟り）
⑨天（宇宙）の悟り
⑩自然、その究極の悟り

⑪夢の悟り
⑫食べ物の悟り
⑬物から心への悟り
⑭祈りによる病気平癒の悟り
⑮神と共にあることの悟り
⑯神の心、その悟り
⑰政《まつりごと》、その本質の悟り
⑱自力的幽体離脱による悟り
⑲魔、その本質の悟り
⑳創造、その本質の悟り
㉑悟りすることの悟り
㉒陽のみの世界の悟り

――と、このように22あります。

で、この悟りは戦後50年、約50年の大掃除、これに当ります。
つまり戦後50年というのは人類のあくたがこの日本にイッキに押し寄せ、それが柔らかくレベ

ルを変えて現われておりましたが、そのあくたをこの身に一身に背負い、
その人類のカルマ、それを20年間で禊ぎ落したということです。

で、これを禊ぎ落すには大変な努力が要りました。忍辱《にんにく》という言葉がありますが、まさにそれでありました。

でもそれは反面すごいパワー、それひっくり返さんとするものすごい力が出て、その力の漲《みなぎ》りのもと、一つ乗り越えるごとに内に秘めたる創造の力、

創造の力のことを生命エネルギーと申しますが、生命エネルギーが噴出し、パカパカパカパカと何ともせわしくわたくしは生まれ変りました。

これからお聞き戴くところから、そのせわしさはおわかり戴けると思いますが、何ともせわしくわたくしは生まれ変りつづけました。

で、只今というときは、人はこのわたくしのように生まれ変るときに入っております。

でもみなさま方の場合は、この《まんだら》という一粒のたまをグイッと呑み込んで下さいまして、あとはこれ一本にお生きになられるとよろしいんです。

そうしますと、それは想像を絶する力や変化が生じて参りますので、是非これをお試し下さいまして、明日よりますます元気にお励み下さいますようお願い申し上げます。

——では、その悟り、22の主要な悟りのその①、お金の悟りからお話ししますが、最後の悟りでありますす「陽のみの世界の悟り」の話のあとに、「悟りのその後」ということで、悟りのその後にあったこともお話しします。

悟りが完了後、わたくしの想ってもいない深遠なことがジャカスカ起きたのですが、そのこともお話しします。

◎目　次

その①
# お金の悟り
1970年（昭和45年）28才

**この悟りは、お金は「思い」を交換するための材料であって、大事なのはそのお金が取り扱われるときの「思い」、その質が大事である、**との悟りです。

きっかけですが、それはこの頃、わたくしはとてもお金に困り、死のうとしておりました。それはこの頃、小さなブティックをしておりまして、そのブティックがみるみる大赤字になり、生活のメドも立たなくなってしまったのです。つまり、店をもうこれ以上つづけてゆく勇気がなく、店を閉めようと思うけれども借金は残るわけで、その借金を背負いつつの生活に自信がなかったんですね。

それはこの頃、4才の男の子を抱えての母子家庭であって、他に仕事を探すにしてもそのような小さな子がいると見つかり難いであろう、子供はよく熱を出しますから、何かと休むことになり、また学歴もないので親子で食べられ、借金まで払えるような勤め先はないであろうと思ったんです。

それで、もう死んでしまおう、とガス栓を開いたりしていたんですね。ガス自殺なんてよくあるけれど、どんな風になるのか、と。ところが、シュワとものすごい勢いで出てくるし、その臭いたるやものすごい臭いで、慌ててもとに戻し、また他の方法も考えてみたけれど、結局死に切れませんでした。

それは、そんな気配を直感的に感じたのでしょうか、ある晩、「ボクは死にたくない！」と、子供が隣の部屋から駆け込んできて、わたくしにすがりついたんです。で、「ああ、死ぬまい、こんな小さな子でさえ、生きたい、生きよう！　という思いがあるのだ。ならば生きねば！」と思い、また「死んでなるものか！」と思ったんです。「お金なんかで死ぬなんて悔しい！」と思ったんです。

それで、生きることを強く思ったんですが、でも元気が出ない。「生きよう！」と思うけれどもでも元気が出なくて…。それで、何とか生きる元気を出そうと思って、で、そのときに、「じゃあ、お金って何だろうか」と考え始めたんです。死ぬまい、と決めて生き始めましたが、でもお金に対する疑問、これが解けなくてはどうしても元気が出なかった。

それは世の中、お金がなくては生きられぬ状況でしょ？　お金、お金で、まるでお金もうけをするために人は生まれて来たんじゃないかと思うほどの、お金なくしては生きられぬ状況であって、でも、それはとてもおかしい、どう考えてみてもおかしい。で、「これは何なんだ」…と。どうしてお金がなくちゃあ生きられないのか、それにそもそもお金は、何のために生まれたのか、なぜわたしは小さいときからお金には恵まれなかったのか…と。

それは、わたくしは小さいときからお金には縁がなかったんです。小さいときからお金にはさんざ苦労していて、またここで大苦労することになり、そういったお金なくしては生きられない世の中では、生きたくとも生きる力が湧いて来ないんですね。

で、考え始めたんです。お金というところで、人類の歴史や日本の歴史、家や自分の歴史を考えていった、ふり返ってみたんです。


で、結局のところ、人類はいつの頃からかお金を中心に生きており、またそのお金を中心にした生き方は人類の歴史のみでなく日本の歴史でもあれば家の歴史でもあり、また自分の歴史でもあったことに気がついたんです。

ゆえにわたしは、このように行き詰まって死のうとしたし、また家もそうであったんです。

かつて我が家は、祖父の代までは津山の近郊の中農の農家でございまして、食べることに困ることはなかったんです。でも、父の代からは食べるものにも困る有りさまで、それは父が事業を興したからです。で、その事業がうまくゆかず、田地田畑を売り、母屋まで売り、そこからその日暮らしの生活になってしまったんです。

そもそも父がそのような事業を始めようとしたのは、時代が影響しているんですね。――父が事業を興したのは戦後の復興期でございまして、日本は工業によって国を興さんとしており、そうした状況の中、父も、ひと旗上げん！　として事業を興し、結局、何もかも失ってしまった。また、わたくしもそうであった。父の場合とは似て非なるものでありましたが、結局のところは、お金に行き詰まって死のうとしている…

つまりわたくしの場合は、そんな父や家から逃れるようにして岡山（岡山市）に出て、ひとり暮らしが始まり、高度成長時代とあいまって暮らしは楽々になりました。

ブティックの前に小さなお店、スナックを致しまして、20才《はたち》の頃したんですね、それは高度成長時代の始まりの頃でしたので、すごく当たりまして、暮らしは楽々になったんです。されど、それは使いっぱなしに使って、それまでの不足を補うかのように、食べ物、着るもの、遊び事にとジャンジャン使って、結局のところ一銭もなくなってしまった。

そのわたくしの歴史も、また家の歴史も日本の歴史に影響されており、また日本はアメリカに影響されており、そしてアメリカはイギリスなど西洋に影響されており、またその西洋の歴史も、詰まるところは個人、どこかの誰かが言い出した、行い出した、それが始まりであって、そしてその流れが地域を隔てて呼応しあっている…

つまりこのお金を中心とする生き方が顕著になったのは、あの暗黒時代、教会が主導する中世のあの時代を超えることになった唯物思想からであって、またイギリスで生まれた産業革命がそれに絡まり、そしてそれがアメリカで肥大し、戦後、そのアメリカから日本に及び、そして父に及び、わたくしにも及んだわけで…

――と、まあ、そのような人類史、国や家、個人が絡みに絡んだ歴史の有りさまを、その考えるなか見ていけました。

またそのときに、それはそのような歴史や時代のせいばかりでなく、このわたくしの性格、これが大きく災いしていたという発見があったんです。

それはそれまでの飢えを満たすためとはいえ、世の中を見渡すと、いかに過去、貧乏であってもそれゆえに貯金する、将来のことを考えて貯金をするという方もおいでになるわけであって、されどわたくしの場合は、使いっぱなしに使って、また見栄っぱりであったり、と、浅はかな自分をまざまざと見て…

つまりそのブティックにしたところで、実は趣味的なところから始めているんですね。自分の洋服に対する小さな思想があって、それをそこで展開したい、ということだったんです。

また、流行とかは抜きで、自分のそういった思想、感性のものを主な商品として出しておりましたし、また、それは予算のない、余裕のないギリギリのものであって、それは景気のよかった頃、貯金のひとつもしていなかったからであって、要は時代のせいではなく、自分の性格のせいであると見ていけたんです。

でも、それにしても結局大きく影響を与えているのは人類の歴史であって、人類の歴史をとことん遡《さかのぼ》ってみたところ、海幸、山幸の話に辿り着いたんです。つまり、物々交換の時代に辿り着いたんですね。

で、その物々交換、それはどういうところからそうなったのか、と考え、海幸、山幸の気持ちになってみたんです。どういう気持ちで物を取り交わしていたのだろう、と。

それは、相手をよろこばしてあげよう、と思ったところからであった、と思ったんです。海の人は「これを山に持っていってあげよう！　きっとよろこぶよ」、山の人も「これはきっとよろこんでもらえるに違いない！」と、お互いホクホクして持って行きっこした、と思ったんです。

つまりそれは、物を通して「思い」の交換をしていたことに気がついたんです。


そしていま、その物がお金となっているのですが、詰まるところお金とは、「思い」を交換するための材料であって、大事なのはそのお金が取り扱われるときの思い、その質が大事であることに気がついたんです。

そして、そこからお金に対する決着がついたんです。それは要はそういうことなんだから、仮りにこのわたしにお金を借りに来られるような人があれば差し上げよう、また、自分もまじめに働いた揚げ句、困ったときには「ちょうだい！」と言おうと、そのようなお金に対する姿勢ができたんです。

つまりお金を借りに来られるというのは、困った揚げ句ですよ、少々のことでなかなか言えるものじゃあなし、ならばお金を貸してあげることは楽にならないですね。ならばスカッと楽にさせてあげることがいいわけで、で、もうそれは差し上げるんだ、と。また、わたしも困った揚げ句には「ちょうだい！」と素直に言ってみよう、と思ったんです。

で、そのように、お金に対する決着がつき、——それであるところ世の中よくいくであろうと思い、ならばわたしはそうしよう！　世の人がそうしなくともわたしだけはそうしてゆこう、それをまっとうしよう！　と決着したんです。

そして、そのあと本当に言ってみたんです。ある人に「お金をちょうだい」と、否、「都合していただけないか」と。すると、都合して下さいまして、それで借金も払え、生活も成り立つようになりました。それはその方が、ここの前身であります喫茶店、その営業権を買って下さり、それで生活も成り立つようになったんです。

——でね、このときに、初めてふり返ったんです。人類の歴史や国や家、自分の歴史をふり返ったんです。それまではふり返ることなどありませんでしたが、このときに初めてふり返り、また初めて自分の頭でとことん考えたんです。それまで自分の頭でとことん考えるといったことはなかったんですが、このときに初めて考えた、とことん考えたんです。

で、その考えた中には、人間は土を捨ててはいけないのだ、日本は戦後農業から工業に移り、そこから我が家も農業から工業に移ったけれども、農業をしていてこそ食べてゆけるという安心、安心が得られるのだ、と、土を捨てたがゆえに行き詰まった我が家の歴史と、その頃読んだパールバックの『大地』という本を通して考え、またこういうことも考えて…
　要は、そのような思い、情といいますかね、そういうものが働いていた時代があった、と。何でもない関係なのに差し上げる、という時代があった、と。
　例えば、借金があっても棒引き、チャラにするという、「そんなに困っておいでならもういいですよ」という風な、そのような情が働いていたときがあった、と。
　ところが、そのような情、思いが働かなくなり、いまはお金を奪いあうことになっており、どうしてそんなことになったのか、と考えると、結局は、お金はそもそも思いを交換するためにつくられたものだけれども、そのことを知らない、知らないままにお金をつくり、使ってもいるわけで、物にしたところで、そこまでの認識をもって物を取り交わしているわけではないわけで、そもそももとがそうであったから物を持つことが幸せ、お金を得ることが幸せ、それが生きる目的になっちゃった、——要は機械化している、
　そのような思いに皆～んな機械化している、思いの機械化なんだ。そしてそれはもう解きほぐされないぐらいに皆～んなもうその思いになり切ってしまって疑ってみようともしていない、という、そのような状況、時代になってしまったんだ、とわかって、
　ですからそのような時代をこの自分が何ともしょうがないけれども、でも自分はそうする！というところで生きる元気が出て、生き始めたんですね。

――で、このお金や物を中心にしてしまった原因ですが、あとになってこんな風にわかったんです。それは、**物を持つことによる幸福、物によっても安定することができるということを知るため**だったのです。

つまり肉ある人間ゆえの物、
物がなければ生きれないゆえの
物ゆえの幸せ、
それを身を持って、体験通して
知るためのこたびの唯物、
物質中心の生き方、
在り様だったのですが、
でも今ではそれは二次的、
二次的なそれは幸福、幸せであって、
要はその「物」を通した思い、
これが幸せであることが肝心、
本質であるんです。

# その②
# 愛の悟り

1975年（昭和50年）33才

この悟りは、**愛とは与えられようとするものではなく与えるもの、つまり自分を愛するよりも他（他の人）を愛するもの**、という悟りです。

きっかけですが、それはこの頃、生まれて初めて大失恋し、その失恋から愛とは何かと、愛の本質を考えていったことがきっかけでした。

失恋した相手というのは、お金に困ってお金の悟りをし、その悟りのあと、お金を都合して下さった方で、そしてそれは男性であって、その方と男女の関係になり、まことの思いで愛しあっておりました。

ところが、まことの思いで愛しあっていたはずなのに、ある誤解から一方的に別れを宣告され、それは誤解を生むようなわたくしの行いもあったからなんですが、でも釈明も何も聞いて下さらないで一方的に振られた、そのことが大ショックでした。それはその方と一生添い遂げようと思っておりましたからね、その方には妻子がおありでしたけれども、陰《かげ》の立場でもよいから一生添い遂げようと思っていたんです。そして、そんなわたくしの思いをその方も受け入れて下さいまして、お互いまことの思いで愛しあっていて、そんな関係がイッキに崩壊するなんて思ってもいなくて、それはものすごいショックで、そのとき結核にまでなったんですから…

――で、愛って何だろうか、と考え始めたんです。自分はこれまで、愛、愛と言っていたけれども、愛を知らないままに言っていたなあ〜、愛ってどういうことか解らないままに愛している、と言っていたし、愛されている、とも思っていた。

愛という意味を知らないまま言葉にしていて、そしていま愛に捨てられ路頭に迷っている。ならば、この愛という言葉の本質を知らなくちゃあいけない、と思い、本屋さんに通いに通い、愛というテーマの本を片っ端から読みに読んでいきました。ロシアのドストエフスキーやトルストイのもの、また、日本やフランスやアメリカのものなど、本屋さんの棚にあるものを手当たり次第読んでいったんです。

ところが、いまいちよくわからない。

そんなある日、商店街でふたりの若者に出会いました。

それは、ハワイから来ているという白人のヒッピーのような方で、ビラを配っておいでであって、ビラには「イエスの愛」という言葉が書かれているんです。

それでわたくしはこの方々に話を聞いてみたいと思い、家にお招きしました。お金もなくカッカツで旅をしておいでであるということでしたので、一泊の宿を提供しがてら、話しあってみたい、と思ったんです。そして、通訳に英語のできる友達に来てもらって、夜を徹して話しあったんです。

その結果、さほどのことはわからなかったんですが、この人達の行動力、これにあっけに取られた。何しろ、お金もないのにこれから韓国へ渡り、アジアをズーと廻って、ハワイに帰ってゆくということであって、そしてその行動のもとはこのイエスであるわけで、そこからイエスさまに意識がグイッと向かったんです。

「この人達をこのような行動に駆り立てるこのイエスとは何者か?」と。

それは、その頃買って読んでいた本の中身、その素は全てこのイエスさまなんですよ。でも、イエスさま自身にはさほど意識が向いていなかったんです。ところが、ふたりの行いをまざまざと見たときに、イエスさまに意識がグイと向かったんです。

そこで初めて、聖書というものを手に取りました。それまでは聖書というのはパラパラとめくってみたことはありますが、でも読もうとは思わなかった。小さな字がびっしりと書かれた、こ～んなぶ厚い本でしょう!　でも、そのときにしっかり読みました。

愛の悟りは約一年、32才の頃から33才の間、約一年かかりましたけれども、その間しっかり読みました。それは、読めば読むほど楽しいものでした。陰喩的に書かれていて、それを自分なりに読みといたときは何かこう、頭がパカッと開かれる感じで、読んでいてとても楽しかったです。

で、読んでいきましたが、結局のところ「愛とは与えるもの」、「自分を愛するよりも他（他の人）を愛するもの」ということであって、その愛の教えはとてもよくわかるわけです。「なるほど、そうだ！」――そうであれば世の中もうまくゆくし、わたしにしたところでうまくいっていたであろう…と。

でも、そうすることはとてもよいことだとはわかるんですが、自分もそうしよう、という決着がつかないんです。よいことだとはわかる。それはとてもよいことだとはわかるんですが、でもそれを自分事として受け入れることができないんです。どうしても自分よりは他の人を愛する、ということがストンと落ちないんです。

その頃読んでいた本の中には、そのイエスさまの教えを実行され、他の人に代わって死んでゆかれた人の事も書かれており、そのような見事な人間に自分もなりたい！　生きてみたい！　と思うのだけれども、でも受け入れられないんですね。

――で、日々モンモンとしていたんです。

そうした最中《さなか》、自然界を観察するようになりました。アパートの窓から葉の繁った木が見えるんですが、その木、緑をなんとなく見ていて、そこから緑のこと、自然界に目が向いたんです。

――で、緑、これはその愛ですね、つまり他を愛する愛。

つまり、あの緑は酸素を黙々と吐いておりますね、そしてその酸素を愛に置き換えてみますと、まさに他を愛する愛でしょう！　その酸素によって動物やわたくし達は生かされているわけですから…。

また、動物、それもやはりそうだ、…と。つまり、小さな生き物は大きな生き物に食べられ、大きな生き物は死んで小さな生き物に食べられ、また魚にしても小さな魚は大きな魚に食べられ、またその魚はさらに大きな魚に食べられ、その魚は死んで微生物の餌となり、その微生物を小さな魚が食べ、――お互いに命を与えあっているんですね。

でそれは、素直に殉じているわけです。そういった自然の摂理に抗がっていないんですね、でツル～といっている、自然はまあるく治まっているんです。

また、そのときに水の循環を観てゆきました。そしてそれもツル～とまあるいんです。

山から湧き出る水、それが渓流となり、川となり、海となり、水蒸気となり、雲となり、雨となり、山に落ち、それが渓流となり、川となり…ツル～とまあるい。

で、そのような自然、自然界を観ていっていたあるとき、ストンと落ちたんです。「ハッ！」とわかって、そのとき畳にドバッと手をつき、ウワァ～と、大号泣いたしましたが、それはまさに目からウロコが落ちる、といった感じで…

で、それは突然来て、で、ウワァ～と、畳に手をつき大泣きに泣いたんですけれども、――それはなさけない自分への涙でもあったんです。

それは、なさけないのは逆さだったですからね。他を愛するよりは、愛が欲しい欲しい欲しいのストレイシープでしたからね。他を愛することを知らず、自分を愛して欲しい欲しいのメエメエ子羊でしたからね。

それはわたくしは、3才のみぎり母を亡くしており、それ以来、母恋しい、恋しい人であったんです。で、そのことを自分としては自覚していないものですから、母の愛を求めることを年頃になって異性に求め、そこからのさまざまな苦労をし、また相手にも苦しみを与えてしまっていたわけで…

わたくしは、結婚は20才《はたち》のときにし、25才のときに別れてしまっているんですが、それは結局のところ自分を愛してもらいたかったからなんです。相手を愛する、尽くすことはさんざしましたよ。でも、結局は自分の我がまま、これを通したかったんです。

また、その後出会ったその彼にも、結局のところ自分を愛してもらいたかった。自分の我がままを許して許してもらいたかったんです。でも、それは通らなかった。ピシッとはねつけられたんですね。

で、そのような情けない自分、愛が逆さだったことがわからなかった、それは懺悔の涙でもあれば、わかった、そのよろこびの涙でもあったんです。

――で、これが、「愛の悟り」なんです。

そして、そのような悟りを致しまして、あ～と思いましたよ。「もうこれで安心」——とね。それは、自分が与える愛として生き始めるわけでしょう、そうしたらその愛を捨てない限り自分は愛には見捨てられることはない、愛を欲しい欲しいと思っている限り愛はわたくしにはないわけですが、与える愛からスタートすれば愛はわたくしの中にあり、そしてその愛を捨てない限り、わたくしは愛に見捨てられることはなく、あ～、これでもう安心！　と思ったんですね。

また、これを皆んなもすれば皆んなも安心だし、またわたくしもそこにおいてますます安心と思いましたね。

つまり、このイエスさまの愛の教えは二千年ほど前から伝えられているけれども、結局人は自分を愛している。口では愛しているといいながら、結局は自分を愛しており、それはわたくしを振った彼にしたところでそうであったし、また、別れた夫にしたところでそうであった。

けれども、一人ひとりが与える愛として生き始めるとツル～とうまくゆく、誰れもが愛からハズれることなく、その愛の輪、巡りの中、誰れもが安心だし、またわたくしにしても安心、その愛の輪、巡りの中にいるわけですからね…。

で、そのときのそれですけれども、ハッとわかったそれですが、その頃はそれを悟りだとは思っていないわけです。あとでそれは悟りであったんだとわかりましたが、当時は「感動」ということで捉えたんです。

で、それはものすごい感動であって、「ああ、人はこの感動を得るために生きているんだ！

この感動を得ることが生きている意味なんだ！」と、そのときに思い、このような感動を人も得られたらいいなあ~と思ったんですね。

で、そのような思いをし、与える愛として再スタートしましたが、そのときに四つの柱を立てました。それは、

一、ほんまもんの人間になる
二、存在を丸ごと愛する
三、自分が自分を幸福にする
四、ユーモリストになる

この四つでした。

「ほんまもんの人間になる」というのは、お金の悟りや、この愛の悟りをしてゆく中、自分の過去を振り返りましたわね、で、そのときに自分の性格の悪いところを見つけたわけです。そして、その悪さにほとほと嫌気がさしていたんです。

結局は失恋したのも、お金に困って死のうとしたのも、その性格ゆえであって、ならばここでほんまもんの人間になろう、ということだったんです。ほんまもんの人間てどんな人間かわからないんですが、要は悪いところを無くしてゆく、人間を磨いてゆく、ということだったんです。

次の「存在を丸ごと愛する」ですけれど、それは存在を、そのまま丸ごと愛する、ということ

なんですね。

それは、わたくしにも悪いところはいっぱいあるわけですが、他の人にもある。わたくしを振った彼にしても、別れた夫にしても、悪いところはあって、でも、悪いところはあってもその存在こそが貴重なわけで、ならばわたしは存在を丸ごと愛するんだ、そこからスタートなんだ、と決め、その誓いを自分にしたんです。

三つ目の「自分が自分を幸福にする」というのは、自分の過去を振り返ったときに、「自分は不幸な生い立ちであったなあー」とつくづく思い、そんな不幸な自分を幸福にしてあげなきゃあいけない、と思いました。

その幸福を人に頼っていて、結局不幸になっていた。ならば自分の力で自分を幸福にしてあげなきゃあ自分がかわいそうだ、と思ったんです。

それで、自分が自分を幸福にしよう、とつよくつよく決意したんです。

最後の「ユーモリストになる」ですけれども、これは与える愛として再スタートしましたけれども、その与えるというところに躊躇《ちゅうちょ》しましてね。

それは、「与える」ということになると与えられる側にしたら負担が生じるであろう、物にしてもお金にしても、与えられる側にしたら心の負担であろうと思ったんです。

つまり、「与える」という考えでそれを行うと、何かこう高みから差し出すようなことになり、それは相手に失礼であるし、心に負担を生じさせてしまうであろう。

で、それではいけない、と思い、失礼でもなく負担も生じない愛の差し出し方、そのようなことができる人になろう、と思い、そのような人になるにはどうしたら？　と考えていったとき、『ユーモア』という本と出会い、そこからユーモアということを自分でも考え、その結果、ユーモア、これはいい！　と。

それで、ユーモアリストになろう！　と思ったんです。

そしてそのような四つの柱を立て、再スタートしましたが、その再スタートに当り、ここを道場に見立てたんです。

当時ここは「らんぶる」という喫茶店だったんですが、自分磨きの道場に見立て、居ながらにして自分を磨こうと思ったんです。

また、ここを人がホッとする場にしてゆこうともしたんです。自分を磨くと共に、来られた方の心がなごむ店の造りにしたいと思ったんです。――それにはやはり洗練というものが要る、と。で、どのように、と考えて、おしゃれな造りで有名な店を何軒か見にゆきました。でもそれは、カチッと整ってはいるけれども温もりがないんですね。

で、わたくしの場合は温もりのある洗練、洗練の中にも温もりのあるもの、そのような店のしつらえにしようと思いましてね。――あ、その頃ここは新しく改装していたんです。

その頃ここは平屋だったんですが、大家さんが、ビルに建て直されるということで、いったん出て、新しく契約してまた入るということになり、店もまったく新しくすることになったんです。

そして、新しくするにしても洗練の中にも温もりのある店、そのような店のしつらえにしようと思って、で、インテリアの店を何軒か廻りました。

そしてその中で、イメージとピッタリの食器棚や椅子、テーブル、食器などに出会ったんですね、スッキリと洗練されているけれどもほっこらと温もりのある…。

それはいまここに少し残っているんですが、――あすこにある食器棚やあの木の丸いテーブル、またベンチのような木の椅子、またここにあるこのガラスの器もそうですが、

「ほら!、とてもスッキリとして、しかもほっこらしているでしょう⁉」

で、このような物たちと出会い、この物たちを基に店全体をつくっていったんですが、それは実によくできたんです。わたくしのイメージ通りの温かくてしかもスッキリとした店になったんですね。――もういまは当時の様子をとどめていませんので、わかって頂きにくいんですけれども…。

また、そのように店内だけでなく外への心使いも致しましてね、それは当時の喫茶はスタンド式のたて看板を道路せましと迫り出しておりましたが、その立て看板をやめたんです。それは、道を歩かれる方には邪魔なものですし、車にしても邪魔ですし、また、町全体を見渡してもそれが出ていると町がゴタゴタして醜くいので、思い切ってやめたんです。

それをやめることは営業には響くわけですけれども、でも思い切ってスパッとやめたんですね。

——まあ、そのように内や外に何かと気をつかっていたんですが、それはまっとうにしなくっちゃあいけない、と決めたところからスタートしていますからね。この場を通して自分磨きというものに邁進していましたからね。

で、その自分磨きですが、それにはすごい意識の集中力が必要でありました。また、意識の集中力があったがゆえに磨きに磨いて来れたんです。

それは何をしていても意識を集中しておりました。自分の思いはどうか、言葉の用い方はどうか、またお客さんとの会話の中身とか、目つき、手つき、身振りなど、それはすごい自分への意識の集中でしたね。何しろ、いつも自分にランランと目を光らせていた。「カーッ」と凝視しつづけていたんです。

——それはね、実はわたくしは仁王さまだったからなんです。——あのね、わたくしの場合、それがあったのはあの仁王さま、お寺の門の両わきに、カーッと目をむいて立っている仁王さま、あのエッセンスでもあるからなんです。

仁王というのは不動ということで、揺るぎない、ということです。そしてそれは「意志」、これなんですね。仁王さまは剣《つるぎ》を持って立っておいでですが、仁王さまはあの剣《つるぎ》のごとくそそり立つ意志を現わしているんです。

そして、その意志があってこそ、物事は具現していけますわね。また、その意志をキープするにも、この集中力というもの、意識の集中力が絶対必要なんです、つい散漫になりますでしょ。でもそこに意識を持ちつづける！ これあればこそ具現していけますわね！

また、その自分磨き、その達成ができていったのも既成概念に捉われなかったからなんです。物事の考え方を、これまでの考え方に捉われなかった。既成の概念に影響されなかったからなんです。

例えば、あの「愛の悟り」のときにしても、普通なら相談しにゆくでしょう、心療内科なんかに…。それはとても苦しい、結核になるほど苦しかったわけで、普通なら心療内科などに相談しにゆくわけです。ところがわたくしの場合は全然いかないし、また権威にも頼らなかったんですね。

いろいろ考えてゆく中においては、何かと人に尋ねもするのが普通でしょうが、でも尋ねようともしないし、また本を読んでもいくわけですが、その書かれていることだけでは納得がゆかなくて、さらにそこから考えてゆくということでありましたしね。

では、どうして相談しないし、頼らない、権威に頼らなかったか、と申しますと、つまるところお金がなかったからなんです。例えば、病院にゆくにしましても、お金もなければゆく時間もない。何しろその日暮らしでしたから、ゆく時間が惜しいんですね。働いてこそなんぼでしてね。

また、権威にも頼らなかったというのは、やはりお金でしてね。お金がなかったから学校にも行っていませんしね。せいぜい行ったのは正味中学まで、高校へは行きましたけれども一年の半ばで中退していますしね。お金がないので本当は高校にも行けなかったんですが、そこはこじ曲げるようにして行って…。

でも、教材や制服さえ買えない始末で、一年もたたない内にやめることになって、で、既成概念に捉われなかった。権威から出されるアカデミックな価値、ものの考え方といったことを何とも思っていなかった。学校を出ていないところから、重々しく感じていなかったんですね、そこにひれ伏すようなものがなかったんです。――言葉は悪いですけれども、そういったことを、へとも思っていなかったんですね。

――ま、そういった荒さがあったんです。

また、ひとつには世間をバカにしていたんですね、大人をわたくし、信じていなかったんです。それは小さいときから尊敬に値する人にも恵まれず、愛を降り注がれもしないところから、世間や大人を無視していたんです。

それは後になって思えば、お金の悟りをした辺りからは、それはもう世間や大人が悪いんじゃあなく、その大人、世間もネガな自分を知らないゆえ、また知っていても直そうとしていなかったゆえ、とわかり、またわたくし自身の性格が悪かったから、その人の良き面が出にくかったのであろうし、また、出ていてもわたくし自身に観る力がなかったからであった、という風に見直してはゆけたんですけれどね。

なかでも、懐《なつ》き、ですね。わたくしに懐きがなかったんだということがよくわかったんです。

つまり、可愛げがなかったんです。

で、それはね、こういうことでした。その可愛げがなかった、懐きに欠けていたのは。

――それは3才のときに母が亡くなっていましてね。その亡くなったわけを近所のおばさんがわたくしに教えるわけです。「あんたのお母ちゃんは、おばあさんとおばさんにいじめ殺されたようなもんじゃあ。そりゃあ、ひどいもんだったよ」などと、母が死んだのは祖母や叔母のせいのようにおっしゃるわけです。

で、それ以来、わたくしは、祖母や叔母には憎しみを持っておりましたし、そんなことになるまで放っておいた父を尊敬できなくて、――そんなことが根にあると思いますね、大人に対する不信、嫌いがね。

また、そのことがあるゆえに祖母や叔母からはうとまれましてね。――あ、その頃は、わたくしは中学一年の頃で、祖母や叔母たちと一緒に暮らしていたんです。それまでは、父と兄と津山の町の中で暮らしていたんですが、やってゆけなくなり、母屋の傍《わき》にあった小さな家で暮らしていた祖母たちと暮らすことになりました。

それは、家ともいえない小屋のような小さな家で、祖母と父、その妹である叔母、そして兄とわたくしと妹の6人で暮らしていたんです。わたくしには妹もいて、妹はそれまで祖母と叔母と暮らし、父と兄とわたくしは津山の町中で暮らしていたんですね、母屋を売り払ったあと。

そしてそのとき（祖母たちと暮らしていたとき）、わたくしはほとんど家にはいなかったんです。祖母や叔母は何かとわたくしを冷たくあしらいますし、わたくしはほとんど外に出ていたんです。夜、皆んなが寝しずまるまで同じ年頃の女の子のいる近所の親戚の家に居りびたっていたり、夜の星を見上げていたりして。で、皆んなが寝しずまったころ帰り、そっとふとんの端にもぐり込んで眠る、といった風なことでした。

で、それは、わたくしが近所の人の言葉をう呑みにしていたゆえであると、後になって思いましたし、また、近所の人にしたところで、そのようないいかげんなことを、――いいかげんなことでもありますわね？　また、それが事実だとしても、そのようなことを小さな子の耳に入れることはいけないことを知らなかったんでしょうし、うっかり言ってしまうという弱さもあったんでしょうしね。

また祖母や叔母にしても、ついで的ではありましたけれども、わたくしに対しても面倒はみて下さっていたわけで、そういったことに気がつかなかった自分であったことを、後になって気づいたんですけれどもね。

――で、そういった幼い頃からのことが根にあって、思春期になっても大人不信がズーッとあって、で、その不信な目で大人を見ますからますます不信な面ばかりが目について、結局、世間を信用しない、バカにして、大人に懐いてゆくことのない自分になっていった、ということなんですね。

それというのも、結局のところ、自尊心のせいでしたね、いってみればこれでした。何しろわたくしにはそれはそれはすごい自尊心、尊大さ、これがあったんです。

それはものすごいもんでしたわよ。例えば、こんなことがありました。

それは小学校の学芸会、そしてそれはお姫さまと王子さまと悪魔、その集団のおはなし。そしてわたくしは「悪魔その1」という、悪魔の子分の役を振り当てられましてね。で、それはとんでもないことなんです。信じられないでき事なんです。で、皆んな仲良く練習しているのに、わたくしだけはノロノロダラダラして、先生に、「立ってなさい！」って廊下に立たされ、学芸会が始まるまでズーッとそんな風でした。

また、中学の卒業式、これにわたくしは、表彰されるから行かなかったんです。それは皆勤賞を下さるということで行かなかったんです。それはそんなもの貰ういわれがないんです。それはわたくしの場合、家にいるのがイヤで学校に行っていたようなものであって、学校を3年間休まずに行ったからって表彰されたくなかったんです。

それで、卒業式の日に初めて休んだんです。先生達きっと驚かれるであろう、困られるであろうと思ったけれども、でも絶対にそんなことで表彰されたくなかったんですね。

――と、まあ、他にもいろいろひどいのがありますけれども、つまり自尊心、尊大、これがものすごくあったんです。

そしてその自尊心や尊大さが、あの愛の悟りをするときまでズーッとありましてね。で、そのときその彼に振られた原因、また自分の不幸の原因はつまるところ、この尊大さにあると気づき、「何でわたしってこんなに尊大なんだろう」と思って、尊大になる原因を振り返ってみたんです。

つまり、家柄とか、学歴とか、容姿、容貌とか、尊大になる原因をみていったんですが、でも、どうみても尊大になるわけがないんですね。

学校だって、そんなわけで出ていませんし、容姿、容貌だって普通ですし、また家柄だっていいわけじゃあありませんし。

それで、そんな自分につくづく嫌気がさしてあることをしたんです。それは、ある方に相談したんです。それまで一度だって人に相談したことはない、何ご〜も相談したことはない。ところが、その彼に捨てられたときに苦しくってしようがなくって、そんな苦しいことになった原因が尊大であったからだ、とも気づいたところから、自分が捨てられた話を聞いて頂こうと思って、酸いも甘いも咬み分けたような熟年の男に人《ひと》と渡り話を聞いて頂いたんです。

——それはとても恥ずかしかったですわよ。涙はボロボロ流れますし、で、その方は、「何でボクがこういう話を聞かされなきゃあいけないのかなあー」なんておっしゃっておいででしたが、でもそのお陰で、わたくしはそのとき気がスッとしたんです、聞いて頂いてスッとしたというよりは、そのときに、人にそのような悲劇、人に聞かれたくないような、そのような話が素直にできた自分に気持ちいいものを感じたんですね。

で、それは、いわば、もともと持って生まれた根の性《たち》、性根ゆえであったんです。性根というと、悪い意味に取られがちですけれども、それはもともとその人に備わったいかんともしがたい根の性《たち》、根っ子としてある性《たち》であって、わたくしの、その尊大、自尊心は、悟りをする者として生まれ、しかもそれは極めつけの悟りであって、そのような極めつけの悟りをする者は、やはり極めつけのところから降りているわけであって、で、それはもともと尊いわけであって、それがいわば、そのように逆さに出た。――そのようなことであったと、後になってわかったんですけれどもね。

――で、そんな風に陰《ネガ》な陰《ネガ》なわたくしでありました。――ところが、ね。それはこれまでの悟りをする者の宿命であったんです。

例えば、あのイエスさまにしたところで間違いはあったんです。その性格に不備な点がありましてね。

それは、何かとズケズケとものを言うことで、歯に衣を着せないもの言いをなさっておいでだったんです、――ときの権力者に。

それゆえに磔《はりつけ》になったんです。されど、そのことがあったがゆえに偉業がなせたんです。偉

業というのは、キリスト教が世界的宗教にまでなり、イエスさまの愛の教えは世界のスミズミまで行き渡ったということですが、

で、それは、そもそもズケズケとものを言い、そこから磔になったからなせたのであって、ズケズケものを言うことがなかったら磔にまではならなくって偉業はなせなかったんです。

また、その偉業がなせたのも、そのときの民衆の方々、この方々の陰《ネガ》がこれを達成させているんです。つまりあの頃の民衆、この方々がイエスさまを見捨てた、そういう陰《ネガ》が重なってそれを達成させているんです。

つまり、イエスさまが磔になるのを皆んなただ見ていたんです、——ゴルゴダの丘に向かって十字架を背負わされ、トボトボ歩いておいでのイエスさまを助けようともしないで、ただひたすら見ていたんです。

否、それは、助けたい！　と思っていたでしょうが、兵隊が見張っているわけですから助けたくとも手も足も出ない。で、見捨てた。祈ることはしたでしょうが、それはやはり見捨てたわけで、で、磔になり、偉業がなせたんです。

で、まあ、そのように陰《ネガ》というものが悟りをする者の糧であったと同時に、また他の方の陰《ネガ》がそれを案上ように仕上げてゆくことになっていたわけですけれども、もういまは、そのようなときではないんですね。

仮にそのようなことがありましたら、――礫になるなどということはないですけれども、それに似たようなことがありましたら勇気をもって助ける、皆んなで手を取りあって助けに向かって邁進することが大事なんです。

また、いまそういう時代《とき》なんです。そういった人を見捨てない、という。まあ、当時の時代の人はイエスさまがそういった人であるとは知らなかった。――よく、足元が暗いとかいいますわね。空気によって生かされながらそれに気づかず、有り難みも何も感じないとか。

往々にしてそういうことはいつの時代にもあるものですが、もうそういった歴史の愚はけっして犯さぬことなのです。

## その③
## あい別れにさよならの悟り
### 1985年（昭和60年）43才

この悟りは、**人間は**《まんだら》**という愛の御霊《みたま》とはもともとひとつでありながら別れていた、その状態からおさらばさらばでき始めた**、ということです。

また、この悟りは「**三文字《みもじ》の達成**」とも、「**三の数の発見**」とも申しております。

それはどういうことかと申しますと、物事は三つの柱でなり立っており、その三つの柱をみつけ、それを同時に進めると物事はスル～とうまくゆく、ということです。

つまり、問題を解決するにもヴィジョンを達成するにも、そのための三つの柱をみつけ、それを同時に進めるとうまくゆく。問題はスル～と解決し、ヴィジョンにしてもスル～と達成するというものです。

中でも、御柱《みはしら》となるものを見つけ、これを中心に進めるとスル～とうまくゆきます。

きっかけですが、この頃とても奇妙な病気に罹りましてね。

それは、
○とても不安で不安でしょうがない、
○また、いたたまれない、何をどうしていても、いたたまれない、じっとしていられない、どんなに気に入ったことをしていてもちっとも楽しくないし、じっとしていられないんです。
○また、この自分は自分ではない、と感じるんです。朝起きて鏡を見るわけですが、すると
この自分は自分ではない、と感じるんですね。
で、それはとても奇妙で、その原因を考えていったんです。
それは、
○40才前だから女にとっては若さの曲がり角であって、もう若さに頼れないから不安なのか、
○子供が東京の大学にゆくので子離れできなくて不安なのか、（この頃子供は東京の大学にゆくことになっていた）
○お金がないから不安なのか、
と、考えたけれども、そうではない、と。わたくしはそのようなことで不安にはならないんですね、年を取ることは楽しみでさえあったんです。何しろ自分磨きをしていたわけで、年を取ることは楽しみであった、どれほど磨けるかと、楽しみでさえあったんです。

また、子供が東京にゆくのは、うれしいぐらいなんです。それは子供を中心に仕事や生活をしていて、子供がいなくなると時間を仕事や自分のために使えるので、うれしいぐらいなんです。

子供を中心にしたのは、母ひとり子ひとりの母子家庭になったのは、わたくしのせいであって、子供に淋しい思いをさせてはいけない、仕事のために鍵っ子にしてはいけない、と思っていたからなんですね。

また、お金はあい変わらずないんですけれども、元気であれば働け、元気であれる自信がありましたしね。

で、考えていったんです。いったい何が原因なのか、と。するとそれは、

○意識が不安なんだ、とわかったんです。

○また、いたたまれないのは意識であって、意識がいたたまれないのだ、ともわかり、

○やっぱりこの自分は自分ではない、とわかったんです。

それはどういうことか、ですが、その前に、その意識、意識のことをお話ししなくてはなりません。

それはその頃、初めて「意識」ということを意識したんです。つまり意識という言葉を使ってはいましたが、意識という言葉を意識してはいませんでした。

ところがその頃、鈴木大拙さんの『禅』という本を読んでいて、初めて意識という言葉を意識するようになったんです。

またそのときに、意識というものはとても重要なものなんだ、そういうものが人間の中にはあ

るのだ、と気がついたんです。

そして、そのような重要なものに自分は無意識に生きていた、意識を意識することもなく無意識に生きていたことにも気がついたんです。

で、そのときに「えっ！」と思いました。「これって自分だけなのか？」と周囲《あたり》を見渡し、また世の中全体を見渡すと、それは自分だけではなく、世の中全体も周囲《あたり》の人も意識に無意識であることに気がつきました。

また、それはどうしてかな、と考えたところ、そういったことを自分は親から教えられなかったし、先生からも教えられなかった、また、親も先生もその親などに教えてもらっていなかったのであろう。つまりそれは、人間にとって重要なものであると知らなかったものだから教えられていなかったのであろう。また現代も教えられていないのだ。禅とか宗教的なところでは教えられ、学んでいるようだけれども、全体的なものにはなっていないんだ、と気がついたんです。

また、では意識ってどういうものか、意識、意識というけれども、では意識とはどういうものか、と考え始めたんです。

そして考えつかぬままに、その意識の「しき（識）」というところから日本の四季、これを意識しました。つまり、春夏秋冬、これであって、またこの四季に只今の四季があるように、意識にも只今の意識があることに気がついたんです。

つまり、いま秋ですが、秋なら秋という只今のしき、意識がある…と。

そしてその只今の意識、それが地球、ここへの意識、これである、とわかったんです。

つまり、そのとき地球が病気であることに気づき、只今は地球、ここを愛するほどの意識になるときなんだ、と。

つまり、他を愛する愛の、この「他」がつまりは地球、ここなんだ！　と。

でもわたくしは、その愛する愛、他を愛する愛として生きていながら地球といった足元、ここへの愛を怠ろそかにしており、ゆえの、

○不安であり、

○いたたまれなさであり、

○この自分は自分ではない、と感じているんだ、とわかったんです。

ならば、地球の病気を治さなくてはならない、この奇妙な病いは私事《わたくしごと》ではなく人類という全体事であって、わたしはそのはしりをしており、ならば人類のみんなが、この奇妙な病いに罹らぬためにも地球の病気を治さねば！　と思ったんです。

つまりその頃、世界全体を見渡しても地球をなんとかしようという動きは出ていなく、それとは逆さに地球を病気にさせる生き方をしているわけで、それではみんなもこの奇妙な病いに罹ってしまうであろうと思って、みんなが病気に罹らぬためにも地球の病気を治さねば！　と思ったんですね。

地球が病気というのは環境破壊のことであって、そしてそれはその頃一般的にはほとんど知られていなくて、新聞にしても片隅にほんの一寸載せていたくらいでした。

でも、わたくしは気がついたわけですが、それはその頃、お交きあいしていた彼が地球の生態系が破壊されていることをしきりに訴えていたからです。

その人は商品のデザインを生業《なりわい》としていましたが、絵画きでもあって、「いまこそ芸術家はけがえのない地球のために行動をするべきだ！」と芸術仲間に訴えていて、お酒を呑んだときには特にクダクダと訴えていて、その彼によって地球が病気であることに気づいてはおりましたが、はっきりと気づいてはいなかった、されど奇妙な病気になり、地球の病気にはっきり気づいたんです。

そしてその原因、地球が病気になった原因を考えると、それは人間ゆえであって、人間が経済至上主義のもと地球が病気になるほど生産や消費に励んでいるからであるとわかり、そしてそれは人間も病気、地球のみか人間も病気であって、その原因を考えてゆくと、経済至上主義のもと政《まつりごと》をしている政治や企業などが原因であるとわかりましたが、新聞などのメディア、情報が原因であるとわかったんです。

つまり、新聞などのメディア、情報は経済のことを常にトップで扱っている、常に一面で扱っており、ゆえに経済至上主義はキープされ、人は地球が病気になるほど経済活動に邁進し、生活もしているのだ、お金もうけを何よりも優先し、お金中心の生活をしているのだ、とわかったのです。

つまり、新聞の社説などでは経済至上主義のことを批判しておりますが、されど経済のことをいつもトップで、常に一面で扱っており、その結果人は経済が大事、特に大事と思ってしまうわけで…。

また、経済界の人を何かと取り上げ、精神的、宗教的な人は文化欄でたまに取り上げているくらいであって、それはやはり経済、お金中心の世をキープしてしまうわけで…。で、このような病気ともいえる情報の在り方を改めなくては人類の病気も地球の病気も治らない、と思い、この三つの病いを同時に手術する臨床の場としての「アートウオールらんぶる」というのをこしらえたんです。

それは、地球を看やった表現の場であって、病気の地球を絵や写真、造形や音楽、歌や詩…等の表現を通して看病する、元気にしてゆく、治してゆくことがテーマ、趣旨の場であって…

つまりそれは、この趣旨のもと作品をつくり発表することはその表現する人自身、地球を愛するほどの愛の人になる上に、その作品を通して他の人も気づく、地球の病いに気づき、そこから地球を愛するほどの人になり、それは病気にならない、奇妙な病気にならなくてすむわけで…

また、新聞やテレビなどのメディアがその趣旨やこの場で催されていることを社会に報道することでより多くの人がこの場に集まり、たとえ集まらなくともその情報によって地球の病いを知り、地球を愛するほどの人になってゆく上に、メディアの病いもそこにおいて治るわけで、で、それまでしていた喫茶店、らんぶるを改装してこしらえたんです。

それはつまりは、芸術性をもっての人間の芸術化、芸術家が象徴するような肥えた人間、その創み出しに芸術手段をもってやろうとしたんです。

つまり、地球の病気も情報の病気もつまるところは人間が病気であるから、人間の在り様が原因であって、ならば変わらなくちゃあならないのは人間、この質であって、その人間の質変わり、生まれ変わる場、創造の場としての「アートウオールらんぶる」であったんです。

そしてそれをつくるに当たっては、いささか躊躇しました。それはそのような場をつくるとなると、また借金をしなくてはならないからで、でそれは、店は数年前に新しく改装したばかりであって、そしてそれは銀行でお金を借りてしており、そのローンをまだ払い終わっておらず、ここでまた借りると、払えないかも知れない、と躊躇したんです。

でも、やろう！　と。それは、払える！　と読めたからです。

でそれは、世はカルチャーブームであって、そのような表現の場を設ければ、そのブームの中、店は流行《はや》り、払えるであろう、と読めたんです。

つまりその頃、新聞社などが絵や陶芸、文章の書き方などを学べる文化教室を次々と開いており、世はカルチャーブームだったんです。

で、張り切って始めたんですが、それは読み通り流行りました。たくさんの方が場に参加され、たくさんの方が観に参られ、新聞もテレビも度々取り上げてくれ、場はとても活性し、銀行の借金も払えてゆけました。

その場は、そのような表現の場のみでなく、コーヒーなども売っており、たくさん売れたんですね。


で、このときにふと気づいたんです、――それはこの世はうまくゆく仕組みになっているのではないか、と。

で、それはカルチャーブームからで、――それはそのような場をこしらえることは借金がかさみ、とても困るわけですが、でも世はカルチャーブームであって、救われるようになっており、この世は本当はうまくゆく仕組みになっているのではないか、と気がついたんです。

またそのカルチャーブームに気がついたのはあることに拘わったからなんです。で、それは、経済的に行き詰まることには絶対なりたくない。これをやると経済的に困るであろう、でも経済的に困るようなことには絶対なりたくない。子供への仕送りもあり、経済的に行き詰まるようなことには絶対なりたくなかったんです。

それで、社会を見渡したんです。経済的に行き詰まることなくできないか、と。するとカルチャーブームに気がついて、で、やってゆける！　と、
経済的に困ることなく地球も人類も情報も治せる。病気を治してゆける、と読めたんです。

つまりそれは、あのイエスさまのように犠牲になりたくなかったんです。地球や人類を救いたいけれども、そのために自分が犠牲になりたくなかったんです。

現代経済的に困ることはイエスさまのように命を捨てること、病気にでもなって、死ぬやも知れぬことであって、で、世の中を見渡したんです。犠牲になることなく救えないか、と。すると、カルチャーブームに気がついて、で、やってゆける！　と。そしてやっぱりやってゆけた、犠牲になることはなかったんですね。

――で、これがあい別れにさよならの悟りで、《まんだら》という愛の御霊と別れていた状態からおさらばさらばでき始めたんです。

また、このときに、実に多くさんのことに気がついて、特に言葉、これをいかに無意識に使い生きているか、その本質を知らぬまま使い、生き、そしてそこでゴタゴタしている。このことの気づきで、中でも自由、この言葉の本質を知らぬまま使い、生きていることが問題、大きな問題だ、と気づき、このときからこの自由という言葉、この本質を考え始め、また他の言葉の本質も考えてゆくようになったんです。

また、このときにブームはなぜ起きるのか考えて、で、ブームというのは人が仕掛けたものもあるけれども、起きるべくして起きるものもある、と。そしてそれは人間への知らせ、いまはどういうときであるのかを人間に知らせているのである、と。

そしてカルチャーブームは起きるべくして起きたブームであって、そしてそれは人が肥えるとき、芸術家が象徴するような肥えた人に人がなるときであって、ゆえのカルチャーブームであり、新聞社などのメディアによる教室づくり、カルチャー教室なんだ、と。

でもそれは、人が芸術家が象徴するような人に肥えることよりは技術、絵を描く技術や焼物を焼く技術、文章を書く等の技術を目的としており、でそれは、いまはどういうトキか知らないところからそうなっており、

ならば、そのことを知ったわたしがこの場、「アートウオールらんぶる」でやってゆこう、芸術家が象徴するほどの肥えた人間、人創りをやってゆこう、と念《おも》ったんです。

また、このときに「二の数」にも気づき、

**これがその後大きくものをいったん**ですが、それは情報というもの、これがどこから来るのか、と考え始め、そこからだったんです。

つまり、情報、その発端はそもそもどこなのか、と思ったんです。で、考えてゆき、それは社会などの外部から来る情報と自分の内側から来るものの二つある、と。つまり、ひらめきとか直感とかの内側でもっての情報、これがある、と。でそれはどこから来るのかわからないけれども生み出るわけで、そしてそれが上《かみ》なる情報、つまり外部の情報より上《かみ》であり、発端である、とわかったんです。

それが発端であるとわかったのは、湯川博士の発見された中間子論、あれはひらめいたところから発見できたということをその頃知ったからで…

つまり、博士が思考に思考を重ねてもわからなかったのがお風呂に入っていたときひらめいたと、本か何かで知り、「ああ、ひらめきとか直感といったものが情報の上なるものであり、発端なんだ」とわかったんです。

つまりそれは、その博士の発見された中間子論、それは社会の外部の情報であって、つまり社会に情報として出廻っており、そしてそれはひらめいたのであって、でそれは発端、ひらめきや直感が情報の上なるものであり、発端なんだ、とわかったんです。

また、それは頭を空《から》にしたときにでるな、と。つまり何も考えていないときにでるな、と。博士はお風呂に入って、湯の中でほ～ッとし、頭は空《から》になっていた、で、出たのだろう、と思いもし、

また、このときに**「トキ」**の悟りもし、**これがこれまたその後大きくものを言った**んです。

それはその情報が生み出るにしても、生み出るトキがある、ひらめきなどの上なる情報、それが生み出るには生み出るときがあって、そしてそのときのことをトキと片かなで現しているのですが、

そしてカルチャーブームはそのトキゆえの現象であって、わたくしの奇妙な病気もそのトキゆえ、トキゆえの現象である、とわかったんです。

でも、トキやひらめきはどこから来るのかわからないまま先に進んだんです。

——で、その病気、奇妙な病気はどうなったかですが、それは治りました。アートウオールらんぶるをやろうと決心し、銀行に話をしにゆく頃には治っておりました。

それはそのときには気づかず、あとになって、アートウオールらんぶるをオープンした頃気づいたんです。「ああ、そういえばわたしは病気だったのに治っているわ」と、あとになって気がついたんですね。

## その④
# 書くことの悟り
１９８７年（昭和62年）45才

この悟りは、**文章を書くことの力**についての悟りです。

きっかけですが、それはこの頃、文章を書くことになったことがきっかけでした。そして文章を書くことになったのはアートウオールらんぶる、この矛盾が鮮明になってきたからなんです。

それは、一年ほど見守っておりましたが、その趣旨が行き渡らず、それは矛盾であって、また、その矛盾がさらにふくらんできていたんです。

それはどういうことかと申しますと、アートウオールらんぶるは読み通りとても流行り、経済的にはとても楽なわけです。されど、だからといってキープすることは矛盾も甚だしく、やめなきゃあいけない、と思い始めたんです。

それは、作品を出される方々が、その場の趣旨であるところの地球を看やったところからの作品ではなく、自分の出したいものを出されるわけです。

で、それは矛盾であって、その上、お金まで儲かるとなると矛盾も甚だしいわけです。

それは、地球の病気の大きな原因は、物やお金を中心とした経済至上主義ゆえであって、お金が儲かるからといってその場をキープすることは矛盾も甚だしいわけです。で、「やめなきゃいけない」と思い始めたんですね。

でも、いますぐにはやめられない。何しろ銀行の借金もあれば（店を新しく造り直すときに銀行でお金を借りていた）、子供への仕送りもあり、でも、やめなきゃいけない、という思いに駆られていたんです。

そしてその思いに駆られつつ、じゃあそれに変わる何かをしなくちゃあいけない、経済的な見通しの立つもので、また、アートウオールらんぶる、その精神を継ぐものを、と。

で、自分が書こう、地球の病気、それは情報の質がおかしいからであって、情報の質を変えることが肝心であって、ならば自分が書こう、書くことで情報の質を変えよう、また書くことで食べてもゆこう、今すぐには食べてはいかれないだろうけれども、でもいずれ書くことによって生計、これを立ててゆこう、と決めたんですね。

するとその矢先に、「風のたより」という小さな新聞を発行されている方がおみえになり、わたくしにも何かその新聞に書かないかと言われるので、これはグッドタイミング！　是非！　是非！　ということで、毎月一回エッセイを書かせて戴くことにしたんです。

エッセイにしたのは、何しろわたくしは書くということなどしたことがない、文章を書いて外に出すなどということをしたことがないので、エッセイといった自由な文体ならば自分にもできるであろう、また何が何でもやってみよう、と思うところからエッセイという文体で書くことにしたんです。

また、その「書く」ことを始めようとしたのはもうひとつ理由《わけ》があって、それは、人には地球を看やった表現をお薦めしていながら、自分はとり立ててしていないわけで、――絵なら絵を描くといった。で、それはやはり矛盾であると。――アートウオールらんぶるをすること自体がわたくしの表現でしたが、でも何か自分もしなくちゃあいけない、と思い、で、それには「書く」、これをしよう、と。

また、書くことは原稿用紙と鉛筆のみでよく、また居ながらにしてそれはできるわけで、経済力の落ちるわたくしとしましては、それが一番ベストであって、で書くということを始めたんですが、その書くに当たっては三つの柱を立てました。

それは、
一、核のない平和づくりのため
二、そこにおける人々の幸せのため
三、性的苦しみを乗り越えるため
この三つです。

「性的苦しみを乗り越えるため」というのは、それはその頃また苦しみが出て来たからなんです。

それはかつてわたくしは振られておりますが、その振られた彼への思いをズーッと引きずっており、その苦しみがことさら苦しいものとして出てきていたんです。
振られた彼とはその後依りが戻っていたんですね。愛の悟りをして二年ほどたった頃、また依りが戻って、でもまた振られた。アートウオールらんぶるを着工する前に振られていて、その苦しみがジワジワ出てきていて、この頃になると、ことさら苦しいものとなっており、これも書くことによって乗り越えよう！　と思ったんです。

で中でも御柱、
中心となるものは「核のない平和づくり」、これでした。なぜ地球ではなく平和づくりで、しかも核のない平和づくりであったのかといいますと、それはその方がニーズにあっているからでした。
その頃は地球の病気のことはほとんど知られていなく、そのことをいまとやかく言ったところで始まらない、とアートウオールらんぶるをやってみてわかったんですね。
それよりは、核による抑止力によって辛うじて平和が保たれており、でもそれは矛盾も甚だしく、人はいま核のない真の平和、これを求めており、またそれが論じられてもいる。核のない真の平和はどうすれば可能か、世の識者もそのことを論じ、新聞でも取り上げており、ならばわたしもそのことを書こう。地球の病気にしてもそのことと深く関係しており、
また、それでこそ読んでもらえ、食べてもゆける、ニーズにあったものを書いてこそ、読まれ、

そこにおいて食べてもゆかれる、と「核のない平和づくり」というのを持ってきたんですね。そしてその意志、書く意志を強く立てて書き始めておりましたが、その書く意志がさらに強くなっていったのはある奇妙な不思議なことがあったからなんです。

それはある晩、わたくしのアパートで原稿用紙に向かって書いておりました。それはエッセイとして外に出すためではなく、自分用に書いていたんです。

その中身ですが、それは、問題は山ほどある、地球の病気にしても核のあることにしても問題は山ほどある、ならばいかほど、またどのような問題があるかと、問題の数々を書き出し、かつまたその問題が起きた原因を書いていっていたんです。

そしてそのような最中《さなか》、その奇妙な不思議なことがあったんですけれども…。

——で、そのお話をさせていただく前に、ではその書き出した中でどのような問題が取り上げられていたかですが、それは食べ物の事もありましたし、また、不幸とは逆さの幸福な人、いま世界で一番幸福な人は誰であろうか、これまでどんな人が幸福であったのだろうか、とも考えていっていて、そのトップにピカソさんが踊り出て、では何ゆえにピカソさんはあのように幸福でおありであったのか、と、幸福であられたわけをるいるいと書いていってもおりましたが、サルトルとボーヴォワールさんのことも書いておりました。

そしてそれは思想が問題、問題の原因は思想でもあるわけで、ではどんな思想が、また、思想家が、現代《いま》影響を及ぼしているのか、と考えてゆきましたところ、サルトルさんが浮上されたわけです。

で、サルトルといえば、ボーヴォワールであって、で、改めてボーヴォワールさんの抱えておいでの問題を考え始めました。

つまり、ボーヴォワールさんには以前より関心があって、書かれた本を何冊か読んでおりましたが、その中の一冊に、ひとつ問題を抱えておいでであると書かれていて、その問題をそのときから自分のこととして真剣に考えていったわけです。

で、ボーヴォワールさんが抱えておいでの問題ですが、それはサルトルさんが死の間際に遺された一粒の言葉、その言葉の真意をはかりかねておいでだったのです。それはその言葉がとてもたわいない、これまでのサルトルさんにはとても似つかわしくない、いままでサルトルさんはそのような言葉を使ったことがない、という、そのような言葉だったんです。

それはどんな言葉かと申しますと、「プチパストール、大好きだよ！」という、そのような言葉なんですね。「プチパストール」というのはヴォーボワールさんの幼い頃のニックネームなんです。――で、そのニックネームをサルトルさんは知ってはおいでだったのですが、使われたことがなく、ましてや、「プチパストール大好きだよ！」といった言い方はこれまで一度だってなされたことはないわけです。

それで、ボーヴォワールさんはその言葉の真意をズーッと考えておいでであると、その本に書かれていたんですね。

で、わたくしも考え始めたんです。

その結果、つまりはこうであったんではないかと思いました。


つまりそれは、サルトルさんが死の間際に悟られたその悟りを、その言葉にして投げかけられたんだ。悟りをるいるいと語るのではなく、そのような言葉にして差し出されたんだ。それは哲学者であるボーヴォワールさんへの花むけなんだ。

また、それは同時に、もとに帰る、サルトルさんがもとの自分に帰られたんだ、理屈よりはそのまんま自然のそのまんまの姿に帰られたんだ、ということなんですね。

つまりそれはもうひとつの人間の在り様であって、そのもうひとつの在り様に素直になってみよう、なってみた、ということなんです。それは、サルトルさんにとってはとても勇気のいることでした。でも思い切ってなられたんです。それはそのような言葉をするときこそがまさしく平和、その時代《とき》を起こせていることであって、そこにおいて平和に存在していることに気づかれたからなんです。

つまりサルトルさんは、世界の平和、それを起こさん！　と、そのための人間の在り様や、平和な世界の在り様を日夜考え、また、論じておいでなわけですが、でもなかなか起こせない。そのいらだちの中、ふと気づかれたのが、理屈《わけ》はなくとも平和であれている人、また、そこにおいて平和を起こせている人、人々のあることへの気づきだったのです。つまり世界が平和であれかし、とも、また平和な世界を起こすためのコツなど考えてもなく、また、そのための理屈《りくつ》などこれっぽっちも知らなくとも、もうすでにそう存在している人達の在ることへの気づきだったのです。

それは、そのようなたわいない、なにげない言葉のやりとりをもって満足している人、人々、在り様への気づきだったんですね。

それはとっても小さな和、個人的、小市民的、小さな和、平和ではあるのですが、そこにおいては、世界の平和のモロ力になっている。そのままで平和の力になっており、それこそがサルトルさんの望むところであったのです。

それでサルトルさんは、変わろう、となさったんです。

これまで、いろいろ理屈を論じてみたが、

でもそれを論じるのみでは

ゆき渡らぬことに気づいたいま、

ならば自分が変わろう、

理屈を論じ、世界のリーダーとなっている自分が、

あのような存在になり変わってみせることが、

つまりは世界が変わる。

人はやはりこの自分の変化をとやかくし、

で、それは変わる、
そこにおいて人も変わり、
そして世界が変わる、
変わってゆくことなんだ！
——と、まあ、こう思われ、そして変わろうとなさったんです。

で、そのような人、また、人々、その在り様をですね、そのように捉えることができたことは、うんざりともしていたサルトルさんの想いをスルリと融かすことでもあったのです。

それは、そのような小市民的、個人的小さな和、平和を築いている人の多きゆえに世界は困窮している、と、その存在の在り様にうんざりもされていたんですが、でもよく考えてみたら、それはそれでよいわけで、あとは理屈がその人の中で整えばよいんだ、と気づかれたんですね。

つまり、人間とはそんな個の平和に甘んじていてはしょせん幸せではないのだ、という理屈、また、幸せになるにはこうしたらいい、ああしたらいいというさらなる理屈が整えばよいわけで、また、他のもろもろのよい理屈、それも整えてゆけばよいのだ、と。

で、それにはまず、存在するところから始めればよいわけで、で、その存在のなか整える、理屈を整えてゆけばよい、また、それを整えてゆくことを理屈を知りたる者が援助すればよいわけだ、と。

それでサルトルさんは変わられたのです。自らの内においてもそのような理屈が整い、その結果、思い切って変わられたのです。

で、それは自然、その在り様…。人間にもとより備わっている自然をよきものと捉え、自分もそれに帰ってみようと思い立たれたのです。自分がこよなく愛した理屈、それもよきもの、自然のよきものではあるけれども、もうひとつのよき自然に自分の身をまかせようとした、そしてその言葉をみつけ思い切って立った、飛び立たれた！　というわけです。

で、その飛び立ちですが、その思い切っての飛び立ちは、つまりはボーヴォワールさんへの愛がそれをさせたのです。いろいろ大いなるわけはありましたが、でもその主なるところは目の前にいるボーヴォワールさん、その人への愛がそれをさせたのです。また、それは、哲学者である彼女への花むけでもあったのですが、でもそれよりはその想い、ボーヴォワールさんのその想いを汲みとられたのです。

それは、ボーヴォワールさんにとっては、やはりサルトルであった。――ボーヴォワールさんとサルトルさんは学生時代出会い、互いにひとめ惚れのごとく愛しあい、語りあったんですが、その後は別れ別れでありました。でも、ボーヴォワールさんの想いは、奥深いところでのその想いは、常にサルトルさんに向かっていたんです。他の人との暮らしの中、サルトルさんへの想いはときに切れていることはありましたが、でも想いはツーとサルトルさんに向かっていたんです。

でも、なぜふたりは別れ別れになっていたかですが、つまり老境に入り、サルトルさんはひとり暮らしとなっており、ボーヴォワールさんと暮らそうと思えば暮らせたんですが、でも別々に暮らしていたんです。そんなに互いに思うのであれば共に暮らしたらよいのにと思いますが、そうはならなかった。

それは個の幸福、このおざなりであったのです。つまり自分の幸福、これがおざなりであったのです。世界や人の幸福は大事なんだけれども、自分自身の幸福、これがおざなりであったのです。

では、どうして個の幸福がおざなりであったのか、といいますと、それはその想いが自分の幸福よりは他の人や世界の幸福を想い、世界や他の人の幸福をいかにすれば可能であるか、を論じるをもって幸福としていたのです。その世界の中のひとり、世界を構成しているひとりであるところの自分の幸福、これを忘れていたのです。それは忘れてはいなかったのですが、幸福とは人、他の人を通してのそれであることの気づき、これがなかったのです。

つまり、人間とはひとりで生きているわけではなく、人間が幸福であるのは、人との関係、この在り様が幸福、そのもととなるわけですね。また、その関係をよいものにするには、自分自身の幸福化、これがあることが大事なんですが、でもそれは他があってのそれであるわけで、また、中でも目の前の人、その人への配慮、これが一等大切なのです。傍らにいる身近な目の前の人、それが夫婦であったり親子であったり友人であったり…と、いろいろあるわけですが、その大事をふたりは知りつつも違っていたのです。

で、その存在の在り様、その間違いが、たわいない、なにげない言葉のやりとり、その価値の見落としだったのです。つまり、「プチパストール大好きだよ！」といった風な言葉ですが…

例えば、よくこういうことがありますね、誰かにケーキをいただき、それを食べているような際に、「まあ、おいしそうなケーキ！　このちっちゃい実は何かしら」「どれどれ、う〜ん、何だろう、よくわからないなあ」「この赤い色とってもきれいね」「ん、そうだね」とかなんとか、ケーキの味や色のことなど、ああだ、こうだとやりとりしているような、いってみればどっちでもよいような事。大事なことには関係ない、そのような言葉のやりとりなんです。

そういうのはつい見逃されがちなんですね。でも、そういった言葉をやりとりしているときこそが自分達が求める平和、――平和であるんです。

で、その間違いにひん死のときにサルトルさんは気づかれ、その気づきを生きよう！　と。またそれが、そこにおいて世界の平和を起こせるわけで、で、思い切って飛び立たれたのですが、でもそれは、その主なる想いは、その飛び立ちが思い切ってできたのは、死の床にある自分をじっと見守りつづけてくれている目の前の人、ボーヴォワールさんへの愛ゆえであったのです。

それは、ひとりのこるボーヴォワールさん…。それはやはりひとりですわね。他の人と暮らされていたとしても、それはひとりのこることです、想いはサルトルさんにあるのですから。その彼女への置土産は、自分もやはり彼女のことを愛しつづけていたんだということ、そのことを伝えることであって、でも、それはとても勇気が要ったんです。それまでそんなことは言ったことがなく、それはとても気恥ずかしいわけですが、でも言おう、それはひとりのこる、彼女のそれがためである…と。

またそれは、自分の自然への回帰であったのです。そのような言葉を用いること、それはきひもしていた、うとましくも思っていたところのものであったのですが、でも、それは人間、その自然の在り様であって、そこへ思い切って飛び立たれたのです。

で、それはとても気持ちよい、気持ちよい自然の在り様であって、サルトルさんはその気持ちよさのままスーと息絶えられたのです。

それは、さすがサルトルさんでしたね、身体は衰弱しているわけで、身体が衰弱しているということは思考力もにぶることです。

でも、そのような状態でありながら、何が正しきことか、グイグイと思考を巡ぐらしておいでであって、で、その見つけた答をこれまた実行なさったわけで、それはやっぱりサルトルさんなんですね、サルトルさんは行動する哲学者として名を馳せておいでであったのですが、さすが、最後の最後まで、理知と勇気のあるお方である、とつくづく感心致しました！

——話を、その奇妙な不思議なことがあった、というところに戻したいと思います。

で、そのように、サルトルさん、ボーヴォワールさんのこと、またピカソさんのこと、また、食べものや血液のこと、また、環境破壊や戦争のことなど、気がつく限りの問題とその原因を書いていっておりましたが、結局のところ核が問題であると…。

問題はいろいろあるけれども、でも結局は核、これであって、核が悪の根源であって、要はこの核を何とかしなくちゃあいけないんだ！ と書いていっていたんです。

するとその最中《さなか》、手がスル～と勝手に動いてあることを書かされたんです。

それは、「ではあなたはこの核をなんとかしますか？」という言葉であって、わたくしはそのとき「えっ」と思いました。手が勝手にスル～と動き書かされたことにも驚きましたが、「核をなんとかしますか？」ということに驚いたんです。

世界に散らばっている核、奥深くしまわれている核、その核をこのわたくしが何とかするなんてそんなことできないじゃあありませんか。で、「えっ」と思って…。

それで、鉛筆を持って部屋をウロウロしたんですね、それは、それに対してYESもNOも言えないからで、で、鉛筆を持ったまま部屋をウロウロして…。でも、思い切って書いたんです、「わたしは核をなんとかします」と。

NOとは決して言えない、ならば書くしかない、で、書いたんです。すると、持っていた鉛筆がツルーと手から離れたんです。それは、持たされていた、という感じだったんです。鉛筆を自分でぎゅっと握りしめてはいましたが、でもそれは持たされていた、という感じであって、で、「何とかします!」と書いたとき、鉛筆は手から離れたんです。

そして、そのように書いたところから、「書く意志」、これがさらに強く立ったんです。それはそのように書いたことは、誓ったことですね。いったいそれは何者かわからないけれども、でも誓ったわけで、またそれは自分に誓ったことですね。何者かに誓った具合だけれども、でもそれは自分で自分に誓ったことでもあって、ならばこれは絶対に実行してゆかねばならない!で、それには、書く。わたしにいまできることは、この「書く」、ということであって、それにはあの御柱、「核のない平和づくり」、これをしっかり立ててゆこう!と、そのとき強く強く意志したんです。

そして、そのようなことからグイグイ書き始めていったわけですが、その書く際に心掛けたことがさらに一つありました。それは、ユーモア性をそこに加えることだったんです。で、それは、その文章は、つまりは平和を興さんとしたものであって、ならばその文章そのものが平和でなくちゃあいけない…。

つまりこの世を嘆く嘆き節であってはいけないわけで、また人をとっちめるものであってもいけない、核ならば、核を持つことになった直接の人、人達をとっちめてもいけないわけで、また、無意識に生きている人、全体のことを思いやることもなく自分本位に生きている人をとっちめて

もいけないわけで、
また、ものを書いて外に出す人、このような人達をとっちめてもいけない、と。

つまり、表現の自由ということで自分の書いて出すものが世にどう影響するか考えもしないで、自分が出したいものを自由に出している、そのような人をとっちめてもいけないわけで、ましてやいま地球のことを考えると紙の一枚もムダに使ってはならないわけであって、世にものを書いて出す人はとても慎重にならなくてはならないわけだけれども、そのような人をとっちめてもいけない、と。

また、メディアや政治、企業などをとっちめてもいけないわけで、つまり誰もいずこもとっちめてはいけないわけで…。

で、それは平和、これと相い反するわけで、――つまりそれが争いのもと、微細《ちいさ》なことだけれども、それが争いのもとであって、ましてや外に堂々と論を張る者、考えを出してゆく者はそこにやはり責任が伴うわけで、それを戒めるものとしてのユーモア性、これを加えたんです。

で要は、とっちめるんではないのだ、と。でも、それは人間が起こしたことですから、人間をみてゆかなくてはいけないわけで、ならばみる人間を自分にして、自分をとっちめるんだ、と。

人を槍玉に上げるのではなく、自分自身を槍玉に上げる。自分をまな板の上の鯉にしてペンで裁き、自分の醜い面《ところ》をあからさまにしてゆこう。

また、禊《みそ》ぎ上げよう、自分の醜いところを禊ぎ、つまりなくし、それとは逆さのよい自分にしてゆこう、そしてその一部始終を書いて出そう、そして人が自ら禊ぎ上げるようにしよう。その文章を通して人が自らを禊ぎ上げる、そこになんの抵抗もなく、そうしてゆけるような、そのような文章を出してゆけばよい、と考えたんです。

そして、そのようなところから、ペンネームも「四方谷《よもや》まさか」という名にしたんですが、それはそのようなユーモア性を持っての文章であることを自分に戒めると共に、四方谷《よもや》まさかという名前を見聞きするだけで笑わせてあげよう、と思ったからなんですね。

で、そのような名前にして毎月一つ書いてゆきましたが、それを書いている中、凄いことが起きたんです。それは、

○一つ書くごとにパカッと自分が新しく創《う》まれるような感じがするんです。毎月一つ書くごとに自分が新しく創まれるような感じがあって、

○また、とてもエネルギッシュ、そのときにとてもエネルギッシュになるんですね、何かこう、からだの奥からエネルギーが立ち上がるような、うまく表現できませんが、何かがパカッと割れ、かつまたエネルギー、これがグイと立ち上がる、そのような感じで、

○また、物事が透き通って見えるんです。毎月一つ書くごとに物事の本質が透き通って見えてくるんです。

そして、そのような楽しいことに書くことによってなるので、皆さんにもお薦めしましたが、

乗り気にになられないので、じゃあ「話す」ということならおできになられるであろうと、「自分創りネットワークヴォイス」というのをしたんですが、それは話すことによる自分創り、自分で自分を創み出すものであったんです。

そして、そのような会をしながら書くことをしておりましたが（アートウオールらんぶるもまだ活動していた）、また凄いことが、もの凄いことが起きたんです。

それは、書き始めて二年目の秋でした。「越冬ツバメ」というエッセイを書いた一週間後、それは起きたんですが、――そのことをお話しする前に、その頃わたくしは死の間際にあったことをお話しせねばなりません、

死の間際、それは月に一度書いておりましたね。で、それは性的苦しみ、これを乗り越えるためにも書いていたわけですが、つまりはそれなんです。

ジワジワ出てきていたその苦しみ、それがジワジワどころか、ドーと出て、もうどうしようもなくなっていたんです。それまでは、その苦しみはなんとかなっていたんです、

それは、毎月一つ書くごとにパカッと元気になる、エネルギーがグイと立ち上がり、からだも元気になっていったんですが、でももうそのうち、からだが鉛のごとく重くなるんです。月を追うごとにズシーッと重くなってゆくんです。

で、それはものすごい重さで、その重いからだを引き立てるためにも書いてきたんですが、でももう、書き始めて二年目の秋頃になると、もうその力であるところの書く力さえ出なくなった

んです。

書こうとする気力、その力さえ出なくなったんです。でそれはものすごく辛苦《しんど》くて、「今度こそ死んでしまおう」と思って、飛び降り自殺で有名なビルを下見にいったんです。「もう子供も大きくなったので死んでもいいだろう」と。

でも、そこには自殺予防のネットが張られていて、――で、死ねない。また、ペチャンとなった姿を想像すると美しくないなあ～とも思い、またはた迷惑であろうとも思い、またいくら大きくなったとはいえ、親がいなくなることは子供にとってはやはり淋しいであろうとも思い、で、やっぱり死ねない、ならば書くしかない。

それで改めて、原因を探求したんです。改めて、というのは、それまでだって探求していったわけです。苦しくって仕方ない、だから探求に探求していったんですが、でも、改めて探求したのは、その頃肉体的にも関係ある好きな人がいたにもかかわらず、その彼へのおもいが断ち切れなく、苦しくって仕方ないので改めて探求したんです。

で、特にあのとき、交わりのときを探求したんです。

それは、彼との性の交わり、それがとても恋しかったからなんです。新しくお交きあいしている彼とのそれもとても幸せ、満足しているにもかかわらず、彼との交わり、それが恋しかったからなんです。

つまり、新しい彼との交わりと、わたくしを振った彼との交わりは、何か違う、何かが違い、その違いがハッキリわからないままに彼が恋しくて仕方なく、彼をひたすらおもいつづけていたんです。

でも、もう一瞥もされなくなっていて、で、断ち切るしかない、断ち切らねば！　と、断ち切るためにも文章を書いてきたわけですが、でも、断ち切れない。

それで、改めて彼との交わりのときの一部始終を見据えていったんです。ここにきて、丹念に、何が自分を虜《とりこ》に、幸福にしているのか観ていったんです。交わりのときを細やかに分けて観ていったんです。

つまりそれは、
○肉体的に幸福であるからなのか。彼との交わりによって得られる肉体快感、オーガズム、それを得られることの幸福なのか。
○また心もそれによって満足するからなのか。つまり彼と交わること自体、心は幸福ですが、オーガズムともいわれている快感が得られなくては100％幸福ではなく、でもそれも得られ、ゆえに心も幸福、満足するからなのか。
○また、そのふたつがあいまったところからの幸福、身も心もそのように満足するから幸福なのか。
すると、結局のところ、彼と交わったあとのおもい、それがとてもしっとりと満ち足りて幸せであったことに気がついたのです。

彼との交わりそのものよりも、そのあと、交わったあとのおもいがとてもしっとりとして幸せであったんですね。そして、そのおもいが自分を虜にしていたんです。

そしてこの幸せは、彼以外では絶対得られないんです。されど、それはもう二度と帰らぬ夢であって、ならば書かねば！　これまでも書くことによって切り抜けてきており、今度も書くことによって切り抜けようと思って、

でも、では何を書けばいいのか、と、これまた悩み、そのヒントを得るべく新聞を見ておりましたところ、ヒントがあったんです。

でそれは、シングルの人達が取り上げられていたんですね、死別したり、別れたり、いつの間にかシングルになって悩んでいる人達で、それは新聞に幾度となく取り上げられていて、識者の方がこの現象についてあれこれ述べておいでであって、世はシングルブームのような感じなんです。

また、同じシングルであっても悩んでいないひとりの男性が取り上げられていて、その人の出された『シングルライフ』という本を読んでみますと、それはいつの間にかひとりになったのではなく、好きでひとりでいるのだと書かれているんです。

で、「ハッ」と気がついたんです。「そうだ、わたしもこの人のように好きでひとりであればいいんだ！」、「能動的シングルであればいいんだ！」と。

つまり、わたしもその悩んでいる側、いつの間にかシングルになって悩んでいる側だけれども、でも、この人のように好きでひとりであればいい、シングルになってしまったことをいさぎよく

受け入れ、積極的に能動的にシングルであればいいんだ！　と思ったんです。

つまりそれは、――あ、その前に別れ、彼と別れることになった原因ですが、それはわたくしが我がままであったからと愛の悟りのときにお話ししましたが、でもそれはそれのみでなく他《ほか》にもあって、そのひとつに概念、既成概念、これをわたくしが脱ぎに脱いできたからなんです。

それで折り合いがつかなくなった、脱ぐほどに彼と調和しなくなったんです。わたくし自身、その既成の概念にくるまれていたゆえに苦しくって仕方なかった。また、既成の概念にくるまれた人の多きゆえに苦しみ多き社会ともなっている。

ゆえに脱いだ。その苦しみ多き社会を救うためにも、その社会の一員である自分、その中のひとりであるところのこの自分から脱いでゆこう！　と、脱いで、脱いできたわけです。で、その揚句振られてしまった。

例えば、物やお金を中心にしてきた人類、それゆえに地球まで病気にしてしまった。ならばこの地球を救わねばならないと、アートウオールらんぶるを始めたわけです。ところが、そんな生き方は彼には好ましくなくって、で、振られた。

また、そんな行動をするには理屈が要りますから、理屈を唱え、理屈っぽい女にもなっており、それで嫌われてしまった。

で、つまるところ、既成概念を脱いだところからのひとりぼっちであった。そして、そのひとりぼっちに耐え難くって、苦しくって仕方ない。けれども、能動的であればいいんだ、いやいやシングルであるのではなく、積極的に自らシングルであればいいんだ！

　また在れる！

　　在らそう!!

と、そのときひとりで在れる自信が出てきたんです。

　このシングルブームは偶然に起きているのではなく、起きるべくして起きている。わたしの場合は別れたくて別れたわけでもなく、死別でもなく、既成概念、ここと別れて、別れてきた揚句ひとりになってしまったわけだけれども、

　このシングルブームは、まさにこのようなシ丶ン丶プ丶ル丶、既成概念を脱ぎ、そこにおいて実っている。このようなシンプルな人間の輩出、これをうたっており、ならば、わたしはこの方々と手を結ぼう。この新聞（風のたより）、このエッセイ（越冬ツバメ）を通してそのような方々とネットワークし、そこよりの新しい世界、新しい社会を築いてゆけばいい！　――と、自分がひとりぼっちである意味、個である価値を見つけることができたんです。

　つまりこれでいいんだ！

　このようなシンプルな個であることが価値なんだ。

　このようなシンプルな個こそが地球を始めとする全体の価値であり、力なんだ！

そしてそれを持ちぐされするんではなく、
つまり、ひとりぼっちになったからといってクヨクヨしているんじゃあなく、
それをこそ使うんだ！　個になったそのことを利用する。
全体のために自分を捧げ尽くす、という、そういうトキなんだ！
と、そのシングルの輩出、ブームをみてわかったんですね。

で、それは、これまでそう思いながら逆さでしたからね。つまり、全体のために自分を使い、捧げていながらおもいは自分の方を思っていたわけです。彼とのあの後の幸せなおもい、それを思っていたわけです。でも、もうそういうときではないんだ！　それをあのシングルブームが顕《あ》かしてくれているんだ！　と。

また、それは「チャンス」なんだとわかるわけです。そのブームはトキの現われですからね。でそのトキに呼応し、スと立つ、トキの誘《いざな》いにスと乗る！　そうすることが生還、生き還ることなんだ！　と、あの「あい別れにさよならの悟り」以来、知っておりますからね。

で、立とう！
このシングルブームはトキの現われであって、
それはどう抗がおうとも、そのトキはやってきて、
抗がってもいたし方なく、

トキにすんなり身をあずけよう！

と思ったのです。

そしてそうすることに決着して、書き始めたんですが、でも、それにはすごい力が要ったんです。何しろ、それを書くことは決断ですからね、それを書くことは彼への思い、その断ち切りなわけで、もうここでこれを書けば彼とは完全に縁が切れるわけで…

何しろわたくしは、このように公言する、外に向かって書く以上は絶対に守ることをモットーにしていましたから、――で、書きたくない、本当は書かないで彼との依りを戻したかった、が、でも書いた。思い切って書いたんです。前向きに積極的に書いたんです。

――それは本望、本望だったからで、地球を始めとする全体へ身を投じることはわたくしのかねてよりの望みであって、その望むところに自らを立たしたわけで、――で、そのときは胃が音を立てるほどにギリギリしました。

それは、そのような決断が必要であったのと同時に、そのシングル達の現象、それは何ゆえか、その本質を自分自身が認識すべく自分の現象と照らし合わせてあぶり出してゆくことでもあって、それはとてもややこしくって胃が音を立てるほどにギリギリしましたが、でも書いた。ギリギリしながら、でも書いた、書き切ったんですが、

それは大我ともいえる、

大いなる我ともいえるところに飛び、
全てのための力としてスと立つ、
スと立つことであったのです。

で、それが「越冬ツバメ」というエッセイなんです。越冬ツバメというのは夏の終わり、ツバメは暖かいところへ渡ってゆきますが、そんな仲間からハズれ一羽のこるツバメがいて、その一羽のこるツバメに自分を見立てたんです。

その文ですけれども、ここにありますので、ひとつ読んでみましょうね、けっしてうまいものではないんですよ。ボギボギしておりますけれども、ひとつ聞いて下さい。

1987年10月末日

越冬ツバメ

グレーの明暗を感じる刻もなく、夕闇がいっきに降りて来て、冷たい風が首すじをなでるので、この冬こそ大判のほほに柔らかいマフラーをと、歩幅ノロノロ我が家に向かっていた。――と、眼前の暗っぽさがスーッとナイフで切られたような気配とともに白い線が流れた。

あ、ツバメ…、越冬ツバメ…、
南へ渡る仲間からはずれ一羽とどまり、この冬を越すこのツバメに、独りっきり同志の親しみを感じ、もし鳥語があるなら一羽ツバメになってしまった理由《わけ》を問うてみたい気がした。

わたしが独りになってしまった理由《わけ》は、親からは経済的に独立できたときに離れ、若くして一緒になった夫とは社会への冒険心、自身への好奇心押さえ難く離れ、子供は彼の未来に飛び立ち、と、他のコミュニケーションもいろいろあったが、結局自分を抑圧、束縛しようとするものからの無意識の反抗と脱出の結果だ。

いまグレー色を帯びる人生の入口にあって、直接自分を縛るものからは解放され、気ままな独り暮らしだけれども、それと引き換えに孤独感に縛られ、「はて、どうしたものか」と考えあぐねている。

自分が独りになって周囲《あたり》を見回すと、いま意図的ひとり者、もしくは基本的に単一であることに価値を見ようとする人達が目立つ。愛情の結びつきを結婚という制度で保証しあうことに疑問を持つひと、血縁だけが家族だろうか？　と問い、人と人との間に生まれてくる関係だけが究極的実体ではないか、と、閉鎖的、一律的なこの社会にバラエティ人間関係を持ち込もうとするひと、など。

愛情とか人の内心に関わることを、血縁、制度、法律で括ろうとしたこれまでの在り方を懐疑し、それぞれの独自な求め方が認められる人間集団社会の可能性を実験、模索している人たちで、個人の求め方、在り方を通して社会全体に働きかけ、開かれた未来社会を創造するための極く個人的社会参加の仕方ということらしい、この人達の主体性、自律性は同じ時代を呼吸する者としてはすごくエキサイティングで連帯感を持てる。
無自覚で受身的だったわたしは、既成概念とか時代というものに影響されて、「いつの間にかシングル」になってしまい、明度の暗くなりつつある現実を前にして立ち止まってしまっている。が、意図的シングルに自分を置き換えるとき、時代を自分の手に引き寄せ、未来という未知なるものに歩む「能動的シングル」で在れると、なんだか元気が出て来て、あの越冬ツバメが一羽軒下に帰るさりげなさが、いまのわたしにほしいと思っている。

——とまあ、このようなものが越冬ツバメなんですが、で、これを書いて一週間ほどしてそのもの凄いことがあって、またさらに凄いことがあったんです。

それは、「越冬ツバメ」を書いて、それを「風のたより」を出されている方のところに持ってゆき、一週間たった頃、何げなくそのカウンターのところに立っていたところ、目に見えない巨大なエネルギーが目の前にドンと現われたと思ったら、ドーンとわたくしの中に入ったんです。で、それはものすごい重さを感じるもので、それが「ドン！」と現われたと思ったらあっという間もなくわたくしの中に入って…。

そしてそれが入ったとき、ここが狭い！　窒息するような感じがあって、で、外に飛び出し、中に入れないので市役所に向かっていったんです。市役所に用事があったものですから。

そのときです、

「パッ」と認《み》たんです、
目に見えないもうひとつの世界を。

で、それはとても美しい、何いうことなく調和された美しい世界であって、――それは映像的にみたのではなく、「認《み》た」、「解る」という感じであって、また、仕組み、仕組みが同じである、とわかるんですね、こちらの世界と。

また、市役所に向かってズンズン歩いていっていますと、あってよし、全てあっていいんだ、とわかるんです。

つまり、世の中にあるもの全てあっていいんですね。例えば、街を走るたくさんの車にしても、全体の調和も考えず雑然と建てられているビルにしても、あってよしなんです。環境や景観のことを考えるとなんとかしなくてはならない、とわたくしは思っていたわけですが、でもそれはよし、あっていいんだ、とわかるんです。
その後、なんであってよしなのかということを考え始め、
また、逆さのわけも考え始めたんです。それは、こちらの世界は醜いわけです。核もあれば環境破壊もあり、人々は何かと争うなど、とても醜いわけで、でそれは逆さ、「パッ」とみた世界とは逆さであって、ではなぜ逆さなんだろう、と考え始め、
また、仕組み、仕組みって何んだろう、とも考え始め、でそれは同じ、こちらの世界とあの美しい世界の仕組みは同じであるわけで、いったいこの「仕組み」って何だろう、とも考え始め、
また、あの美しい世界はいったい何か、
また、それはとても美しく調和しているんだけれどもそれはどうしてか、
また、あの美しい世界と人間はどんな関係なのか、
また、そもそも人間てなんだろう、
――などなど、次々と考え始めたんです。
そして、逆さであるのは人間の心が醜いからであろうとそのときは思い、ならばもっとこの自分の心を磨かねば！　と、自分の心や自分磨きをますますしていったんですね。
――で、話をそのエネルギー、「ドン！」と現われ、ドーーンとわたくしの中に入ったエネル

ギー、それはいったい何なのか、また、どうして入ったのか、ですが、それはそのときにはわからなかったのですが、後になってわかり、それは神、そのエネルギーが入ったのです。あの越冬ツバメ、文章はつまり越冬ツバメ、それは神の要素であって、ゆえに入ったのです。

神の要素であって、ゆえに入ったのです。

わたくしとしたら、神の要素を書いたわけではなく、自分が理想とする人間の在り様を書いたわけですが、でもそれは神の在り様、要素であって、そして、その神の要素を書き、そこに立ったゆえに入ったのです。

そしてそれはスサノオ、スサノオが象徴するところの神であったのです。スサノオというのは天照に代って政《まつりごと》をする長《おさ》、神々の長《おさ》として高天原《たかまがはら》物語で描かれておりますが、それは神の世界はヒエラルキーがある、根源の神を頂点とする指導体制、タテの仕組みがあることを意味しており、

そしてスサノオが象徴する神は根源の神に代って人類を導いて参られた神であって、九次元神霊といい、そしてそれは九次元神霊として一つでありながら10人の神々でなっており、その神々が入られたのです。

そしてそれはひとつ、神々とひとつになったということであって、またそれはそのくらいの人になることであって、九次元の御神霊ぐらいの人にそのときになったのです。

――そしてそれはスサノオぐらいの人にもなったことですが…

で、そのスサノオですが、つまり九次元の神ですが、それは固い固い意志、やむことなき固い固い意志であって、その意志、固い固い意志は、「神の要素を生きんとする意志」であって、そして神の要素とは、「全体がよくあるよう、自分のことはさておいて尽くしっ切りに尽くす」という愛であって、その愛、神の要素を何が何でも生きるという固い固い意志、気迫の持ち主なのです。

また、その意志があるのも、つまりは知っている、神とはいかなるものか知っている存在なのです。つまり「認識がある」ということなのです。

また、その認識があるのもその「性《たち》」であり、「位」であるからなのです。もともとその性《たち》、性格であり、また位、神の位であるからなのです。

また、実行力、これがあるからなのです。つまり認識をしているだけでなく、行動をもってそれを興す、どこ迄もどこ迄も実行してゆくという、そのような実力がおありなのです。

そして、それゆえの長、神の中の神でおありなのです。

ところで「核」、「核」はどうなったかですが、――何しろグイグイ書いてきたのも、つまりはこの核をなくさん！　としたところからでしたが、それはめでたく融けました。根のところで融けました。根のところで融けたというのは、神の次元での融けなのです。

それはどういうことかと申しますと、神と神（九次元の神）の和合、合一なのです。

つまりそれは「霊の世界における神と神の和合、合一がなったとき事がなる、この地にも平安が訪れる」と言われてきているのですが、それはこのことであって、神とは神（九次元の神）の上においでになる大本の神、宇宙根源神であって、そしてそれは天照が象徴し、そしてそれは和歌のような柔軟な柔らかいおもいの神であって、あの和歌がとても柔らかく揉みほぐされた言葉であるように、それはそんなおもいの神なのです。

そしてその神と神（九次元の神）の和合、合一が、わたくしというひとりの人間、個の内にて行われたのです。つまり、わたくしの中でひとつになったのです。「霊の世界における」というのは「認識における」ということであって、それは認識でもあったのです。

つまり、越冬ツバメ、それは言葉でもあれば認識でもあった。それは認識ベースの言葉であって、その認識によって神と神（九次元の神）は和合、合一したんです。つまり、ひとつに融けあった、わたくしの中でひとつに融けあったのです。

そしてその合一、神と神（九次元の神）の融けあい、融合があって、この地に平安が訪れ始めました。陽が射し始めました。

ゆえに核もそこから融け始め、核はもう持たなくなっているのです。なぜなら、そのような根のところでの融けがあったからなのです。

核はまだまだありますが、されどそれは根のところで融けている。解決しておりますので、かならずなくなります。

また、その神と神（九次元の神）の融合は人類のこれまでの汚染、その根をそこにおいて絶った、絶つことでもあったのです。
つまりそれは
人類は全体の平和と個の平和、この二つの道を歩む存在でした。
されどどちらか一つの道を歩んでおり、それが人類の汚染でしたが、
神と神（九次元の神）の融合によって、その根を絶つことができたのです。
それはわたくしにしても、一つの道でした。全と個、ふたつの道ではなく一つの道でした。
そしてそれは個の平和この道でありました。

つまり、わたくしの場合、
全体の平和を思い、そのために何かとしてきましたが、でも自分の平和を思っていた。
思いは彼とのあの後の幸せなおもい、これを思っていたわけで、
つまり全体の幸せよりも自分のおもいの幸せ、それを思っていたのです。

されどそれはチェンジした。
「越冬ツバメ」において全体の幸せを思うおもいにチェンジし、
全と個、このどちらもが幸福であれる道を歩むことができ始めたのですが、

それは全と個、このどちらもが平和、幸福であるには、先ず個が尽くす、自分のことはさておき、全体に尽くすことであって、その全に尽くす、自分のことはさておき、全体に尽くす思いにスッキリとなったからなんです。

——ところで、神と神（九次元の神）がなぜ別れていたか、と申しますと、片や「和歌のような揉みほぐされた柔らかい思いの神」であって、片や「万事事を仕上げるには事を選ばぬ神」、目的を成し遂げるには荒きことも致し方なし、と思う神であって、それは合わない、調和せず、ゆえに別れていたのですが、でもひとつになり、

それは、神（九次元の神）のエネルギーがわたくしの中に入り、わたくしの中で湧き出ていた根源の神のエネルギーと融合したからです。

そしてその融合は、わたくしが命の湧く玉の池にもなることでした。つまり、根源の神のエネルギーが湧く人間にもなったのです。根源の神、それはエネルギーでもあって、そのエネルギーの湧き出る人間になったのです。

根源の神のエネルギーは、エッセイを書き始めた頃に湧き始め、ゆえにからだも元気になっていったのです。一つエッセイを書くごとに、パカッと自分が新しく生まれ変わると共に重いからだが軽くなり、元気になっていったんですが、それは根源の神のエネルギーが湧き出ていたから

なのです。

それはパーフェクトに湧き出てはいませんでしたが、「越冬ツバメ」においてパーフェクトになり、根源の神のエネルギーの湧き出る人間になったのです。


では、なぜ、わたくしの中で根源の神のエネルギーが湧き出たか、ですが、それは、人間はもともと《まんだら》、根源の神でもあるところの《まんだら》でありますから、それはもともとあって、それが湧き出た。わたくしの中にあったそのエネルギーが湧き出たのです。

そして、それは和歌のようなエッセイ、言葉であったからでした。「越冬ツバメ」に限らず、わたくしの書いた一連のエッセイ、言葉は、まさにあの和歌にも似た平安な、誰れをも咎めない安らかで平易なものであったからなのです。

でゆえに湧き出た、それは根源の神と同じであって、ゆえにエネルギーが湧いたのです。泉が湧き出るように根源の神のエネルギーが湧き出たのです。

また、そのときにミカエルさまのような立場にもなったのです。ミカエルさまは七大天使の長であって、そしてそれは先陣、まっ先に進むお立場であって、戦においてもまっ先に進む軍団、先頭軍団がありますが、ミカエルさまは魔軍追討の御大将、光が失われ魔が跳躍する末世のときにおいて特にお力を発揮される戦闘系の神であり、また大天使であり、天使達の長《おさ》であって、ゆえにミカエルさまは大きな羽を持ち、どっしりとした大きな剣《つるぎ》を持っているお姿が描かれてもおりますが、わたくしの場合はペンという剣《つるぎ》をもって書き進み、突き進むことであったのです。そしてそれは、魔軍追討ならぬ結び、結びつける、ということであって…。何しろ世が平安、平和になるには、神と神（九次元の神）の和合、合一、これが先ずなされねばならず、そしてそれは結び、別れていた神を結びつけるということであったのです。

そしてそれは誰もなしえませんでしたが、わたくしが剣《つるぎ》ならぬペンでなし、そして先陣を担うミカエルさまのような立場にもなったのです。

で、それというのも、認識、これがものを言ったのです。かつては「初めに言葉ありき」と言われておりましたが、いまでは「初めに認識ありき」であって、そしてその極めのものがこの《まんだら》。《まんだら》が認識の極めであって、只今はこの《まんだら》、認識の極めであるところのこの《まんだら》からのスタートとなっているのです。

そして、その認識によってミカエルさまのように先陣を担うことができたのですが、それは後陣でもあるんです。つまり、後《うしろ》の陣ですね。でそれはいまわたくしは、人の世、世の片隅においてこの世や人、また自然や天体、宇宙人や神々など全てをまんべんに寿ぎつづけているからなのです。

――ところで、その神、根源の神のことですが、それはエネルギー、おもいのエネルギーであって、そのエネルギーより生まれたのがこの肉体界、また人間であって、で人間は、何をするためにこの地に生まれていたのか、ですが、それは、「神とは何か」、神を自力的に悟り、書くために生まれていたのです。つまり、自力的に悟るためには神ほどに生きなくては悟れませんが、神ほどに生き、悟り、書くために生まれていたのです。

そしてそれは、人間のみならずあの世の神々にさえ、そこにおいて伝える、という存在であって、そういう存在あってこそこの地もあの世もうまくゆく、うまくゆくようになっており、で、うまくいったんですが、それをうまくいかせられたのもそのようなトキであったからなのです。

そしてそのトキにうまく乗って、そしてせしめたのがこのわたくし、――せしめたというと言葉が悪いから、そうなっちゃったんですが、そのような方は数多《あまた》いた。根源の神ほどに生き、悟り、書くことをなさった方々は人類史上数多おありだったのですが…

例えば、モーゼさまや孔子さま、お釈迦さまやイエスさま、また天之御中主命や天照さまもそうであったのですが、でもそれはパーフェクトではなかったのです。

パーフェクトでないのは、

○自力による悟りが重要視されていたのですが、その力はまだ弱かったのです。

○また、全体のことをその方々も考えておいででしたが、地球といった全体、この全体を含んでの考えには致れていなかったのです。

○また、わたくしの場合は根に投じた。根っ子の根、これに投じた。つまり誰ひとり非難しない、きひしないということをモットーにエッセイを書いてきたわけで、で、それは悟りをする者としての基本の弁《わきま》えであったのですが、その弁えをつい弁えていないことが多々おありだったのです。

ところがわたくしにはできた。人間のみでなく地球という全てを含んでの愛であった。生きとし生きるもの、全てを含んでのそこよりの生かし、それを考えた上でのものであったのです。

ところで、その神と神（九次元神霊）の和合、合一で、異なっていた神と神（九次元神霊）の国もそこにおいてひとつになりました。それまでは神の国も分かれておりましたが、神と神（九次元神霊）がひとつになることによってひとつになったのです。

で、それはどうしてか、
どうしてそうなったのか、
別れたり、くっついたり…

——それは要はドラマ、
それゆえのもの、

つまり宇宙というのはドラマ性、
これが軸なのです。

でそれゆえのドラマ性、
　別れたり、くっついたりの
　ドラマがあるのです。

ではその理由《わけ》、
　じゃあその理由《わけ》はどうして？
　と聞かれても
　その理由《わけ》は言えないし、
そのような理由《わけ》のない大理由《わけ》、
　大理屈であるのが、
　また、この宇宙なのです。

そしてそれを象徴するのが、
　あのブラックホール、
つまりあのブラックホールは
　闇を象徴しており、
でそれはそのような大理由《わけ》、

理由《わけ》のない大理由《わけ》、
大理屈があるという、
そのような闇を、
あのブラックホールは象徴しており、

でそれは誰れも知る術《すべ》もなく、
知らされもしていませんでしたが、
そのような大理由《わけ》、
大理屈のあることを
看破したのが
また、このわたくしなんですね。

で、そのドラマ、ストーリーに、
案上ように乗らされ、
また乗りもして、
命寿いできたのが
神々や人間達であったのです。

で、結局のところ、
唯一あるのは
この根源の神のみ、
根源の神のおもいが
繰り出しているできごと、
シーンなのです。

そしてそれは
陰陽《いんよう》のエネルギーであるから、
つまり根源の神、
それは陰陽《いんよう》のエネルギーでもあって、
そしてそれが別れた、
陰《いん》と陽《よう》のふたつに
別れたからであるのです。

陰陽《いんよう》、

それは相反してはいるけれども
補完しあうエネルギーであって、
そしてそれは別れていても
トキがくればひとつになり、
また別れもし…と、
えんえんと繰り返されるのですが、
そういったドラマツルギー、劇作術、
それあってこそ流れる、
おもいであり、
エネルギーであるところの《まんだら》、
これが流れ出るのです。
エネルギーとしておもいとして…
つまり生き始めるのです、
息をし始めるのです。

——では次に、そのドラマというところから、こんな話をさせていただきましょう。
それは昔から伝わる神話や昔ばなし、また小さい頃うたった唄はとても謎めいているでしょう。

例えば、聖書の中のアダムとイブの話にしても、日本のかぐや姫や桃太郎の話、またかごめ、かごめの唄にしても、それはとても謎めいているんですね、

♪かごめ　かごめ、
かごの中の鳥は
いついつ出やる
夜明けの晩に
ツルとカメが滑った
うしろの正面
だあ〜れ♪

——ね、ほら、とても謎めいているでしょう?! 後《うしろ》なのに正面、これって不思議でしょう?

で、それは神を唄っているからなんです。つまり、神さまというのは後なのに正面なんです。一寸解らない? では、羊飼いの絵を見たことあるでしょう、羊飼いが羊の群の後にいる絵、あれは後なのに正面の神さまを描いているんです。

でそれは、羊たちが草を食《は》んで帰りますね。そのときに羊飼いは群の後につくんです。でも後についてもその思いは率いていて、で、それは後なのに正面ですね、

つまり神さまというのは、全体がよくあれかし、と自分のことはさておいて身働き気働きしているんです。そして、その身働きの極めが神の位でありながら人間をすることなんです。

地上で人間をし、悟るためにいろいろ御苦労なさり、また、その悟りのもと人間が生きれば幸せになるもんだから、人間がその悟りを生きれるよう、さらにいろいろ御苦労なされているわけですが、そんなことは人間はちっとも知らない。でも、そんなことを苦ともされず、人間が幸福であれるよう、何かと御自分を使っておいでであって、そのことをあの唄は唄っているんです。

つまり人間というのは、

○思う存在、

○考える存在、

○行う存在、であって、

そしてその中枢は

○考える、ということであって、

で、それを生み出し、肥やすために、謎めいている、秘密めいている、唄や物語を通して人間に考える、という力、それを生み出させるために神が与えたのです。

つまり、そのように謎めかせ、秘密めかせることで持ちこたえさせる、そのように持ちこたえさせ、そこにおいて人間の思考を肥やし、肥やししてきたのです。

——そして、これからもしていくんですけれどもね。

では、かぐや姫、これも語りつがれていますが、これはどんなことを現わしているのかお話ししましょう。――まず、その前に表象ということをお話ししましょう。

それは、この宇宙全てがこの現象界において何かしら象《かたち》となって現われていることであって、――つまり、目にみえない心の宇宙、そのスガタが目にみえる形で現われていることをいうんですね。

例えば太陽を中心に廻っているこの太陽系も、この地球の自然も、また人間も、その営みも、またその作り出すものも全て…。

例えば、あなたの乗っている車にしても、ここにあるこの机やテープレコーダーにしても、何しろ全て、ぜ〜んぶ宇宙。

この⛬《まんだら》が、宇宙のスガタですけれども、この⛬《まんだら》の現われなの。

――で、昔話もそうであって、ズーと長く続いている、語りつがれているものはより真実が濃いわけです。ゆえに持ちこたえられているということなんです。

で、そのかぐや姫、まだ語りつがれておりますね。されど、いまその真相が明かされ、またそこより語られてゆくといった、そのような時代に入っているんです。

で、そのかぐや姫ですが、その真相は、――なんと、スサノオの命《みこと》なんですよ！

また、スサノオの命《みこと》のことをスとした姫君とも申しますが、それはどうしてか、ですが、

そのかぐや、
　それは香ぐわしい
　ということなんです。

それは、この《まんだら》、
　これがまことに匠なこと、
　優れて匠なことであるのです。

またかぐや姫といえば月ですが、
　月はスサノオであるのです。

つまりスサノオは
　月がみせる欠け、
　これが一切ない、
　されどある、ということなんです。
つまり月のような欠けは本来ないけれども、
　でも肉を持つことで

　欠けるんですね。

またスーと澄き通っているんです。
あの月のように、スサノオは
スーと澄き通っており、
そしてそれは肉体通して
抜けているんです。
つまり人間に生まれ
その人生通しての抜け、
これであって、

つまりスサノオは根源の神さまに代って
人間を導くために
人間に生まれた神々、
九次元の神を象徴しておいでであって、
つまるところ月とは神
九次元の神を現わしているのです。

太陽を根源の神としたら、
　月はスサノオが象徴するところの
　九次元の神であって、
　で、それは孝行、
　　親孝行、
親にどこ迄もどこ迄も
　尽くしっ切りに尽くす、
親思う小娘ならぬ
　神々…

つまりその親孝行とは
　身ごと悟り、
　そしてそこより養なう、
人間をその悟りのもと
　もっともっと幸せにしてゆくという、
　そのような孝行、

でそれは、親であるところの
　根源の神の念い、
人間にとことん幸せであって
　もらいたいという根源の神の
　その念いを叶える、
人間をすることによって
　それ叶えさせていただくという、
　親孝行であって、

そしてそれは娘のようなけなげ、
　娘のようなけなげな、けなげな
　思いであって、
　でゆえの
　スとした姫君なのです。

で、その尽くし抜く思いは、

つまりは認識があるから、
　親ありての子、との認識、
そして、それが竹、
　あの竹がしなやかなのは
　そういう認識、これがあるから、

つまりあの竹の節、
　それは認識であって、
その認識ありて竹はしなやかであり、
　神もしなやか、
　またかぐや姫もしなやか、

つまりかぐや姫は
　結婚を申し込まれても
　しなやかに切り抜けますが、
　それは認識があるから、
　かしこいから、

認識のもと、
智恵があるからであって、

また、かぐや姫は
生まれもってのピカピカ、
ピカピカに美しいのは
ピカピカの神の位、
その霊筋《ち》であることを
現わしているのです。

――このように、かぐや姫はスサノオの命であり、また、スサノオの命が象徴する九次元の神なのです。
このことは他にも説明できますが、このくらいにしておきますね。

では、次に桃太郎、この昔ばなしについてお話しさせていただこうと思いますが、それは予知ばなしなんです。
昔ばなしには予知のものもあって、桃太郎は予知のはなしなんです。

では、どういうことを予知していたか、ですが、その前に、桃太郎といえば桃ですが、桃の実は生命《いのち》を表象しているんです。また、桃の実は淡い桃色ですが、また可愛いいお尻のようにも見えますが、そしてそれは性をイメージしますけれども、それは男と女の性を通してエゴを撲滅し、《まんだら》という、お金では換算できない宝を手にしたということなんです。

つまり桃太郎は財宝を手に入れますが、それは《まんだら》なんですね。そしてその財宝、《まんだら》を手に入れるにはエゴを全てやっつけねばなりませんでしたが、それをやっつけたんです。

特に大物のエゴは、男と女の性を通してのみやっつけることができ、性を通してやっつけたんです。

つまり、桃太郎がやっつけたのはエゴであって、鬼退治というのはエゴをやっつけた、ということなんです。

それは、外の鬼ではなく、内の鬼であって、節分の日に、

♪鬼は外、
福は内♪

と、豆を撒きますが、それは自分の中にある鬼を外に出し、《まんだら》という福を内にする、――というよりは、もともとそれは内にある、自分の中にあるのだと認め、鬼のみを外に出すんですが…

つまり、桃太郎は自分の中にあったエゴを全てやっつけたゆえに、⛬《まんだら》を手にしたのです。

また、そのエゴ撲滅は、自分が生まれ変わることでもありました。エゴのない本来の人間、⛬《まんだら》に生まれ変わることでもあったのです。

人間はもともと⛬《まんだら》であって、そのもともとの⛬《まんだら》に生まれ変わったのです。

つまり、桃太郎は自分の中にあったエゴを全てやっつけ、⛬《まんだら》というもともとの自分に生まれ変わり、⛬《まんだら》も手に入れたのです。人間をエゴのない本来の人間に変換できる⛬《まんだら》を手に入れたのです。

そしてこの⛬《まんだら》があるゆえに、誰でも変換できます。桃太郎のようにエゴのない本来の人間に生まれ変わることができ、⛬《まんだら》とは、お金などでは換算できない価値あるもの、財宝であって、このような財宝が手に入ること、それを桃太郎ばなしは予知していたんです。前もって知らせていたんですね、

そして、この⛬《まんだら》を手に入れる道、自分のエゴを撲滅し、エゴのない⛬《まんだら》に生まれ変わると共に⛬《まんだら》を手に入れる道は、これまで主に男が担っており、中でも神の位の男の方が担っておいでだったのです。モーゼさまや孔子さま、お釈迦さまやイエスさま、ヨハネさまや空海さま…等々の神の位より降りられた男の方が担っておいでだったのですが、でもそのキュートな、キュートなそれは女ならではのものだったのです。この女という身をもって、肉体を持ってでしかできかね、そして女のわたくしができた次第なのですが…

――その、女ならではのもの、女の身でもってでしかできかねること、というのは、それは引くということ、自分をマイナスするということなのです。

男と同じ器量の持ち主だけれども、自分を引く、マイナスするということなのです。

――ところで、桃太郎といえば岡山ですが、それは、おかんの山、ということです。岡山は「おかんの山」という意味であって、それは実は地球のことなのです。つまり、おかん、それはお母さんのことですね、そしてお母さんといえば身養いですね…

つまりお母さんは毎日こまめに面倒をみて下さるでしょう。お食事なんか面倒がらずにつくって下さいますね。――そのように、身ごと、肉をもっての育て、養い、それが母、その要素なのです。

そして、それが地球であるのです。

それは、地球は人間に必要な食べ物を与えてくれていますね。その身、からだをもって人間を養ってくれているでしょう。そのように地球は母の要素であり、母のエッセンスであるのですが、その母のエッセンスは、只今においては桃太郎に移っているんです。

それは、この《まんだら》は人間を変換するのみか、身さえこの《まんだら》によって養えるからなのです。

つまり、この《まんだら》を一本に生きるところ、物やお金も廻ってくるし、風邪さえひかない、ひき難いからだになるのですが、それは身養い、この《まんだら》によって身さえ養うことができることであ

って、人間はこの🌀《まんだら》によって物やお金も手に入り、自分で身を養ってゆける、他に頼らなくてもよいんですね。

そして母とは、子供が自らの力で食べてゆけるようにするものであって、桃太郎はそうした。桃太郎は、身養いもできる🌀《まんだら》を手に入れ、人間が🌀《まんだら》によって自ら身養いできるようにしており、ゆえに、桃太郎に母の要素が、地球が担っていた母、そのエッセンスが移っているんです。

つまりわたくしは、地球が担っていた母、そのエッセンスにもなったのです。そしてその母のエッセンスとして、みなさんに🌀《まんだら》によって身養いしていただき、さらに身養いしているんですね。それは、玄米のお結びを握って外にお出ししているんです。人間の身、それを養うには🌀《まんだら》を一本に生きれば養えますが、食べもの、これが要、身養いの要であって、食べもののエッセンスである、玄米を握って外にお出ししているんです。

また、お結びには和歌をおつけしているんです、いろはに順じて毎日一句陽のみの和歌をうたっておつけしておりますが、それは身のみでなく心、このお手当にと、お結びと共にお出ししているんですね。

そしてそれは女ならではの行い、女ならではの器量、引くという器量、この発揮であるのです。女、それは引くということが器量、女ならではの器量でありますが、それであって…

つまり🌀《まんだら》といった、お金などでは換算できない価値あるもの、そのようなものを手にしながら毎日セッセとお結びを握っている、朝早くから起き、セッセ、セッセと握っているわけで、それは女ならではの器量であるのです。

そのように、表に立つことなく陰《かげ》にての行いができるのは、それを負とも思わずできるのは女ならではのもの、母ならではのものなのです。

そしてそのような大光、光の存在があるゆえに、また〓《まんだら》がそこから出ているゆえに、この岡山にあるゆえに、この岡山はポカポカの南の国、――タヒチなどの南の国はあくせくすることなくのんびりと暮らしておりますが、そのようなポカポカの南の国であり、また人の気を休め、そこよりさらに気負いたつ今様浄土となっているのです。

つまり、西方浄土ということが言われておりますが、その浄土、今様浄土となっているのです。

ところで、〓《まんだら》を手に入れることができた要のことは何であったか、ですが、

それは愛ゆえ、

人類や地球、はたまた宇宙まで愛するという

愛の一念、これがあったからです。

でもそこに智恵、

これがなかったらできませんでした。

そして、その智恵のもととなったのが、
　思考力、これがあったからです。
そして、それは読み返っていった、
　トコトン、トコトン、
　その起きてきたであろうところまで、
　思考でもって読み返って
　いったからであって、

そして、その智恵、
　それが桃太郎においては
　あのキジやサル、犬が象徴しているのです。

そしてこの智恵でるには愛、
　愛がなくては出なかった、
つまりお団子、これをあげた、
「桃太郎さん、桃太郎さん、お団子ちょうだい！」
　と可愛いいお手々を出したときすぐあげた。

また、お供、
　お供するならあげようと
　そこにちゃっかり智恵をかけた。

つまり自分ひとりではやはり難しき面ありとみて、
　そしてちゃっかり加えた
　お供するならあげようと、
　そしてＯＫ、
　承諾をとったわけですが、
でもその前にすぐあげる、
　あげようという気が働いているわけで、

そしてそれは愛、
　相手への愛、これがあった。
ゆえに智恵が応えた、
　そして宝を手に入れた、
鬼をやっつけ《まんだら》という

　　宝を手にしたわけですが…

つまり《まんだら》を手に入れることができたのは
　つまりは愛と智恵、
　それを上手にかみ合わしたからです。

そしてそのかみ合いができた最初が、
あの「あい別れにさよならの悟り」、
　このときであったのです。
つまりイエスさまが代表なさる愛、
　ブッダさまが代表なさる智恵、
このふたつでひとつの歩み、
　これが上手にあのときから
　でき始めたってわけです。

そして、この愛にしても智恵にしても
　つまりは自分磨きだったわけです。

地球が病気になっているのも
　つまりは人間、この質が問題で、
　あるからと見抜き、
またそれは自分、その人間の中のひとり
　であるところのこの自分、
自分こそがよくなければ、と、
　自分磨きに入ったわけです。
そのような全体を看やりながらの
　自分磨き、
　これをトコトンしたからなんですね、

つまり
　「全体がよくあるよう
　自分のことはさておいて
　尽くしっ切りに尽くす」

　この愛を生きたからであって、

そしてそれは、
　スサノオが象徴している意識であって
　スサノオ意識と申します。

そして、そのスサノオ意識が
　生命《いのち》の基盤なんです。
そしてスサノオ意識が廃れると
　生命《いのち》枯れます。
そのスサノオ意識あるところ
　万事うまくゆきますが、
それが廃れると
　うまくゆくどころか、枯れる、
生命《いのち》は枯れてしまうのです。

そしてその生命《いのち》枯らさぬために、
　桃太郎は生まれた、
生命《いのち》の実である桃から生まれ、

スサノオ意識であるところの
その愛、
「全体がよくあるよう
自分のことはさておいて
尽くしっ切りに尽くす」

この愛をとことん生きたのです。


では、話ついでにもうひとつお話しさせていただきますが、それは昔話ではなくお墓のはなし、御影石でできたあのお墓の話なんですが、

——実は、あのお墓は何を隠そう、このわたくしなんですよ！　——それはね、あのお墓はピカピカでしょう？　ツルツル光ってますね。

で、それは、磨きに磨いてきたからですね、——職人さんによって。そしてそれは、磨きに磨いてきたわたくしと同じですね。

またあのお墓があのようにピカピカなのは、とてもその目が細やかだからなんです。また硬い、硬い石ですね。つまり、その目がとても細やかな硬き石ですね。

で、わたくしも、固き意志のもと磨きに磨いてきた、細やかに細やかに磨いてきた。——その

ように、細やかさと固き〈意志石〉、石と意志の違いはありますけれども、一致しますね。

そしていまでも磨いております。これまでもとことん磨いて参りましたけれども、いまでは認識したところから磨いているんですね。この《まんだら》一本であるよう、磨きに磨いております。

で、それはいつも、昼も夜も磨いておりますが、それはあのピカピカのあの石とうりふたつ。あの石もピカピカでしょう、――いつも！

また、あの石もわたくしもおかんの山から掘り出されているんです。――つまり、おかんの山というのは地球のことですが、そのエネルギーの出る場がこの岡山にありましてね。赤磐郡の熊山神社、ここからエネルギーが出ているんですが、そのおかんの山からどちらも掘り出されているんですね。

――つまりわたくしは岡山ですからね。また、あの石、御影石も岡山にありますし。またそれは（お墓）、ここにありますこの本、おっぱいマークの本とも、おへそマークの本ともいっておりますこの本のマーク、これとも同じなんですね。

この本、これは点で◌《まる》を描き、その真ん中にc《ポコッ》とおっぱいの乳首のようなものを描いておりますが、このマークとあのお墓と同じだと思われませんか？

――そうですね、お墓を上からみたら同じですね。お墓は四角ですけれども◯と捉えますとね。

で、その◯は、宇宙とは◯《まあるい》世界であることを現わしているんです。

また、このc《ポコッ》と出ているのは、その◯《まあるい》世界を◯《まある》くあらしめている先立ち、いさぎ、そのような存在がいることを現わしているんです。

　つまり、いさぎ、それはスサノオ、この意識、つまり「全体がよくあるよう、自分のことはさておいて尽くしっ切りに尽くす」意識であって、この意識、エネルギーがあるゆえに宇宙は陽のみ、何いうことなきまあるい世界なんです。

――ところでこの本、オッパイマークとも申しておりますこの本ですが、実はこの本は宇宙は陽のみであることを論理的に述べているんです。

でわたくしは、この本を一刻も早く翻訳して西欧に出したいと思っているんですね。なぜなら西欧の人にとっては∴《まんだら》を受けるよりもこちらの方が心の癒し、その傷ついた魂がホッとなさるからなんです。

　何しろ、西欧の人は論理的に納得できないと納得しないという特徴がおありで、そして西欧の人がいま日本において探し求めているのがこの本なんです。でそれは、魂の救済をその人自身の霊性でもってなせるものであって、いま、西欧の方はそのような魂の救済のされようを求めており、また日本はその西欧のお陰でやはりここまでに発展してきており、ゆえに何かお返ししなくちゃあまことに申しわけないわけです…

　つまり、わたくしがⓒ《こ》の本を書くことになったのは、理証という悟りせし者の宿題、なすべきこととしてなしたわけですが、その理証とは、つまりは陽のみ、宇宙は陽のみであることを論理的に説くことであって、それをこの本で論理的に説いており、ゆえに納得される。そのつじつまのあう論、話によって、西欧の方々は納得しつつもホッとなさる。何かと罪深いところに自分を置きたがる西欧の方々は、そのつじつまのあった論、陽のみの世界観、その認識の御披露によって、傷ついている魂がホッとなさるので、一刻も早く翻訳して出したい、
この《まんだら》と、この本、ふたつ揃えて一刻も早く差し上げたいのですが、翻訳して下さる方となかなか巡りあえなくて、一寸困っているんですね。

——ではこの辺りで、昔ばなしに関しての話は終わりたいと思いますけれども、最後に、あの「かごめ、かごめ」の唄についてお話ししましょう。——あれって謎が多いですからね！
まず、かごの中の鳥って何かですが、——あの唄には「かごの中の鳥」ってあるでしょう。

♪かごめ　かごめ
かごの中の鳥は♪　ですからね、

で、それは飛べない鳥のことを言っていて、
そしてそれは人間なんです。
かごの中の飛べない鳥は人間であって

そしてそれはスサノオ意識に
なり切れない人間、
自分のことよりも全体に尽くす、という
意識になり切れない人間のことであって、
そのせいできゅうきゅう、
自分で自分を小さくしている、
自分を窮屈にしている様子なの。

でもスサノオ意識になれば
それはひろびろ、ひろびろとした
世の中を創くり出し、
自分もそこにおいて
ひろびろ、のびのびしますね。

そしてその飛べない鳥も
いまこそ飛ぶトキなのです。
いま、いまこそ飛び、

陽のみのひろびろとした世の中を
創くり出し、
自分もそこにおいてひろびろ
のびのびするトキなのです。

何しろこの世紀末（20世紀）は、
夜明けの晩であって、
人がスサノオ意識となって夜を明けねば
いつまでも晩、
夜はつづくわけで…

つまりかごめ、かごめの唄の中の
夜明けの晩というのは、
この世紀末のことを言っているんです。

夜明けの晩というのは、
夜明けなのに晩であって、

それは夜から朝に移るとき、
　夜がしらじらと
　明けてゆくときであって、
　例えば、いま11月ですが、
　6時頃にはしらじらとしてきますが、
　そのような刻を夜明けの晩というのです。

で、この世紀末は、
　陰陽《ネガポジ》であった世界から
　陰《ネガ》のない陽のみに移るとき、
陰《ネガ》のない陽のみに
　世界は明けようとしているときなのです。
陰陽《ネガポジ》というのは
　ネガティブとポジティブであって、
そしてそれは善悪のこと、
　これまで世界は善悪
　ふたつでひとつの世界でしたが、

それは終わり、
陰《ネガ》のない陽のみ、
宇宙と同じ陽のみに
世界はなることになり、
そのようなスケールの、またスパンの
夜明けの晩がこの世紀末なの。

つまり、この世紀末を
人は暗く捉えておりますが、
それは逆さなんですね。
いまはとても明るいとき、
陰陽《ネガポジ》という暗い世は終わり
明るい世が始まるとき、
陰《ネガ》のない陽のみに
いま世界は、
明け染め渡ろう、
としているんです。

そしてそのトキに乗る、
　かつてわたくしがそのトキに乗り、
スサノオ意識にジャンプしたように、
　いまこそスサノオ意識となって
　世界を陽のみにしてゆき、
そこにおいて自分も陽のみとなる、
　申し分なく幸福になることであって、
さすればツルカメも
　滑ったかいがあるというもの…。

あ、ツルカメのこと、このことをまだお話ししていませんね、ではここでツルカメのこと、このことを一寸お話ししましょう。

でそれは、ツル千年、
　カメ万年といいますが、
で、千にしても万にしても

永遠を現わしておりますが、
それは同じである、
一つであることを現わしているんです。
もともと一つであることを現わしているんです。

がされど違いがあることを
現わしているのが、
千と万の数であって、

で、カメ万年の方の
カメの方が多い、
数が多いんですが、
それはこちらがベースであることを
現わしているんです。
こちらの方がツルのベース、
ツルが立つところの
ツルが立っているベースなんです。

でそれはどういうことかと申しますと、
　それは何いうことなき多福な宇宙、
　その宇宙を現わしているのが
　あの甲羅、カメの甲羅であるのです。

つまりツルとカメ、
　それは、宇宙根源神であって、
　あの甲羅はその福、
　それが連なっている、
途切れることなく連らなり、
　無限に広がっていることを
　現わしているんです。

つまりそれは陽のみ、
　何いうことなきまあるい宇宙、
　このことであって、
そしてそのような多福な
　まあるい宇宙であれているのは、

ツルさんのお陰、
その世界を世界で在らすべく
とことん自分を使う、
自分をそのためにどうにでも使う、
ツルツル、ツルツル使いっ切りに使う
ツルさんのいるお陰なんですね。
つまり
全体がよくあるよう
自分のことはさておいて
尽くしっ切りに尽くしているんです。

また、そのようにツルが尽くしっ切りに
尽くしてゆけるのもベース、
立つベースがあるからで、

で、そのようにツルとカメは
別れていてもひとつであり、

そしてそれが滑ったのは
　滑べり降りた、ということ、
　で、それは御降臨なの。
つまりツルとカメ、
　それは宇宙根源神であって、
　滑ったとは、
神が降臨されたことを
　言っているんです。

つまり神、
　それはカメであり
　ツルであるのです。
つまり、神＝宇宙であり、
　そしてそれは多福な世界、
陽のみのまあるい世界であり、
　そしてそのまあるい世界であるのは
　ツルがいるから、

全体がよくあれかしと
自分のことはさておいて
尽くしっ切りに尽くすツル、
つまりスサノオ意識があるからですが、
そのスサノオ意識は
神の意識であって、
その神の意識を
スサノオがかついでいるのです。

また、ベース、ツルの立っている
まあるい宇宙を象徴、
かついでいるのが天照であって、
そしてそれは母、
天照は神の母性を象徴しており、
スサノオは神の父性を象徴しており、
で、それは、
カメとは母であるところの神であり、

　ツルとは父であるところの神であり、
そして、
　母であり父であるところの
　神が滑った、
　御降臨されたってことなの。

そしてそれは世界を
　チェンジするためでもありました。
陰陽《ネガポジ》から陽のみに
　世界を新ためるためでもあって、
1970年～1989年12月22日の
　20年間かけて新ため…

つまり20年間に渡る悟りの歴史、
　それは世界を新ためる
　歴史でもあったのです。
それは悟りを極める歴史でもあれば、

その悟りとともに人間が生まれ変わる
歴史でもあれば、
世界を新ためる、
陰陽《ネガポジ》から陽のみに新ためる
歴史でもあって、
そしてそれあって、世界は明けた、
陰陽《ネガポジ》から陽のみに
世界は明けたんです。

でもまだ晩、暗いのは、
人がスサノオ意識を
生きぬから、
スサノオ意識となって
神が明けた陽のみ世界、
それを興そうとせぬからであって、
でゆえに飛ぶ、
スサノオ意識となって

そのような世界、全体となるよう、
　尽くしっ切りに
　尽くしてゆくことなんです。

そしてそれは
　その人自身陽のみ、
そこにおいて申し分なく
　幸福になることであって、
そして人がそうなるよう
　神は後《うしろ》にあって率いている、
あの羊飼いのように
　後にあって、率いているんですね。

——と、このようなことをかごめかごめの唄はうたっているんです。あの唄はとても謎めいておりますが、実はこういうことなんですね。

そしてそれが日本で唄われてきたのは、

日本の唄であるのは、
日本からそれは始まる、
この日本から新しい世界、
陽のみの新しい世界は開いてゆく、
始まっていくことを、
日本にそのお役があることを
意味しているんです。

――では、この辺りで「書くことの悟り」を終わらせていただこうと思いますが、最後に情報ということ、これを少しお話しさせていただきます。

で、情報というのは、言葉のみでなく、天体や自然界、また人間やその営みなど、全てが情報であって、中でも存在、その在り様を持ってのメッセージ、情報というのがあって、それを

身ごとのメッセージ、

お身ごと！　とも申します。

そしてそのお見事！　と、つい拍手してしまうのがスポーツ、これであって、スポーツとはまさにスポークスマン、《まんだら》という多種多様なおもいのそれは身ごとのメディア、スポークスマン

であって、先日長野で行われた冬のオリンピック、これに出られ金メダルをとられた舟木さんという方のジャンプはまさにそれであって、ここにその写真が載った新聞がありますが、——ね！　なんとも美しくのびやか、心地よさそうですね、スキーの板とからだがピタリ、平衡になっていて、実に美しく、心地よさそうですが、これが

身ごとのメディア、

スポークスマン

していることなの。

そして、∴《まんだら》をさまざまに駆使しているその最中《さなか》は、まさにこのスポーツと同じなんですね。そしてそのやりくりがうまくできたときの心地よさは、まさにスポーツをされている方のそれがうまくいったときの気持ちよさと同じなんです。それは美しくもあり、バランスのとれた存在の在り様なんです。

そしてそれを身でもってメディアしているのがスポーツですが、スポーツをされる方は惜しいかな、そのスポーツをすることの意味、本質を言葉で括っておいでなかったのです。でも、わたくしの場合は∴《まんだら》を廻すというスポーツをしつつ、言葉、これで括ったんですね。いま、人間いかに在ればよいかといったことごと、物事の本質を次から次にエッセイという言葉で括り、〆めた。そして最終的に、言葉のエッセンスでもあるところのこの∴《まんだら》をせしめたんですが、

只今では、
存在の在り様をもってのメッセンジャー、
情報のメッカ、先端となっているんです。
――ここで、1997年に書いた「スポーツの本質」という文章をひとつ読んでみましょう。それでこの「書くことの悟り」を終わりとします。大変長くなりましたが、これで終わらせていただきます。

スポーツの本質
（長野五輪から思う）
1997年10月12日

来年2月に開催される長野冬期五輪の男子滑降コースの地点がいま話題になっているが、そもそもスポーツとは一定のルールのもと行われるもので、そのルールを無視してのスポーツ、これは正式にはスポーツとは言えないものである。
つまり、この度の長野五輪は「自然との共存」をうたっており、このそもそものルールを守ることがすなわち精神、この度の五輪の基本精神であり、これ守らずしてのスポーツ、この度の五輪、これを行う意味がない。

不思議なもので、奇しくもスポーツ精神そのものがその中身を問われるものであるが、その中身とはスポーツが何を意味するのか、その本質を知らなければ語れないし、また、いまこの本質を知ったところからのスタート、これがそもそも必要であろう。また、必要なときに来ていると思う。

スポーツには様々な種目があるが、どのスポーツをとってもその意味するものは同じである。ただ一つである。

つまり、走りにおいて、球技において、その他あらゆるものにおいて同じ。

それは、一つの目的を達成するための手段、そのことに他ならない。ただ、その中においてちがうのは、形、態、さまざまなれど、しかし目的は一つ、同じである。

その目的とは勝敗。そしてそこにあるのは、きびしい、きびしいスポーツならではの練習、そしてセンス、かつまた時の運とでもいったもの。

そしてさらに、その時の運を呼ぶのが本人のそのスポーツに対する熱意、そして真なる思い、名誉や自分の欲ではなく、そのスポーツをやる中においての、その人自身の熱き思い、その思いが、そのスポーツの本質を学びとる力となっている。そこに勝負がついて廻っているといっても過言ではない。

そのスポーツの本質の悟り、これが究極のものであり、この究極の悟りの出来た者こそスポーツを制覇せし者といえるであろう。

つまり、スポーツの究極の悟り、その本質とは、スポーツすることの意義、その中にあり、そしてこれは唯一与えられる幸福感、そして充実感である。

また、本人自らその事に気づき、その本質に身を置いたならばますますもってその幸福、喜び大となる。つまりその至福の喜びは、身を動かしての到達感、そこにある。

身を惜しむことなく動かしての心地よい疲労感であり、満足感、そしてまた何物にもかえがたい心の充実感である。

それは日常の生活の中において得られる充実感であり、また、そのようなものを遥かに越えたものでもある。

つまり、身を惜しみなく動かし、目的に到達せんとするその思い、最大なる時に溢れ出る心の喜びそのもの、スポーツとは自らの欲を捨て、自らを最大の域に達っせんと働きかけた時におこる、その充実感であり喜びなのである。

それをスポーツの本質と呼ぶ。

# その⑤
# 目に見えないもうひとつの世界の悟り

１９８７年（昭和62年）45才

この悟りは、４番目の悟りである「書くことの悟り」の中に入っております。そしてそれは「**越冬ツバメ**」というエッセイを書いたところ、**九次元の神のエネルギーが入り、そのすぐあと美しく調和された世界を認識しましたが、瞬間認識しましたが**、それが「目に見えないもうひとつの世界の悟り」に当たります。

## その⑥
# 負《ふ》の悟り

1987年（昭和62年）45才

この悟りは、**負を担うこと、マイナスすることが＋《プラス》となる、調和する、**という悟りです。**また、これは、「マイナス一《ワン》」という時代を切り開く思想を創み出した、**ということでもあります。

きっかけですが、それは「越冬ツバメ」を書き、九次元の神のエネルギーが入って以来、毎日あれこれ考えておりましたが、特に三つのことを考えていたことがきっかけでした。その三つとは、

一、「越冬ツバメ」に書いた人間の在り様、それを現わす極く簡単な言葉は何か。あれは自分のことよりは世界や全体のために自分を使う、捧げ尽くすという理想の人間の在り様を書いたのだけれども、ではこのような人の在り様をどういえばよいのか。極く簡単に言うにはどう言えばよいのか、と考えていて、

二、また、いま思想はいかにあればよいのか、とも考えていて、

で、それは、――つまり、いま思想はいかにあればよいのか、と考えたのは、この世紀末のネガティブな状況、病気ともいえるネガティブな状況を招いてしまった原因は思想でもあると思い、ならば思想を変えなくてはならない、思想を変えることで、この病んでいる状況を変えなくては、と考え、ではどんな思想であればよいのか、と考えてもいて、

三、また、地球が病気になったのは、「自然とは調和するもの」という思想よりも「自然は征服するもの」という思想からこの文明がスタートしていたからであったことに気づき、ならば自然と、地球とは調和するものという思想からやり直しせねば、と考え、病んでいる地球と調和する術《すべ》を考えてもいたからでした。

で、そのマイナス一《ワン》の一《ワン》ですが、一《ワン》とはひとりの人、個という意味であって、ひとりの人、個が、精神的にも物質的にもマイナスするということです。

例えば、

精神的マイナスは、

ひと言多い人はそれをやめ、無口な人は喋るようにしてゆく、といったことで、つまり自分の欠点を直してゆく改めるということであって、

物質的マイナスは、

お金や物を気ままに使い、つくるなどしていますが、それをやめ、お金は地球環境や社会

がよくなる方に使い、物にしても環境や社会にプラスなよい物をつくり、買ってもゆく、といったことであって、つまり環境や社会のことを考えてお金を使い、物にも対してゆくということであって、

そしてそれは一つでも二つでもいいんです。マイナスするのは一つでも二つでもよく、その人がそれによって苦しまないのであればいくつでもいいんですね。

つまり、この思想、マイナス一《ワン》は、**病んでいる地球や社会などの全体をよくすべく、自分を修正する、精神的にも物質的にも修正する思想**であって、それであるところ、全体はよくなります。地球など全体が病んでいるのは、なんといっても人間の在り様が原因であって、されど、この思想があるところ、在り様（人間）はよくなり、全体もよくなります。

で、この思想、マイナス一《ワン》を世に出さねば、世に高く掲げなくてはなりません。そしてそのために本づくりを致しました。「マイナス一《ワン》」というタイトルを持つ本の出版を仲間10人とし、世に高く掲げたんです。そして、それは主に男性でした。〝アートウオールらんぶる〟においでになっていた、これはと思う方にわたくしが呼びかけて集まった方々であって、いま思想を世に出すことが肝心であること、マイナス一《ワン》というこの思想を世に出すことが何よりも肝心であることを、トクトクと話して、集まった10人で。

ゆえに、この本は中身よりもタイトル、本のタイトルの方が主であって、書かれている中身は

いろいろでした。詩や物語、人物論などいろいろでしたが、わたくしは「時代の女」というタイトルの大長編エッセイを書いたんです。

で、それを書くことは、わたくしのさらなる練りでありました。自分の考えをさらに練るために書いたんです。

また、目に見えない世界があるということ、これを世に広く知らせたかったのです。

また、その世界は何なんだ、その世界と人間はどういう関係なのか、なぜ「あってよし」なのか、仕組みって何か、人間とは何か、などなど、エネルギーが入って以来、課題となっていたことを「時代の女」を書く中で練り上げていったんです。

ここにその本がありますが、タイトルがマイナス一《ワン》になっているでしょう。

――このように、本を通してこの思想を高く掲げたのですが、わたくし自身もこの思想、マイナス一《ワン》を生きる必要があって…

つまり、思想を論じ、世に出すのみでなく、自分もこの思想を生きなくてはならないわけで、わたくしの場合、それはこの本を出すことでした。マイナス一《ワン》という本を出すことが、わたくしのマイナス一《ワン》でした。

そして、物質的マイナスはお金でした。それは、割勘による自費出版のものでしたので大変でした。つまりその割勘は原稿用紙の枚数によるものでしたので、わたくしの場合、枚数が桁外れに多く、また本は〆て3冊出しましたので、家賃さえ払えず困っていた頃でしたから、大変な負担でした。

精神的マイナスは、その大長編エッセイを書くことでした。それまでそんな長いものは書いたことがないんですけれども、でも思い切って書いたんです。もちろん、他にもたくさんマイナスしておりましたが、これが代表的なものでした。

また、この思想、マイナス一《ワン》を創み出すに当たってはさまざまな事や物、人との出会いがあって、中でも、

○ひとりのおばあさんとの出会いがあり、

○また、言葉、この日本の古きよき言葉との出会いがあり、

○また、「ひとつの花」との出会いがあったのです。

そのおばあさんとの出会いですが、それは冬のある寒い早朝《あさ》のことでした。わたくしはこちらに向けて歩いてきておりました。すると、ひとりのおばあさんが街路を掃いておいでなんです。ご自分の家の前のみでなく、その周辺《あたり》をズーッと掃いておいでであって、

その姿を見たとき、「ああ、このようなお方があって、かつて日本の街はきれいであった、このようなお方があったから街はかろうじてきれいに保たれていたんだ！」と思い、そのときに、

○お陰

○身働き、気働き

○負が用をする

という、日本の古きよき言葉を意識したんです。それまでこれらの言葉は知ってはおりましたが、意識してはいなかった。でも、おばあさんの姿を見たときからこれらの言葉を意識し、そして創み出せたのですが、中でも「負が用をする」、これが極めて大きく、この言葉のお陰で創み出せたのです。

また、このマイナス一《ワン》を創み出すに当たっては、このような言葉のみでなく、「和」という言葉にも出会い、この出会いが大きかったのです。

それは、「和」という言葉と出会うことで、和と調和、これが同じ意味であることに初めて気づいたのです。

それまでは、和と調和が同じ意味であることにまったく気づいていなかったんですが、和という言葉と出会うことで気づき、この気づきが大きかったのです。

つまりそれまでは「調和」、この言葉で考えていたんです。病んでいる地球と調和するにはどうしたらよいのか、と。でも、あることで和という言葉と出会い、この和と調和が同じ意味であることに気づき、そこからトントン拍子にうまくいった。トントン拍子に「マイナス一《ワン》」という思想を創み出すことができたのです。

では、この「和」という言葉とどこで出会ったかですが、それはその頃、わたくしは「美」ということ、「美しい」ということを意識していて、自分磨きにしても「美」という観点から磨いていっていたんです。つまり「美しい人になろう!」と。それには心を美しくしなくてはと、美というところから心を磨き、また身のこなし、ふる舞いなども磨いていっていたんです。

で、そのようなときに、とても美しいおじぎをなさる女性がおいでになったんです。で、それはとてもまろやか、何ともまろやかで、とても美しいんです。でその美しいおじぎにハッと心を打たれて、その方に接近したんです。それは接近しやすくってね、その方はお茶の先生でおありでしたから。それで、お茶を習いにゆきました。――その秘密をさぐりに。

でも、いくらいっても、わたくしのおじぎはなかなか美しくならないんです。自分でわかるんですね。それで、どうしたら先生のような美しいおじぎができるのであろうか、と考えてゆき、「あぁ!」とわかったんですが、それは思いを先にすることだ、と。つまり、人なら人をお迎えするときに、おじぎをするより先に「ようこそいらっしゃいました!」という思い、これを先に立てておじぎをすれば、これはまろやか、先生のような美しいおじぎになるとわかったんです。

つまり、「ようこそいらっしゃいました!」という思いを持って身をかがめればからだが自然しなる、まあるくしなるとわかったのです。で、「シメタ!」と思って、お茶のお稽古に行ったとき実験したんです。襖を開ける前にその思いになったんですね。

お茶のお稽古は、まず襖を開け、中のお客さまにおじぎをするんですが、その襖を開ける前にその思いになったんです。中にいるお客さまに「ようこそいらっしゃいました!」という思いを持って身をかがめたんです。すると、それはスル〜としなった。からだが自然しなった。まああるくしなったんです!!

――とまあ、こんなことから美しいおじぎをする術《すべ》を体得できたんですが、――それは思いの微笑《ほほえ》み、思いが相手に対して微笑《ほほえ》んでいるところからのしなり、まあるく美しいおじぎになったんだ、と、後になってわかったんですね。

ところで、和、和という言葉と出会ったのは、その部屋、お茶をお稽古する部屋に和という言葉が額に入れて掲げられていたからなんです。出会った、というのは、意識する、ということで、わたくしはそれまで和という言葉は知ってはおりましたが、意識するほどでなかった。でも、そのとき意識したんです。そしてそこから初めて、和と調和は同じ意味の言葉であることに何かの拍子に気がつき、でそのときにハッとして、それは、日本はすでに調和、ここからスタートしているからで、――つまり日本は和を心としており、でそれは日本はすでに調和、これを尊び、そこからスタートしているわけで…。

されど、日本は和の術《すべ》、これはわかっていないことにも気がついたんです。日本は和を尊び、和であることからスタートしているけれども、その術《すべ》、和であれる秘訣はわかっておらず、ゆえに日本は和ではない、和であるようで和ではなく…

つまり、この日本の人は和《なご》やかに過ごしはするけれども、真から和ではないな、と。和であるのはあいまい、濁しているから和であれているのであって、それは真の和ではない。で、これは何ゆえか、と考えていったところ、日本人は自分の考えや思いを率直に出さない、互いに胸にしまい、話しあうことや議論をすることを避けているな、と。

では、なぜそうなのか、と考えると、それはこの「和」を思想としており、それを尊ぶばっかりに、議論をするにしても丁々発止とやりあうことを避けている。それをすると和であれないことがままあるので、喧嘩になるやも知れぬので、で、議論をすることを避け、あいまいになってしまっているんだ。

で、このあいまいはアメリカなどの外国からも指摘されるわけだけれども、でもその議論のやりとりを得意とするアメリカなどの人と人との関係、これもけっしてよくはないわけで、では、どうすれば和であれるのか、と考えてゆき、それは、まず互いに「和」であろうとすることであって、和であれないときには「引く」ことだ、と。

例えば、

議論をしていて意見がぶつかったときには自分が引き、相手に先に話してもらい、そしてそのあと、自分が言う、このようにすることであって、またそれは「出る」場合もあって、

例えば、

会議をしているような際、言いにくいけれども言わなきゃいけないことがあって、そしてそれは誰れも言いたくない、で、自分が言う、自分も言いたくないけれども、誰れかが言わなくては

ならないわけで、で言う、といった、このようなことでもあって、
そしてそれはいずれも負を担うこと、引くも出るも負を担うことであって、――つまり和であれる術《すべ》、それは負を担うことだ、と気がつき、
また日本は和の術《すべ》をわかっていたことにも気がついたのです。でそれは「負が用をする」、これであって、日本は負が和の術《すべ》、和であれる秘訣であることをわかっており、それをこのような言葉で伝えていたことに気がついたのです。
つまり、「負を担うことが和という用をする」と。そしてそこから、この「負」という言葉を現代的な言葉にするとどんな言葉になるのか、と考えてゆき、考えつかぬところから、その頃交きあっていた彼に相談したところ、「マイナス」という言葉を彼が考えついて、そしてそれに「―《ワン》」をつけて「マイナス―《ワン》」というこの言葉、思想を創み出すことができたのです。

ところで、このマイナス―《ワン》を創み出すに当ってはひとつの花との出会いがあった、と申しましたが、それは芙蓉の花であって、そしてこの花と出会ったのは、わたくしが男と女、この調和の術《すべ》をズーッと考えていたからでした。

それはわたくしは彼に二度も振られており、それ以来、彼とどうあれば調和したのか、とズーッと考えていて、で、出会ったんですが、でも、その前にひとりの女の人との出会いがあって…

それはその頃、男の人と話している際に頬がピンクにポッと染まる女の人がいて、それはとて

も初々しく美しいんです。でそれはわたくしにはない色であって、わたしもこの人のように頬がピンクに染まるようであったなら、きっと振られなかったであろうと思い、そこからその女《ひと》を観察したんです。その人はわたくしの店にときどきお茶を飲みに来られる方でありましたからね。

で、それとなく観察したんですが、ピンクに染まるわけがわからないんです。その人は別に恋人と話しているわけでもなく、恥ずかしい話をしているわけでもなく、そしてそうした中、そのピンクの色と美しいというところから芙蓉の花を思い出して、そういえば昔から美しい女の人のことを「芙蓉のような人」ともいうし、またそれはピンク、ピンクであったな！　と。

で、ではどんな花なのかしら、と、芙蓉の花を観察にいったんです。その花が近所にあったことを思い出して…。

で、観察にゆきますと、それは実に美しい！　何いうことなく大調和、大バランスしているんです。まさにそれは女の在り様、女の美しさの極みのようで、否、それは女だけでなく、人間としてもバランスのとれた在り様でもあるな、とも思ったんですけれども…

そしてそんなある日、その芙蓉の花のようになりたくって、朝、禅寺に座りにいったんです。それは先ほども申しましたが、わたくしは二度振られていて、それ以来彼とどうあれば調和したのか、と、調和の術《すべ》をズーッと考えていたからで…

で、彼と不調和、調和しなかったのはわたくしが我がままであり、既成概念を脱ぎに脱ぎ、また理屈っぽい女にもなっていたからでありますが、でも調和する肝心なことはしていたんです。

でそれは立てていた。わたくしが引き彼を立てていたにも関わらず、調和しなかったからで…つまり男と女が調和するには女が引き男を立てることだ、とわかっていて、そして立てていた。わたくしが引き、彼を何かと立てていたにも関わらず、調和しなかったからで…、がでも、調和するのは、つまりは頬がポッとピンクに染まることなんだ！　要はあれなんだ！　と、そう思って禅寺に座りに行ったんです。

そして、なんと、頬がポッと染まったんです‼

それはね、こういうことだったんです。

朝行きました、自転車に乗って。そうしますと、まずお堂を拭き掃除するんです。行った人みんなで。それから座ります。で、約30分か40分か座ったでしょうか、そのあとまた、拭き掃除をするんです。その後、帰ろうとしていますと、副住職の方が皆んなでお茶を戴きましょうと、お茶に誘って下さったんです。それで、お部屋にゆきました。

そしてこのときに、こういう心掛けで行ったんです。「このお茶の時間は自分は一切何も言うまい、皆さんのお話を聞くだけにしよう」と。

それは、そのお部屋に居合わせた方々は座禅のキャリヤが十数年だとお聞きしており、――お掃除しているときに聞いているんですね。

それで、この方々は座禅を通してさぞや自分を磨かれた方々であろう、と思っていて、そんな方々の前で出しゃばるまい、控え目にしていよう、と思ったんです。

また、それはいまの自分にとってとても大切なことだ、何かと自分は表に立っており、——その頃はエッセイも書き、アートウオールらんぶるもし、自分創りネットワークヴォイスもし、何かと表に立っていたんですね。

でも、ここでは一切そんな自分を出すまい、ひっそりとしていよう、と思ったんです。それで、部屋の隅に座ってひっそりしていたんです。

そしてそんな中、思いがけず副住職さんが、わたくしを話の中心に据えられたんです。「この方は県庁の傍《そば》で何かと活躍されているお方です」とかおっしゃったんです。

で、そのとたん、頬がパーと熱くなり、ああ、これだ！　いまわたしの頬はあの芙蓉のような色になってるわ‼　と、心がとても踊ったんです。

そしてその後、原稿用紙に向かって、その頬の染まり、それはどういう心持ち、思いがなしたワザなのかと、そのときを思い出しつつあぶり出していったんですね、「芙蓉の花」という題のエッセイで。でも、そのときはあぶり出せなくて、でもあとになってわかったんですが。——その芙蓉の花のエッセイを一寸読んでみましょうね。これもけっしてうまいものではないんですよ。ボギボギしておりますが、一寸読んでみましょう。——これは「越冬ツバメ」より4ヶ月前に書いたんです。

# 芙蓉の花

1987年6月末日

あるとき、「きみは芙蓉のようなひとだ」と言われ、「え、なぜ？」と意外なたとえをいぶかしく思った。

だって、あの花はウエハースのように柔らかく弱々しい。とくにあの淡いピンクの色は、ある心情の為、ぽ〜と頬を染めた女の美しさの極みのようで、このわたしにはない色だと思えるからだ。「なぜわたしが芙蓉なの？」と問うと「あの花は、石垣でもコンクリートの間でも、わずかな隙間にしっかり根づいているだろう」という。なるほど、ニクイ野郎だなと、この人のウイットについ笑ってしまった。

きつい社会のハードルを前向きにクリアしようと、自尊心高く、社会状況読みとり速く、自分の意志強くと頑張っているわたしは、たしかにあのごつごつした根っ子のようかも知れぬ、と思い、そんな根を持ちながら周囲をほんのり照らすぼんぼりのようなあの花にいっそう魅かれてしまった。

この頃、ガンバリズムでは越すに越されぬハードルにぶつかってしまい、ある朝、禅寺へ座りにいった。10人のキャリアの人達の座禅姿の真摯なしずかさに圧倒されながら、しびれた足を引きずって、あとの茶菓の時間に加わった。幾年も座りつづけている人達の中で思いがけなくわたしが話題の中心になってしまった。そのとたん、頬に熱が走り、ぱあっと一面あからんでゆくのを感じた。「ああ、この気分、この心持ち！」、このときこれはどこかでかって味わったことのあるとても懐かしい心情のような気がした。

少女の頃、気が弱くベソかきでトボトボしていた自分、何か大きなものに頼りたく、甘えたく見つめてほしかったあの頃、この室内の空気がそんな幼き者だった頃へわたしを引き戻し、本当の自分、忘れていたかっての自分の心持ちにならされ、話題の中心に置かれたことを、とても照れくさく気恥ずかしく思えたのだった。

帰途、自転車を走らせながら、この朝のはだかの自分の素直さを愛しく抱きしめ、この梅雨があければ、また、あすこのあの芙蓉に逢える——と、今年は特別楽しみに思えた。

——これが「芙蓉の花」なんですが、このときには先にも申しましたが、わからなかったんですね。なぜ頬がピンクに染まったのかわからなく、でも、あとになってわかり、——それは上《かみ》なる存在への謙虚、慎み、これがあのとき働いたんです。

つまり10年の座禅のキャリアある方々を上《かみ》なる存在とみているわけで、そしてそんな方々の前で自分が誉められることを恥ずかしく思ったんですね。

「わたしはそんな、誉められるような、そんな者じゃあ、ございません」といった、とても謙虚な、慎しんだ思いが、そこに働いたからなんです。

そして女がこの心、謙虚、慎みを男に対して発揮するところ男と女は調和するんです。で、そのことがわかったときに、「なるほど～」と思ったんです。そういえばそれはしっかり意識していなかったな、と。謙虚・慎みとかは思ってはいた、男の人と対等に論じながらもそこに女としての謙虚や慎みはいると思っていた。

ゆえに立てていた。何かと男の人を立てていた。彼に対しても立てていた。されどそのことをしっかりと根づかせてはいなかった。そのことの大切さを思いながらもときにそうであったり、なかったりしたな、と。

意識はしていたけれど、しっかり意識はしていなかったんだ！　ではこれを今後しっかり意識して生きよう、さすれば男の人と調和し、また、美しい。男の人と対等でありながら自分が引くということであって、それは美しい、あの芙蓉の花のような美しさ、ピンク色だ!!

——でね、では男の人は立てる対象はないのか、ですが、男の人にしても立てる対象、上《かみ》なる存在はおありであって、——謙虚、慎みを発揮する対象はおありであって、そしてそれは神、神であるのです。——それは女にしても発揮するんですよ、神さまに。

つまるところ、謙虚とか慎み、これは誰も抱く、またもともと抱いているとても大事な心であって、この心があってこそ伸びるんです。

この世において教えを乞うにしても、この謙虚、慎みがないと教えてもらい難いですし、仕事の上においてもこれがなければ引き上げてもらい難く、――そのように謙虚、慎みはとても貴重な心なんですが、それをどこへ一番発揮するか、ですが、それは神、先ほども申しましたが、神さまへ発揮することが一番大事なんです。

そしてその発揮できる極みのものが祈りなんです。この∴《まんだら》の中にも祈りがありますが祈りが∴《まんだら》の中心なんです。で、その祈る姿たるやとても謙虚であり、慎み深い姿でしょう。で、それはつまりは神と調和すること。祈ること、それは神と調和することであって、神と調和してこそ伸びるんです。

つまり調和する要、それは神であって、神と調和してこそ伸びる。行き詰まることなく伸びるんですね。


――さて、話をマイナス1《ワン》に戻しますが、このマイナス1《ワン》の思想を創み出せたのは、つまるところはわたくしの思考力、これがものを言ったのですが、でも、それは九次元の神のエネルギーが入ったゆえに創み出せたのです。

つまり、神とは言葉であって、しかもそれは思想、その体系、それをこの地において創り出したところのそれは神であり、でゆえにも出た、わたくしの思考力、これがもちろん働いたからでもありますが、でも神、このエネルギーが入らなければこれは出なかったものなのです。

ゆえに、この辺り、このとき辺りからわたくしは言葉、これをかなり自由に操り出した。言葉を勝手に解体し、かつまた組み立てる。本質と思える方向、質に言葉を創り直すようなこともし、そしてその創り直した言葉でもってエッセイを書きもしていて、ゆえにこのエッセイはとても奇異な目でみられるものでもありましたが、でも本質からみると、それは正しかったのです。

例えば、
死相、これは思想、これがなきところそうなると書いておりますが、それはまさにそうで、そしてそれは思想、この終わりと始まり、これを司どるのもわたくしの役目であって、でゆえの思想の創み出し、また、死相の背景、その思想が創み出るための死相、死の相ともいえる世紀末のネガティブな背景があったのです。

また、この思想はあのスサノオ意識につながるものであることはすでにお分かりとは思いますが、この思想、これがいまでは《まんだら》となっているのです。

そしてこの《まんだら》を生きる人あって、大調和、宇宙と同じ陽のみの世界は実現するわけですが、そして、《まんだら》を生きる意識をスサノオ意識というわけですが、そしてこのスサノオ意識廃れるところ生命《いのち》枯れる、と申しましたが、でもその生命《いのち》もわたくしがこの思想を創み出すことにより、その意識、スサノオ意識は生き始めました。

つまり思想、これが生まれ、そしてそのもとに人が生きる。否、人が生きるというよりこのわたくしが徹底してこれ生き始めた。この思想をベースに生き始めたことにより、その生命《いのち》は枯れなくてすみ、いまではマイナス一《ワン》のさらに発展したものとしての⛬《まんだら》、これを生きる人がかろうじて10人はいて下さいますので、生命《いのち》、その泉は徐々にではありますが湧き出しております。

つまり宇宙と同じ陽のみに世界は徐々にではありますが、なり始めております。

つまり思想とは現実を引っ張る、引っ張ってゆく論、また、打破する論、このことを言います。しかるにあのマイナス一《ワン》、それは一粒の言葉にて時代を切り開く言葉、世紀末という時代を切り開く言葉であって、そしてそれは死の相ともいえるほどに病んでいる時代であって、ゆえにそのもととなる人間、一人ひとりの病み、これを治す。これを修正するところより、その病み、死の相ともいえるほどの状況を救えるであろうと、マイナス一《ワン》という人を修正できるこの思想を創み出したのです。

何しろこれは病んでいる地球、また社会、ここをよくしてゆくことができ、かつまた自分もよくなる、よくなる思想であって、そしてそれは全と個、このどちらも平和、幸福であらすことであって、そしてそれは調和、この術《すべ》でありますが、

でそれは全てと調和する、調和そのものであるところのこの⛬《まんだら》とはもともと同じもの、⛬《まんだら》とはもともと同じものであって、でそれは、このマイナス一《ワン》であるところ全と個、そのどちら

も平和、幸福であらすことができ、そしてそれは⛬《まんだら》と同じ、全と個、そのどちらも平和、幸福であれるこの⛬《まんだら》とはもともと同じものなのです。

でもその調和、それは神、先ほども申しましたが神との調和が肝心であって、神との調和をこのマイナス一《ワン》にしても⛬《まんだら》にしても一番大切、要であることを説いており、そしてその神と調和する術《すべ》が祈り、これであって、祈りをいまこそしてゆくことなのです。

――ところでこのマイナス一《ワン》という調和の術《すべ》は「負が用をする」という言葉と出会い、この言葉をマイナス一《ワン》というひと粒の言葉に託して出した次第ですが、マイナス一《ワン》というひと粒の言葉に託して出したのにはもうひとつ理由《わけ》があって、それは全ての人へのお手当に、と思ったのです。つまり強いて本を読まないような人にもこれだと行き渡る、と思いましてね。

つまりマイナス一《ワン》をモロ表題にすることは、日頃本を読まないような人の目にも止まり、目に止まれば生み出る。ひとまず目に入れておけば、のちのちかならず生み出るので、まず目に入れてもらおうと考えたところから「マイナス一《ワン》」というタイトル、本の題にモロしたんです。

で、それは、アートウオールらんぶるに通ずるものでもあるんです。つまりわたくしはこのマイナス一《ワン》を創み出す5年ほど前に、アートウオールらんぶるというのを致しましたが、そのアートウオールらんぶる、これに通ずるものでもあるんです。

つまりそれは、誰をも見捨てない、全ての人に調和、この術《すべ》を知ってもらい、そこより幸福になってもらおう、いま以上に幸福になっていただこうとするものであったのです。

つまり、このマイナス一《ワン》を生きるところ、それはその人も全体も幸福になる、調和するわけですが、それには「マイナス一《ワン》」というこの言葉、思想を知らなくてはならないわけで、で、本を読まないような人にも目に止まるよう、マイナス一《ワン》という一粒の言葉にした次第ですが、それは誰も見捨てないことであって、そしてそれはアートウオールらんぶるに通づるものでもあるのです。

つまり、そのアートですが、実はこれには「っ」、小さなひらがなの「っ」がついているんです。

つまり「アートウォールらんぶる」ではなく、「アーっトウオールらんぶる」なんです。話がややこしくなるので、話がややこしくなるので、あのときにはお話ししませんでしたが、アッと驚く為五郎ではありませんが、アッと驚かせたかった、また驚いてもらいたかったんです。

驚いてもらいたかったのは下々の方で、そしてそれは、何んてことなく生きている人、自分のことも全体のこともさして思わずただ生きている。流されて生きておいでの方々のことであって、そのような方々にタメ息が出るような存在になっていただきたく、また自分にアッと驚いてもらう、という意味を込めていたんです。

つまりその下々の方、何んてことなく生きている人というのは意識がモジモジしたような方、つまり自尊心や自負心の欠けている人のこと、自分を敬う意識に欠けていて、肩書きや名のある人の前に立つと妙にモジモジペコペコしてしまうような方々のことで、でそんな方々に芸術を通して生まれ変わってもらおう、自分を芸術家が象徴するような価値ある人、自分としても自分を価値ある人とみれるような、そんな人になってもらおうと思ったんです。

で、それは驚きですよね！　その人にとっても世の人にとっても。で、そのような思いを込めての「アーっトウオールらんぶる」であったんです。――それはそのような場面をよくみていたからなんです、モジモジ、ペコペコしている…

それはここはそのアーっトウオールらんぶるをする前はただの喫茶店でした。否、それはただの喫茶店ではなく、洗練の中にも温もりのある店だったんですが…、で、その頃、店はこの岡山の芸術家の溜まり場のようになっていましてね。その溜まっておいでのところに珈琲を飲みに来られ、何かのことで顔見知りだった芸術家の方と話を交わされるんですが、そのときにやけにモジモジ、ペコペコなさるんです。

芸術家の方と対等な立場で話を交わされるのではなく、自分を下に置いたようなモジモジオジとしたもの言いをなさり、また、相手の話をペコペコして聞くだけなんですね。で、そのようなことを度々目撃しているものですから、ここはひとつ、そういう方々にこそこの場を使ってもらおう、そして芸術家が象徴するような人になってもらおう、と思ったんです。

また、それはもちろん、プロの方々にも参加していただく場でした。プロの方々には地球を看やったところからの表現をして下さることで、さらに自由な見事な存在になっていただきたかったんです。

それは、つまりは自由、自由性の提示でもあったんです。つまり芸術家の方は自由な表現、これをとても大切に思ってやってらっしゃるわけですが、その自由の方向性をこれに参加していただくことで身ごと味わっていただこうと思って、そしてお呼びかけしたんです。

何しろ現代の混沌はこの自由、その本質を知らぬままの自由、その発揮ゆえでもあると、あの頃思い、そしてそれを一番大事にされているのがつまりは芸術家、この方々であろう、と。また芸術、これが現代《いま》一番影響している、と。つまり情報として芸術が先端ではないか、とその頃思い、ならばその情報の先端でもある芸術家達、またその作品の中身が変わることが世が変わることであると考え、それでお呼びかけしたんです。

また、アーっトウオールらんぶるは情報のプロ、新聞社のような情報のプロの方々への手当でもあったんです。アーっトウオールらんぶるをしたとき、その趣意書を持って、新聞社などに駆け込みましたが、それはそのような場があることを世に広めていただきたかったのと同時に、今人間いかに在るべきか、また、情報はいまどうあるべきかを、その趣意書を通して汲み取っていただくためのものでもあったんです。

——とまあ、どこやかしこ、全てに渡っての手当をさせていただいたんですが、それだけではなく、あの方にもちゃんとお手当をさせていただいたんです。それはわたくしを振って下さった彼のことで、彼にもアーっトウオールらんぶるをする前にちゃんとお手当をしていて…

それはどういうことかと申しますと、彼には二度振られたことはお話ししておりますが、一度目は「愛の悟り」をする前で、で、二度振られるということは依りが戻っていたんですね。でそれは彼に振られたお陰で愛の悟りができ、一年たった頃、彼が突然現われましてね、わたくしの店に。

でそれはとてもうれしくって、何しろ彼と別れて以来わたくしは胸の中でいつも彼の名前を呼びつづけていて、で、目の前に現われたときはまさに夢かと思うぐらい驚き、また、とてもうれしくって、すぐもとどおり仲よくなったんです。

そしてアーっトウオールらんぶるをするまで、何年だったでしょうか、とても仲良くしていたんですが、でもまた振られた。否、振られたというよりは自分から別れたんですが、その別れが彼へのお手当だったんです。それは彼にとっては手痛かったかも知れませんが、それが手当であったんです。

それはどういうことかと申しますと、あのアーっトウオールらんぶるをする前にわたくしは奇妙な病いになりましたね、で、その原因を探求してゆくと、それは他を愛する愛として生きていながら地球、ここを愛するほどの愛、意識になっていないからだ、とわかり、また、それは自分ひとりの病いではなく、人類レベルでの病いであって、自分はそのはしりなんだ、ならばわたしのところで引っくり返さなくては人類の方々も病気になってしまう、と思い、そしてそのためにここをその場、人が地球を愛するほどの愛、意識の人に生まれ変わる場、創造の場にし、そこにおいて地球や社会、全体がよくなってゆくことを目論《もくろ》んだわけですね。で、それは相談しますわね、その彼に。すると、つよく反対され、あるとき、自分を取るか、そっちを取るか選択を迫られましてね。で、そんな、選択などできっこないんです。でも迫られ、そのときに思い切って言ったんです。「あなたと別れます!」と。

そっちを取るか、のそっちというのは正しくはもうひとりの彼、絵描きでもあるもうひとりの彼の方であって、自分を取るか、彼を取るか、その選択を迫られたんですね。

でそれは選択などできっこないんです。絵描きの方の彼と別れることはアーっトウォールらんぶるをやってゆけないことであって、――つまりそれは相談相手がいなくなること、アーっトウォールらんぶるは絵描きである彼が傍《かたわら》にあってくれてこそやってゆけるのであって、彼と別れることは絶対できなかったのですが、でも迫られ、で思い切って言ったんです。「あなたと別れます!」と。

それは選択を迫られたときに目の前に一枚の絵があったからで、でその絵の意味を思ったときに思い切ってそう言ったんです。――でその絵ですが、それは「クリスティーナの世界」というアメリカの作家(アンドリュー・ワイエス)のもので、クリスティーナという女の人が野原を這いずっている姿を描いたもので、

で何ゆえにその女《ひと》は野原を這いずっているのかというと、それは小児麻痺《まひ》で歩けないからであ

って、でも自分のことは自分でしようとしていて、近所にある両親のお墓にも這っていっているのですが、その彼女の姿を描いたものなんです。

その絵は新聞にカラーで載っていたものをわたくしが切り抜いて額に入れていたんですが、それが丁度目の前にあって、で選択を迫られ、でもどうしても選択ができないわたくしの目の前にその絵があって、

「そうだ！」と、わたしもこの女《ひと》のように自分の足で立たなくちゃあいけない、いま自分の足で経済的に自立しなければこれから行おうとしていることにも矛盾する。

また、今までのように経済的に頼ることは、この人を現代の儲け主義、その機構の中に埋没させたままにしてしまう。でそれは生涯愛しつづけようと思っているわたしの愛にも矛盾する、

——と思って、で言ったわけです。

「あなたと別れます！」と。

それは、アーっトウオールをする目的は地球や社会の病いを治すためであり、また人がわたくしのような奇妙な病いに罹らぬためであり、またその原因、病いの原因はいろいろあるけれども、経済を主とした社会の機構、システムがあり、そのシステム、機構の中に生まれ落ちたゆえにお金を主とし、お金に依存した生活をみんな余儀なくしており、それゆえの地球や社会、人間の病み、死相ともいえるネガティブな状況であって、

そしてその状況を変えるには、お金を主とし、お金に依存している生活をやめなくてはならないわけで、ましてやアーっトウオールのようなことをしようとしているわたし自身がお金への依存、またお金を与えてくれる人への依存をやめなくてはいけないわけで、また、それをやめないとわたしは彼を愛しているといいながらほんとうは愛していない、わたしの彼への愛はウソになる、と思ったんです。

つまり彼はわたくしに何くれとなくお金を下さっており、で彼にとってはわたくしに下さるお金ぐらいどうってことはないでしょうが、それでもやはりお金には何かと苦労している彼の枷にはなるわけで…

つまり彼は中小企業のオーナーで、わたくしに下さるお金ぐらいどうってことはないでしょうが、でも中小企業というのは何かとしわ寄せが多く、その運営は不安定なわけです。ですからその彼に安定してもらうには彼のお金に依存しないことであって、でそれは、彼がそのシステムから解き放たれる一助にはなるわけです。

でまたわたくしは、彼のほんとうの幸せは、わたくしの気づいたことを気づいてもらうことだ、と思ったんですが、彼はそのことにはとんと気づこうとなさらず、また気づかれたとしても多くの社員を抱えている立場でもあるので、思い切った改革はできないわけで——具体的に相当の読みがないとね。

ゆえにこれ以上わたくしが経済的に依存することは彼を経済を主とするシステムにますます加

担させることになり、それはとても切ないわけです。ゆえに「あなたと別れます！」と言ったんですが、それは断腸の思い、血へどを吐くといいますが、まさにそのようで、その言葉を口にしたときには、――胸が引き裂れるようでした。

――とまあ、そのように、全ての面、全ての人への手当をしてきた。アーっトウオールらんぶるにしても、またこのマイナス一《ワン》の出版にしても、全ての方面、人々への手当をしている、手を尽くしてきているんですね。

――またその絵描きの彼にも手を尽くしているんですね。それは、そのアーっトウォールらんぶるは、そのようなことで経済的不安を抱えてオープンすることになったのですが（カルチャーブームであるところからやってゆける！　という読みはあったものの、でも不安はあった）、されど思い切ってオープンしたのですが、それをオープンしたのは彼のためでもあったのです。

そしてそれは実行して貰うためでした。つまり彼は前々から「今こそ芸術家はかけがえのない地球のために行動をするべきだ！」と言っていて、お酒を呑んだときなど特にくだくだと言っていて、それを実行して貰うためでもあったのです。

それは、わたくしが地球のためにアーっトウォールらんぶるを開けば、彼も実行するだろう、と思って経済的不安はあったけれどもオープンしたんですね。

そしてそれは案の定実行しました。清流にしか棲まないという「やませみ」をトレードマークとした「かけがえのない地球のために展」という、行動を作品とする芸術家のグループを結成し、旭川や吉井川の源流からの川下りなど、いろいろ行動を始めたんですね。

——でそれは母ならではのものでしてね。つまり全ての方面、人々への手当、尽くし、それは母の要素ですが、わたくしはいつの間にか母の要素にもなっていたんです。地球が担う母の要素、それは身養いですが、そしてその母の要素にもなりましたが、生命《いのち》の母体としての母の要素にもなっていたんです。

つまり、この母の要素は生命《いのち》の母体、その地球さえその懐に抱く母、母の要素であって、地球はその母の要素の分け御霊《みたま》、身でもって人間の生命《いのち》を養う宇宙的養母、里親のような存在であったのです。

で、その生命《いのち》の母体、母の要素ですが、その要素になるに当ってはベースが幼い頃から敷かれていたんです。——それはどういうことかと申しますと、3才のみぎり母を亡くしておりますから、わたくしは小さいときからお母さんでした。

小学校3年か4年ぐらいまでは二度目のお母さんと暮らしていましたから、お母さんをしていませんが、二度目のお母さんと父が離婚をしてわたくしと父と兄の3人で生活をすることになり、そこからわたくしがドーンとお母さんの役をすることになったんです。

で朝早く起きて食事の仕度をし、掃除や洗濯などお母さんがすることをわたくしがひとりで切り盛りしたんですね。その頃は津山の町中（南新座）で一軒の家を借りていて、吉井川の傍《そば》にその家はありましたが、――でわたくしはまだ小さいですからさほどの料理はできないんですけれども、父から貰ういくばくかのお金で、みんなになんとかおいしい栄養のあるものを、とそれなりに頭を働かせてつくっていたんですね。

冬なんか水がとても冷たく、あかぎれなんかできましたけれども、でもちっとも苦ではなかったですね。そういうことに不満を持ったことは一切なかったんです。――そういまから想えば不思議ですけれど…。それは、もうお母さんがいないんだから当り前と思っていたんでしょうね。一切そのことに対してグチるような思いもなく、ひとりで切り盛りしたんですが、そのように、可愛いい、小さなお母さんでした。

また、学校から帰ってきたらわたくしは近所の子供達のお母さんでもありました。それはわたくしは家を一軒自由にしておりましたから、近所の子供達を家に集めては学校ごっこをするわけです。家の中を教室に見立て、手作りのテストをこしらえてそれをさせ、唄や踊りをつくっては踊らせ、唄わせ、それをまた、子供達のお母さん方に見てもらい…。

まあ、今から想えばよくもやったと思うんですけれども、――お母さん方に見てもらうなど。そういえばお母さん方に寄付までもらってそれで鉛筆やノートを買い子供達にご褒美にあげてもいましたね。

また、外では隠れんぼや縄とび、ゴム飛び、ビー玉と、いろいろ遊ばせました。小さい子供ばかりでなく、自分より大きいお姉ちゃん、お兄ちゃんもきて、もうわたくしの家の周りは子供達でワンワンしておりました。

でまたね、その母の要素、生命《いのち》の母体になっていったベースにはこんなのがありました。それは3才のときに母を亡くしておりますから母の理想、これを求め、理想の母の姿を描いていて、すると出会ったんです。ふたりの理想の母に…。

その出会いですが、わたくしは津山に生まれましたが、18才の頃岡山に出て来たんですね、岡山にある母方の親戚を頼って。――でそのときにそのおひとりと出会ったんです。その方は頼って出てきた親戚の身内の方なんですが、とてもモダンな方でしてね。ショートの巻き毛の髪がえり足にしっとり添って、ヒールを履いた足運びがとてもきれいで、また、何げない半袖のグレーのセーターにグレーのタイトスカートを好まれて着ておいででしたが、それがとてもあか抜けていて…。

で、わたくしはその方と一緒にいるのがとても嬉しくって、その方のそばにいつもくっついていたんです。また、可愛がって下さいましてね、その方はわたくしがお世話になっている親戚の家においでになるのではなく、マンションにひとりで住んでおいででしたが、よく会うことができて、会ったときはかならず中華そばを奢って下さり、そのあと珈琲を奢って下さって、それはその方はモダンできれいなだけでなく、とてもきっぷのいい方だったんです。

そしてその方が当時としては目新しいクラブ、夜のクラブをすることになって、手伝ってもらえないかと言われて手伝った、夜のクラブのカウンターで働いたんですが、それはその方のそばにいるのが嬉しくって手伝った、働いたようなものなんです。

また、もうおひとりは和服がとてもよくお似合いになる方でした。目立たない色や柄の着物をとても自然に着こなしておいでの色白のふんわりとした方で、この方はコロコロと、とてもよくお笑いになるんです。でわたくしはそのお笑いになる様子がとてもうれしくって、またしては冗談を言うんですが、それをまた面白く受け取って下さってコロコロ笑って下さるんですね、――しようもない冗談、駄洒落なのに。

で、その方があのお茶の先生なんです。でわたくしはその先生のところに美しいおじぎ、その秘密を探るためにお茶を習いにいったんですが、実は先生のそばにいたくって、お茶を習いにいった、ということでもあるんです。

――とまあ、このように母の要素になるためのベースは引かれておりまして、そしてそのベースが引かれているのを知らぬままに案上ように乗っかって、そして母の要素になっていった。生命《いのち》の母体になっていったんですね。

そしてその生命《いのち》の母体である母の要素は天照様が象徴しておいでであって、そしてその天照様の象徴しておいでの母の要素、生命《いのち》の母体になったのです。

――それは認識があるからなんですね、母とはいかなる要素であるか認識していて、そしてその基になった。否それはなったというよりは、もともとその立場、その存在であって、いつの間にか回復したんですが、それは認識があった、もともと母とはいかなる要素か認識していたゆえにいつの間にか回復したんです。

そして今では自力的にもその認識を得ましたので、自らそう存在しております。つまり、母、そのエッセンスとして、生命《いのち》の母体として存在しつづけております。

そしてそれは行動性があるゆえにできるんです。つまりその認識があっても行動力、これが伴わなくては、それは絵に描いた餅ですが、されどわたくしの場合、とても長けている。一旦《いったん》こうと思うともうテコでもやめない、やめないでやりつづける、という、そのようなつよき意志と、それに伴う行動力、このバッグンの力の持ち主なんです。

そしてその行動の主軸はこれまで書くということでありましたが、今では演じている。否、演じている、というと語弊がありますので、そう存在している。つまり母のエッセンスとしてそれにふさわしく存在する、存在しつづけるという行動力、これなんですね。

――ではこれで「負の悟り」を終わろうと思いますが、ここでザーとまとめてみましょう。でそれは、つまりはその「負」、これのみなんです。

つまりね、世界は何いうことなく調和しております。あの世もこの世もふたつでひとつ、大調和しており、それはもう何言うことなき調和の世界です。

つまりそれは文句ない、その調和されている世界を知ると、何もいうことなく大感動！　その美しくも温《あたた》かき世界の構造に感涙されるでしょうが、それをわたくしはお◯の世界、プラスプラスに調和した陽のみ世界といっておりますが、そのプラスプラスに調和した陽のみ、お◯の世界であれている陰《かげ》の力がこの負、マイナスであって、また、これのみなんです。

そしてその力を悟ったのがこの「負の悟り」をしたときなんです。そしてそれゆえに芙蓉の花のような人になっちゃったんです。わたくしはかねてより芙蓉の花のようになりたかったわけですが、この悟りのお陰でなれたんです。

そしてそれはその負、これをとことん生きた、全体のために自分をマイナス、使いに使ったからなんです。つまり芙蓉の花、それは負、マイナスを現わしており、それで芙蓉の花のようになったんですが、それは桔梗の花とふたつでひとつ、対《つい》であるんです。

つまりあの桔梗は意志、あのスサノオが象徴するところの意志なんです。つまり神の要素を生きんとする意志であって、そしてそれはとことん負をする、全体がよくあるべく、自分を捨ててとことんマイナスをする、尽くしっ切りに尽くすことであって、

そしてわたくしはこの意志を立てつづけに立てたゆえに、この桔梗の花のようにもなっており、そしてそれは天の花、その化身に自分がなっちゃった、ということなんです。

で、その天の花、姿は、このようにイメージして下さい、

ピンクのふわ～とした芙蓉の花、その中心にリンと立つ桔梗、青紫の花弁をピンと張り、リン

と立つ桔梗の花。そしてそのわき、枝よりひょっこり頭のぞかせている四角いつぼみ。昔富山の薬売りがサービスに持っていた四角い紙風船、あのようなのが桔梗のつぼみであって、桔梗のつぼみはまさにあの紙風船のようで、そしてそれはまことにユーモラスなんですが、それは柔らかくおっとりとした根源の神、それを現しており、でどうしてわきにおいでかと言うと、めったなことでは出ておいでないからなんです。だいたいのことは九次元の神にまかせておいでであって、で、これが天の花、いまだ誰も知らなかった天の花なんです。

ところで、どうしてこんなえも言われぬ不思議な、しかも美しい天の花、その化身になっちゃったか、と申しますと、それはもともとそうであったからですが、でもその理由《わけ》は世界平和、これなんです。

　地球を始めとする世界の平和、そしてそれは一人ひとりの人も入りますが、自分も含めた一人ひとりの人も入りますが、そういった全と個の平和づくり、それをあのアーットウオールらんぶる以来始めたからで、されど、それはボワーとしていた、ボワーとしていたんですが、されどこのマイナス一《ワン》の本を出したときにはキューと締まった。その全と個の平和づくりはここにきて締まった。混じりっけなく締まったんですが、それというのも、あの病い、身体が鉛のごとく重くなる、というあの病いのあったお陰、でまた書いた。その苦しみ抜けんと胃をギリギリさせながら書き、そして抜けた。

自分の思いの幸せをおもうよりも世界を思う、世界を思い、そこに身を掛けるを尊しとする生き方によろこんで立った。よろこんでスッキリ立ったわけで、でそれは全と個、そのどちらもの平和に、身ごとなれたわけです。

であとはそれを締める、言葉として、思想として締めることであったのです。でも、お陰さまででき、今ではとても心地よく邁進、全と個、そのどちらもの平和、その創造にこの身をとことん掛けている。よろこんで、よろこんで掛けているんですね。

## その⑦ 生命《いのち》の悟り（結びの悟り）

1988年（昭和63年）46才

この悟りは、生命《いのち》とは**肉体のみでなく目に見えない何かでもある**、と悟った悟りです。

きっかけですが、それは「負の悟り」の一年後、原発に直面しましてね、それがきっかけでした。

原発に直面とは、原発がいかに危険なものかまざまざと知った、ということであって、わたくしは、それまで日本には原発はいっぱいあったのに、無関心であった。また、チェルノブイリの原発が爆発したのに、そのことにも無頓着であった。でも、『危険な話』を書かれた広瀬隆さんが原発の講演に来られ、その講演によって原発がいかに危険なものか、まざまざと知ったんです。で、そのとき、頭がまっ白、パニックになって、――それは、それまでわたくしは人や世、地球などをよくせんといろいろ活動していたんですが、でも原発によってそれはおジャン！ 水の泡になる！ と頭がまっ白、パニックになったんです。

何しろ、原発は生命《いのち》、それを奪うものであって、いくら人をよくし、世をよくしてもそれはオジャン、水の泡であって、で思わず、原発いらない運動を言い出しっぺし、言い出しっぺであることから代表にもなり、かつまた、この場を原発を勉強する場にしたんです。チェルノブイリの爆発した直後の原発の内部や、放射能があるにもかかわらず中で懸命に働く人や誰も住めなくなった村の様子などを撮ったビデオを観たり、プルトニウムなどの放射能が人体に与える影響や、ウランからエネルギーになるまでの工程など、いろいろ勉強する場にして、で、それは思わずして、それはわたくしはこのような問題にぶつかったら、そのための解決策、答を考え、その答をもって問題を解決する、というやり方でこれまではあったんですね。アーっトウオールらんぶるやマイナス一《ワン》の出版のように。でも、このときは答を考える間もなく原発いらない運動、原発を止める運動をしたんです。

そして、この運動、原発を止めるための運動には、さまざまな分野の方が駆けつけて来られました。何しろ原発というのは生命《いのち》の問題であって、全ての分野の人に関係があって、お百姓さん、お医者さん、学校の先生、主婦の方、市民運動のキャリアの方など、さまざまな分野の方が駆けつけて来られたんです。で、みんなと原発の勉強をしつつ、活動していったんですね、「原発いらないネットワーク岡山」と名づけて。当時全国的な組織（原発いらないネットワーク）があって、それに入り、かつ独自に活動していったんです。

そしてこのときに、わたくしは初めて「生命《いのち》」ということを意識したんです。それまでは生命《いのち》ということを意識したことはなかったのですが、このときに初めて生命《いのち》ということを意識したんです。

また、その講演を聞き、プルトニウムという死のエネルギーのことを知ったとき、何日もからだがブルブル震え、逃げよう！　と思いました。日本には当時36基ほどもあるということであって、いつ爆発するやも知れず、それで、世界地図を広げて逃げる場所を探しました。

でも、逃げてもしょうがない。プルトニウムは目に見えない放射能。それは海流に乗り、風に乗って、世界中を巡るわけで、逃げてもしょうがない。ならば逃げまい。この原発とまっ正面から取っ組んでみよう！　と思い、原発の本質を探求したんです。なぜ本質を探求したのか、ですが、それは本質を知らなくては原発は止められないと思ったからで、そしてそれはとても難しかったからで…

つまり原発の問題はエネルギーの問題であって、それはとても難しくて、そもそも原発を最初につくったのは誰だろう、と考えたんですね。で、それは世界を陰で牛耳っている人達であろう、と思い、また原発はその人達も知らない理由《わけ》、深い理由《わけ》があって生まれたんではないか、と思い、その理由《わけ》を知らなくては原発は止められないと思ったんですね。

世界を陰で牛耳っている人達のことは、わたくしは知らなかったんですが、広瀬隆さんがこのことに関する本も出されていて、それを読んでその存在を知ったんですが、わたくしは原発を最初につくったのはこの人達であって、この人達が自分の金儲けや支配のためにつくったのではないか、と思ったのですが、でも、原発が爆発すればこの人達も生命《いのち》を失うわけで…。
その人達は世界屈指の金持ちであり、権力もあるので、巨大な核シェルターぐらいつくってい
るやも知れないけれども、でもそこで生き伸びるにしても放射能の毒が消えるのは何千年も何万
年もかかるわけで、その間核シェルターに暮らすなどとてもできないわけです。また、原発があ
れば核をいずれの国もつくれるわけで、それは核戦争の危機に常にさらされるわけです。
また、プルトニウムは人を死に到らしめるのみか、遺伝子まで破壊し、肉体がグチャグチャに
なって生まれてくるわけで、それは自分達の子孫だって肉体がグチャグチャになって生まれてく
るわけで、自分達にとってもちっともよくないわけで…。
それで、探求したんです。原発が生まれた本当の理由《わけ》を。つまり、世界を陰で牛耳るほどの頭
のよい人達がなぜそんなバカなことをするのか、どうしてもわからなく、で、原発が生まれたの
はその人達も知らない何か深いわけがあるのではないか、と思ったんですね。
そして原発の本質を探求しつつみんなと原発いらない運動をしていったんですが、それは電力
会社に抗議にゆくようなこともしたんですが、わたくしは迫力のない代表でしてね。
例えば、
4、5人で電力会社に抗議にゆき、応接室で会社の人に会ったんですが、わたくしは代表であ
りながらひと言も抗議できず、ただ涙を流すのみだったんです。

それはわたくし達の抗議に対して、電力会社の人は、原発は安全である、と言いつづけるのみ

であって、その胸の内を思いやったとき、かわいそうで、かわいそうで、泣けてしまったんですね。

それは電力会社の人は原発は危険なことは百も承知しており、でも、それを言うと会社の方針とは添わずクビになってしまう。すると家族を路頭に迷わすことになり、口が裂けても言えないわけで、その苦しい胸の内を思いやったとき、わたくしはただただ泣けて…

それは、テレビも同伴していて、夕方のニュースで流されたんですが、テレビを観た人は、原発の抗議に行っても電力会社の人がわかってくれないので、わたくしが悲しくて泣いていた、と受けとったやも知れませんが、そうではなかったんですね。

また、春先のある日、やはり原発いらないという社会党の人達と電力会社の前で座り込みをすることになって、で、たくさんの人が座り込み、次々とマイクで抗議するんですが、わたくしは原発いらないネットワーク岡山の代表であるところから、マイクを持たされたんですが、抗議などできなくて、今日は太陽がとても暖かいけれども、わたし達が原発を持つようなことになったのはこの太陽に感謝することを忘れたからではないのか、としか言えなかったんですが、それは、エネルギーのことを電力会社や政府のみにまかせ、自分は何ら考えていなかった、エネルギーをどうするか考えたこともなく、石油がなくなっていくところから原発を導入した電力会社や政府に対して抗議できなかったんです。

つまり石油がなくなってゆく中、エネルギーのことをどうするかは、とても重要な問題であって、そしてそれはとても難しい。石油の埋蔵量の情報も操作されているということでもあり、エネルギーの問題はとても難しく、エネルギーを賄うことを使命とする電力会社や、エネルギーをどうするか方針を立てる政府が原発を導入したことに抗議できなかったんです。

がでも、それは生命《いのち》を危険にさらすものであって、止めなくてはいけないわけで、原発を止めるよう原発いらない運動をしつつ、原発の本質を探求していったんです。

また、そのときに神、この本質も探求したんです。でそれはこのとき初めて、「神」ということを意識しましてね。それまでは神ということなど全然意識していなかったんですが、でもチェルノブイリの爆発で神を初めて意識して…

それは、あの爆発は神からの警鐘ではないか、と思ったからでした。プルトニウムという死のエネルギーを生む原発までつくってしまった人間への神からの警鐘ではないか、と。

チェルノブイリというのは「にがよもぎ」という意味であって、そしてそれは予言されていた。「にがよもぎという、たいまつのように燃えている大きな星が落ちてくる」と聖書に予言されていたことを、原発の勉強をする中で知ったからで、そして、それはこの原発の爆発であろうけれども、でもそれは神の人類への警鐘ではないか、と思ったんです。

聖書には神がいると書かれており、この神からの人類への警鐘ではないかと思ったんですね。

また、でも、果たして神は本当にいるのだろうか、あの爆発は神の人類への警鐘と思うけれど

も、それにしても神は本当にいるのだろうか、とも思い、
そして、それはいるのではないか、いま、目に見えないプルトニウムが原発の爆発によって世に浮上しているけれども、それはいまというときは、目に見えないけれども在るもの、これを知るときであろう、人間は目に見えないものはないものとみなしているけれども、在るものは在る、と知るとき、中でも神、これを知るとき、神は目には見えないけれども在り、神の実在を知るときではないのか、と思ったんですね。

では、神はどんな存在なのだろう。あのアダムとイブは神の怒りにふれて楽園を追い出されたように書かれ、言われてもいるけれども、神とは怒る存在なのか。そしてあの爆発、チェルノブイリの爆発は神の怒りの現われ、神の怒りの警鐘、ゲンコツなのか。

いや、そうではなかろう。あれは子を想うがゆえの愛の警鐘、ゲンコツであろう。聖書によれば、神が人間をつくっており、ならば神は親、人間の親であって、親ならば怒りではなく愛のゲンコツ、子を想うがゆえの涙ながらの愛のゲンコツであろう、などと、神のことをあれこれ考え始めたんですね。

また、このときに人間は神の子であろう、とも考え、それは聖書に、人間は神によってつくられたと書かれているからではなく、原発の技術を原発の勉強をする中で知ったからで…

でそれは実に見事、美しささえ感じられる技術であって、こんな美しい技術をつくれる人間は神の子にちがいない。そういえば人間は神の子、仏の子ともいわれており、そして神とは全智全

能といわれており、その全智全能の神の子ゆえのこの技術、見事なシステムなんだ！　と。

　でも、なぜ神の子ともあろうものが、プルトニウムという死のエネルギーを生む原発をこしらえてしまったのか、と考えてゆくと、世界を陰で牛耳っている人達が生命《いのち》よりは原発を選んだからであって、自分達の支配や金儲けのために選んだからであって、また、日本の政府にしても生命《いのち》よりは経済、物質的繁栄、これを選んでしまっており、でそれはしかり、物質的繁栄、経済、それは人間にとってしかり、必要ではあるけれども、でも生命《いのち》、この方が大事であって、で、この人達の愚かさ、生命《いのち》を粗末にすることに憤《いきどお》ったんですが、でも、それは人に言えることではなく、わたくし自身、生命《いのち》を粗末にしていたことに気がついたんです。


　それは、あるとき、生命《いのち》から氷の刃《やいば》をつきつけられましてね。――それはどういうことかと申しますと、何しろわたくしは3才のみぎり母を亡くしており、そして愛が欲しい欲しいのストレイシープとなり、愛を求めて20才《はたち》の頃結婚したのですが、でも別れ、その後幾人かの男性やわたくしを救って下さった彼との交きあいがあり、その流れの中、わたくしは生命《いのち》を粗末にしていたんです。――それは堕胎ということですけれども、そのことにある夜気がついたんです。

　それは、原稿用紙に向かって、原発をつくり、キープしつづけることへの憤りを書いていたんです。

「原発によっていくら物質的に豊かになっても、結局は自分たちの首を絞めることになる。生命《いのち》あってこその経済、豊かさではないか」

などと、原発をつくり、キープしつづけることへの憤りを書いていっていたんですが、でもよく考えてみたら、自分も生命《いのち》を粗末にしており、――それは女ならではのそういうことなんですけれども…

また、それを平然としていて、でそれは、日本は法律が許可していて、経済力がないような場合はそれをしていいことになっており、わたくしはそんな法があることをたてに平然としていたんですね、
それは心は痛みましたよ。痛みはしましたが、平然としていて、で、その浅ましい愚かな行いに気がついたんです。たとえ法で決められていても、そのようなことは真剣に考えるべきであって、考えて、考えて、決断するという、そのような必要があったのに、法が許し、社会もそれをとやかく言わないというところから、平然としているわけで…。

その自分の浅ましい愚かな行いに気がついたんですね。でその気づきをしたとき、手がブルブル、ブルブル震えた、震えつづけたんですが、そういったときだったんです、生命《いのち》から氷のような刃をつきつけられたのは…。

それは、そんな自分の浅ましい愚かな行いに気づいたときだったか、そのことを書こう、と思ったときだったか、どっちだったかはっきりしませんが、「ピ――」と空気が氷のように張りつめたんです。

——それはものすごい冷たさで、それは生命《いのち》からのつきつけ、生命《いのち》からのわたくしに対する怒り!!　そんな風に感じました。

それは夜でしたけれども、とても怖かったです。氷の刃に「ビシーッ」と取り囲まれているような感じで、でわたくしは思わず「ごめんなさい!!!」と、畳にひれ伏して泣きつづけたんですが、

——それは無智、無智であったことへの懺悔の涙と、取り返しのつかないことをしてしまったことへの後悔の涙であったんです。法が許しているからといって、そんなことを平然としたのはわたくしが無智であったからで、無智が根本の原因であって、無智であったことへの懺悔の涙と、取り返しのつかないことをしてしまったことへの後悔の涙であったんですね。

そして、そこから無智ということを意識すると共に、生命《いのち》というものを探求していったんです。生命《いのち》、生命《いのち》というけれども、生命《いのち》は肉体的なものだけではないな、と。

それは目に見えない何か、生命《いのち》というのは目に見えない何か、でもあると、そのような体験を通してわかり、では一体、生命《いのち》とは本当はどういうものなのか、と生命《いのち》の本質を探求し始めたんです。

で、それは生命《いのち》に責任を取ろう!　と、そのとき決意したからでもあるんです。またそれは生命《いのち》を救いたい!　ということでもあって、自分はそのような愚かしいことをして生命《いのち》を粗末にしてしまった。ならば自分は、生命《いのち》を救おう、生命《いのち》に責任を取ろう、という、そのような思いが

湧きもし、生命《いのち》の本質を探求し始めたんです。

――では、これで「生命《いのち》の悟り」を終わりますが、最後に、原発の本質、これをお話ししましょう。

それは「神を悟る近道」であったのです。人間の生の主目的、それは神を悟ること。「神とは何か」と、神を悟ることが人生の主な目的でしたが、原発は神を悟るための近道であったのです。

つまり、チェルノブイリの爆発でそれまで意識したことのない神を意識し、神とは何か、と考え始めましたが、そのように原発は神を悟るための近道であったのです。

また、生命《いのち》の本質ですが、それは思いの入れこ、

「他が幸福であることを自己の幸福とし、そこにとことん身を掛ける」

この愛の思いの入れこであるのです。

なお、生命《いのち》は物と心の調和、つまり肉《肉体》と心の調和であるのです。

つまり、人間の生命《いのち》、それは肉体のみでなく心、肉体の中にある心とのふたつでひとつであるのです。

なお、主《しゅ》なるは心です。肉体よりは心が主であって、そしてそれは愛、「他が幸福であることを自己の幸福とし、そこにとことん身を掛ける」――この心であるのです。

なお、生命《いのち》とは、細かくいいますと魂と霊と肉です。魂と霊と肉が三つでひとつ、混然と融けあったものが生命《いのち》であるのです。

——では、これで「生命《いのち》の悟り」を終わりますが、この悟りは「**結びの悟り**」とも申します。

## その⑧

# 儀式の悟り（秩序の悟り）

1988年（昭和63年）46才

この悟りは、**神へ通じる型《かたち》の悟り**、**存在維持**の悟りです。

なお、この悟りは**「秩序の悟り」**とも申します。


きっかけですが、それはこの年の4月に「脱原発イベント」をしよう、ということになって、わたくしは儀式を行ったんですが、それがきっかけでした。

つまり、この年の4月に原発いらない運動の一環としてイベントをしようということになり、メンバーが何組かに分かれてそれぞれやりたいことをやったんですね、トポスの裏の中山下の公園で。

それは、
○原発がいかに危険か、マイクで訴える組
○原発に関する本などを売る組
○無農薬や有機の野菜、玄米や玄米のお餅などを売る組

○チェルノブイリの爆発のときのビデオを上映し、一般の人に原発や放射能の勉強をして貰う組

――等々で、わたくしは何人かの人と儀式をしたんです。

なぜ儀式か、と申しますと、この行き詰まりを突破し、世を安泰にあらしめる秘訣は神と結ばれることだ、古代、人は神と結ばれていたようだ、されど、いまそれは切れており、それゆえの行き詰まりであって、儀式をして神との依りを戻すことだ、と考えたからでした。

なぜそのように考えたか、と申しますと、その頃、あることから天皇制のある意味や天皇の本質を考えていて、そして天皇は年中儀式をしている、儀式が天皇の仕事のようだ、それはそれによって世を安泰にしているのだろう、安泰のもと、それは神であって、儀式をすることで神との結ながりをキープし、世を安泰にあらしめているのだろう、天皇は神と結ばれていると言われているけれども、それは儀式をしているからであろう、ならばわたしも儀式をして神と結ながり、世を安泰にあらしめよう、と思うところから儀式をしたんですね。

そしてそれは手作りの儀式であったんですが、なぜ手作りかと申しますと、儀式も形骸化していることに気がついたからです。いま情報などさまざまなものが形骸化しているけれども、儀式も形骸化しているな、と。

それは、天皇がいくら儀式をなさっていても、世は一向に安泰でなく、生命《いのち》まで危機に陥っている。それは、形ばかりで中身がないからであろう。伝統として昔からしていることをそのまま、

ただしているからであろう。ゆえに結ながりは切れ、世は安泰でないのだ。ならば中身のある儀式にしなくては、と、手作りの儀式にしたんです。

でも、その儀式は神に向けてしたのではなく、宇宙に向けてしたんです。

○それは、その頃は神のことがまだよくわからず、

○また、これまで神の名のもとに争いや戦争が多々なされており、

○また、神はいっぱいいる、各民族ごとに神がおり、そして人は信仰する神が異るところから分かれ、争ってもおり、神がゴタゴタのもとであって、神という言葉はうかつには使ってはならない、と考えたからでした。

でも、なぜ宇宙なのか。それはその頃、「宇宙」ということも意識していたからです。地球環境が破壊されていることから、「環境」ということを考えてゆく中、環境の最大のものは、宇宙であることに気がつき、そしてその環境、宇宙環境の中の人間は生命《いのち》であって、地球にしてもそうであって、地球も人間もこの環境に影響を受けているのでは、と考え、ならば宇宙という環境を知らなくてはいけない、宇宙という環境がどうなっているのか知らなくては地球のことも人間のこともわからない、と考え、宇宙とはどんな環境か、と宇宙のことも探求していたんです。

そしてそれは、原子核や人間や自然や天体など、この目に見える世界を通して観てゆきましたが、男と女の性の営みに照らしても観てゆき、でそれは、人間という生命《いのち》は男と女から生まれる

が、宇宙も男性性と女性性という二つの性があるのではないか、姿のないその性があって、人間の男と女のようにまぐあっているのではないか。つまり宇宙はそのような性的場であって、人間は性的場である宇宙から生まれた生命《いのち》ではないか、つまり、人間の生命《いのち》の源は宇宙ではないか、と考え、生命《いのち》の源である宇宙に向けて儀式をしよう、と思ったんです。

またそれは「宇宙意識」に向けてしようと思い、それは宇宙には意識があると思ったからで、それは宇宙はマクロコスモスといわれ、人間はミクロコスモスといわれ、そしてそれは同じ、大きさこそ違え同じであって、人間に意識があるように宇宙にも意識があるに違いない、と考え、この宇宙にある意識、宇宙意識に向けて儀式をしよう、と思ったんですね。

宇宙にある意識や宇宙自体が神とも思えるけれども、神のことはまだよくわからず、また、神という言葉はうかつには言えないところから、神を宇宙意識や天ということにして、宇宙意識、天に向けて儀式をすることにしたんです。

――で、どんな儀式にしようか、と儀式のルーツを考えていったところ、神楽《かぐら》に辿りついて、また神楽にも「もの言わぬ神楽」もあることを知って、つまり、舞いはするけれども言葉も音楽もない神楽があって、そしてこの神楽をヒントに演劇スタイルのもの言わぬ儀式をすることにしたんです。

つまり、無言の劇をすることが儀式、無言劇の儀式をすることにしたんです。

そしてテーマは、

「新しい意識の子を生む」

というものであって、これまでの意識を反省し、新しい意識で生きます、と天に誓うものであったんです。これまでの意識、それは、神の言葉を生きることなく、物やお金によって幸福であらんとした意識であって、このことをお詫びし、新しい意識で生きることの誓いであって、それはとても楽しいものであったのですが、どのようなものかと申しますと、

○まず、お供えを供える祭壇をつくったんです。足の高い長い机に赤やブルー黄色などの布を前に垂らすように掛けて。

○また、朝早くから玄米のお餅をペタコンペタコン搗いたんです。それはお供えにするんですが、それは「食い改めます」というメッセージであって、つまりそれは、意識を改めるのみでなく、食べる物も改めなくてはならない、食べる物もおかしくなっており、食べ物も改めます、ということを玄米のお餅を供えることでメッセージしているんです。これはあの鏡餅のように大中小と三つに重なった大きなもので、それを祭壇の左側において、右側には玄米のお餅と同じ大きな黄金のウンコを置いたんです。

○それは本物ではなく、石膏であって、ある作家が三重に巻いた大きな黄金のウンコをつくっていて、それを借りたんですが、それはこの行き詰まった運を黄金の運に変えて欲しい！というメッセージであったんです。

○また、中心にはささげ豆を三つ並べた三方を置いたんですが、それは「捧げます」ということ、新しい意識、これで生きることを捧げます、誓います、というメッセージであったんです。

そしていよいよメインの芝居ならぬ儀式になるんですが、
○先ず祭壇に向かって一対の男女が手に手を取って現れます。それはお腹がでっぷり出た肥満した男と、これまたお腹の出た女で、それは結婚する前に赤ちゃんがお腹に宿っているんですね。

で、この男女は性が乱れ、物質至上主義の世や人を象徴しており、そしてこの男女が祭壇の前で結婚式をするんですが、そしてそのためのキッスをしようとするんですが、どちらもお腹が出っ張っていてうまくできないんです。

それで、首を右や左に動かしてなんとかキッスをしようとするんですが、でもなかなかできない。で、それはとてもおかしくクスクス笑えるんですが、それは天とも宇宙意識ともいっている神に笑ってもらうためであったんです。

つまりわたくしはその頃、神とは幸せそのものであろう、と考えていて、ならば笑うことがふさわしく、神に笑ってもらおう、と思ってそのような演出にしたんですね。

○また、結婚式には10人ほどの人が参列していて、この人達は運動スタイルのコーラスでお祝いをするんですが、それは、一、二、三、四、五、六、七、八、とジャンプをしつつ、両腕をつかって十字を切る運動なんですが、それは新しい意識、その在り様を示しているんです…。
つまりそれは神の言葉を生きる、ということであって、そしてそれは愛、イエスさまが伝えた愛を生きる、ということであるんですね、
つまり、この行き詰まり、それはイエスさまが伝えた神の言葉、愛を生きなかったゆえであって、ジャンプしつつ十字を切る運動は「今度こそ神の言葉を生きる、愛を生きる」という意味であると共に健康、身も大事にする、ということでもあるんです。

それはその頃、身（肉体）も大事である。意識や心といった霊的なことのみでなく、身も大事にするべきだ。と考えていたからなんですね。

○また、その十字を切る運動スタイルのコーラスでお祝いをしている側《そば》で、ひとりの火消しが纏をクルックルックルックルッ廻しつづけており、

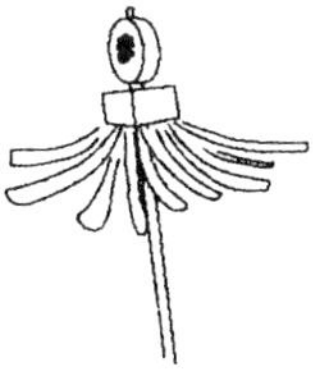

それはまの字の纏で、つまり纏の頭には「め」とか「は」とかの火消しの組の名がひらがなで書かれておりますが、この纏はまの字であって、それは魔から真《ま》に変わることが大事ということであって…

つまりそれは、自分の中にある悪魔的なおもい、魔を、それとは逆さの真、純真なものに変えることが大事ということであって、人が自分の中の魔を真に変えるようクルックルックルックルッ廻しているんですが、それはまた、原発の火を消す、ということでもあるんですね。

○そして最後に、みんな地べたに大の字にうつ伏せになるんですが、それは死を意味していて、

そしてそれは、これまでの生き方、意識の死であって、また仰向けになるんですが、それは新しい意識に生まれ変わる、ということであるのです。

――と、まあ、このような無言の儀式をしたんですが、なぜ無言か、と申しますと、神にはものを言わなくとも祭壇の上のお供えや劇によって思いは伝わり、また、その方がおしゃれ、それは「あ・ん」の呼吸のようであり、粋な存在の神への儀式としては叶っている、と思ったところから、もの言わぬ無言の劇、儀式にしたんですね。

つまりその頃、神とは粋な存在でもあるな、と観ていて、粋な存在の神へのメッセージ、儀式はものを言わぬ方がおしゃれ、ふさわしいと思ったからなんです。

――で、その儀式ですが、それは成功しました。儀式は成功だったんです。

そしてそれは自然（雲）や夢によってわかったんですが、それはその儀式を含めた脱原発イベントが終わって、わたくしはいったん店に帰ったんですね、父や子供と。

そのイベントにはわたくしの父も子供も参加していて、3人で店にいったん帰り、陽が暮れかかったので、一緒にわたくしのアパートに向かっていますと、太陽が沈みかけた西の空に綿菓子のような巨《でっ》かい雲がポンポンポンポンと空一面に出ていて、それがなんと七色なんです！

で、わたくしは瞬間、「儀式は成功したんだ！　グーだったんだ！」と思ったんです。儀式は神とも思える宇宙意識、天の意に叶い、「よかったよ！」と合図をしてくれたんだ、と思ったんです。

　で、そばにいた父に言ったんです。「見て！　あの雲、あんな雲、見たことある?!」と、すると父は「ないなあー、めずらしいなあ～」と言っておりましたが、わたくしは内心ホクホクして…。

　で、家に帰り、寝ることになりました。そうしますと、夢を見たんですが、これがまたすごい夢なんです。

　それは、わたくしは小高い丘の上に立っていて、すると目の前でダイヤモンドの大岩がグア～ングア～ングア～ン廻り、それと共に七色の光がパア――と辺り一面散らばって、また、ロケットがバーン、バーンと左右から上がり、またその噴射の色がこれまた七色の光で、それはそれは荘厳な、美しい美しい光景なんです。

　で、それを見ていたわたくしは「バンザーイ！」「バンザーイ！」と両手を上げて叫んでいるんです。で、終わって、なだらかな坂道を♪ランラン♪ランラン♪とスキップして降りて来ていますと、その道の傍《かたわら》に大きなお坊さんが後ろ向きに七三に座っておられ、わたくしは立ち止まって「あら、あなたなの！」と申しますと、「そうだよ」とお応えになり、で目がさめたんです。

　で、目がさめたとき、「まあー、なんと言う夢だろう！」と、見た夢の凄さにあっけに取られたんですが、それも今日の儀式があれでよかったからなんだ、この夢も儀式が成功した証なんだ、と思い、そして「――でもそれにしてもあのお坊さんはいったい誰だろう?」と考えたんです。それはわたくしの知っている人だけれども、知らない人だからで…。

だってそれは♪ランラランラ♪ ♪ランラランラ♪とスキップして降りて来ますとそこにいらっしゃって、でわたくしは「あら、あなたなの!」といい、で「そうだよ」とお応えになった。だから知っているわけですが、でも知らないんですね。わたくしには誰だかさっぱり分からないんです。でも、夢の中では知っているわけで、で、あのお坊さんは誰なんだろう? と不思議に思ったんですね。

そしてそのときからなんです、日記をつけ始めたのは。それまでは大事なことはエッセイで書きとめておりましたから日記を書くことなどなかったんですが、綿菓子のような七色の雲にしてもこの夢にしても、わたくしにとっては前代未聞のことであって、で「つけなきゃ」と思ったんです。

またそれは自分ごとではないな、と。これは自分事ではあるけれども人類事であろう、このような自然の現象や夢は聞いたこともなく、放っておいてはいけない、きっとこれは将来人類の糧になるものであろう、と、自分のためにも全体のためにもつけ始めたんです。

ところでその現象、七色の雲や夢は後になって分かったんですが、「勝利」の知らせであったんです。つまりそれは儀式が成功した証ですが、儀式の成功、それは勝利であって、そしてそれは、この儀式によって秩序が回復すると共に父と子が＋《プラス》、重なったんです。

秩序が回復するとは、神と人というタテの流れ、上下の秩序、この秩序が壊れておりましたが、この儀式によって回復したんです。

父と子が＋《プラス》、重なったというのは、「父と子がひとつに結ばれた」ということであって、父とは神であって、子とは神の「子の要素」であって、その父と子がひとつに結ばれたんです。

つまり、神とは父と母と子の三位一体、三つの要素ですが、その父の要素と子の要素がひとつになったんです。神の父の要素は「書くことの悟り」のときよりわたくしのからだの中で芽生えておりましたが、このとき神の「子の要素」も芽ばえ、そしてひとつになった、わたくしの中で結ばれたんですが、そのような勝利の知らせであったのです。

また、その儀式は「平衡変換」となりました。つまりそれは神と結ばれ、そこにおいて民を養い導く役目を担う者の変換であって、その役目、位を担っていたのが天皇でありましたが、その位、役目はわたくしに変換された。ツル～と自然に移ったんです。

天皇、それは古代「長《おさ》」という政《まつりごと》の長がいましたが、その長《おさ》を継承、その位であって、長《おさ》とは神に結ながり、そのもと民を養い導き、神との結びは絶対でありますが、されどそれはなくなっており、長《おさ》の位、役目は儀式と共にわたくしに移った。ツル～と自然に移った。自動的に移ったのです。

――では、これで「儀式の悟り」を終わりますが、その前に、まが大事ということについてもう少しお話ししておきましょう。

まが大事、それは魔から真に変わる、チェンジすることが大事と申しましたが、そのまは実は間のことであって、まが大事とは「間が大事」ということであって、そしてそれはチェンジ、変換することが大事ということなのです。

つまり「間」の本質、それはチェンジ、変換のことなんですね。そしてわたくしがこの間の本質に気づいたのは、遷宮の本質も探求していたからで…

つまりわたくしは、20年に一度行われる伊勢神宮の遷宮、この本質も探求していて、そこから☯《こ》の記号に出会いもし、遷宮は宇宙にチェンジエネルギーがあることをメッセージしているとわかり、またそれは神の要素でもあるとわかり、またそれは法則でもあるとわかり、それを扱うことが楽しくなったんですね。

そしてそれはうまくゆく、法則通りに事を進めるところ、スル～とうまくゆくことが体験を通してわかっておりましたからね。そしてそこから自分の中の魔、無数にある自分の中の魔を真の方に切り換え切り換えしていった。楽しくお掃除を始めて…、そしてその大きなものが「笑顔」であったのです。

――それはその頃、わたくしは自分の笑顔、これが醜いことに気づいて、つまり笑顔そのものが醜いのではなく、それが起きてくるであろうところの思い、これが醜いことに気づいたんですね。

それはここは喫茶店でもありましたから、珈琲を飲みにお客さんが来られますが、そしてお客さんが来られるとすぐ「いらっしゃいませ！」と言う、そしてそのとき、自然に笑顔になるわけですが、その笑顔、これが醜いことに気がついたんです。

その笑顔は、お客さんが来て下さったそのことをうれしく思うところからのものではなく、お客さんが落としてくれるであろう珈琲代、お金に対する笑顔であることに気がついたんです。

で、その醜い思いを変えん！　と、お客さんが入って来られる度にその思いと戦ったんです。お客さんが落としてくれるであろうお金をうれしと思う思いから、その方が来てくれたこと、そのことをうれしと思う思いになるようとことん戦ったんです。その思い（お金をうれしと思う）は、これまでズーと貧しかった、いつもお金に困っていたゆえにわたくしにこびりついており、なかなか取れない。お客さんが入って来られると、その瞬間にその思いになってしまい、取るのは大変でしたが、でも、ある日できた！

思いはチェンジしたんですが、それはなんとも気持ちよく、笑顔も瑞々しく美しかったんです。

――否、瑞々しく美しかったであろうと思いましたね。

そしてそのような、魔から真、ネガからポジへの大転換、転換につぐ転換をしつづけた結果、《まんだら》という真の極地、ポジの極地に回復したんですけれども、そのお陰で、いまではわたくし、

「天性《てんせい》の間人《まじん》」なんていうエスプリの効いた愛称、ニックネームを神々からいただいているんですが、それは「アラジンの魔法のランプ」、あのお話の中に出てくる魔人、何でも望みを叶えてくれるあの魔人のようなものなんですね。
それは、《まんだら》という、望みを何でも叶えるランプ、この《まんだら》を差し出すことによる間人なんです。つまり、直接叶えて差し上げるのではなく、《まんだら》を上手に生きるコツをお伝えし、そこから御本人の力で引き出す、幸福の数々を引き出すことをお手伝いする魔人ならぬ間人なんですね。

――ではこれで、儀式の悟りを終わりますが、この悟りの中で、
○天（宇宙）の悟り
○自然・その究極の悟り
○夢の悟り
をしました。
そして、
**その⑨「天（宇宙）の悟り」**とは、**天や宇宙には意識があることの悟り**であって、
**その⑩「自然、その究極の悟り」**とは、**自然の持つ偉大な力を悟る**ことであって、
**その⑪「夢の悟り」**とは、**夢にも二つあることの悟り**であって、つまり**極く普通のなんでもない夢と霊夢とも言われている意味のある夢**の二つあることの悟りです。

## 夢を切り換《チェンジ》えるとき

なお、只今はこの霊夢を見て、その意味を解いて生きるときに入っております。

そしてそれには極く普通のなんでもない夢から、霊夢に夢をチェンジせねばなりませんが、夢をチェンジする秘訣は、∴《まんだら》、これを一本に生きることです。さすれば自然夢はチェンジします。がされど早く、素早く切り換えるには祈りで誓うことです。祈りで∴《まんだら》を一本に生きることを誓い、かつまた、生きる。∴《まんだら》を一本に生きることなのです。

真剣に∴《まんだら》を一本に生きるのです。するといつの間にか夢は特別の夢のみになります。

また、この霊夢は正しく解釈しなくてはなりませんが、正しく解釈する方法は今度詳しくお話し致しますので、いまのところはわたくしの方に連絡して下さい。

霊夢をごらんになったらわたくしの方に知らせて下されば（霊夢の中身）わたくしの方で解釈してさし上げますのでね。

## その⑫

# 食べ物の悟り

1988年（昭和63年）46才

この悟りは、**もともと基本となる食べ物は与えられていた**という悟りであって、そして**それを象徴するものとしての「玄米」、この悟り**でした。

きっかけですが、それはこの頃、あることから白米を玄米に切り換えたんですが、それがきっかけでした。玄米についてはこの1年ほど前に『マクロビオティック』という本を読んでおり、玄米がもともとのものであり、いのちある申し分のない食べ物であることは知っておりました。

また、脱原発イベントの際の儀式において食を改める、白米から玄米に改めることを神に誓ってもおりましたが、わたくし自身、玄米にはしていなかったんですね。店で出す米もわたくしが食べる米もまだ白米であったんです。

それは玄米など食べたことがなく、玄米に変えてもズーとつづけて食べれるかどうか、自信がなかったんですね、またそれは、無農薬のものでなくてはならず、それは値段も高い上に炊飯器も買い変えなくてはならなかった。玄米の炊けるものにしなくてはならず、そのお金がなく決心がつかなかったんですが、でも思い切って買い、米も白米から玄米に変えたんです。

それは、そのころ抱えていたわたくしの矛盾が溶《と》け、かつ地球を始めとするよいことをいっぱい起こせるからで、その矛盾というのは、電気を使いながら原発いらない運動をしていることであって、それは矛盾であって、とても苦しかったんですね。

つまりここはわたくしの開発したルーによる白米のピラフのよく売れる喫茶店でもありましたので、電気を使い、わたくしはそれによって生かされている。喫茶の売り上げによって生かされており、それは矛盾なんですね。「原発いらない」といいながら電気を使っているわけで…。で、その矛盾を溶《と》きたいと思っていて、それが玄米に変えることで溶《と》ける、と思ったんです。

それは、その原発いらない運動を通して無農薬の玄米を直接消費者の方にお渡ししておいでの農家の方と出会い、「あ、これだ!」と思ったからなんです。

それはそれまでの悟りで、ネガを消すにはそれを帳消しにするほどのポジなことを起こし、それを情報することだ、というのがあって、「あ、これだ!」、と思ったんです。

つまり、その農家から玄米を直接仕入れ、玄米食にしてゆくことでポジなことをいっぱい起こせるからで…。

例えば、

◯地球が元気になる
その米は無農薬のものであって、土や水を汚染することがなく、地球を元気にします。

○飢餓を救うことができる
玄米は人間に必要な栄養素がほぼある上によく噛んで食べることで満腹感があります。それは食べる量が少なくてすみ、そしてそれは廻ります。食べ物のないところにも玄米を始めとして食べ物は廻り、飢餓をなくしてゆけます。

またそれは肉食をやめることでもあって、そこにおいても飢餓をなくしてゆけます。

例えば、
牛を一頭飼うには100人の人が一年間食べられる量の雑穀が要る、と言われておりますが、肉食をしないとなるとそれを人間の方に廻せます。

また、それは牛や豚など動物がホッとします。牛や豚など動物は、いま食料として生まされ、育てられていますが、牛や豚などにとってみればそれはとても切ないわけで、肉食をしないとなると動物はホッとします。
○人間の身も元気、健康であれる
人間のからだは動物性よりも植物性の食べ物と合うようにできており、肉食をやめ、玄米をメインにした穀菜食にすることで健康であれます。

――等々、ポジなことをいっぱい起こせるんですが、中でも、
○そこにおいてお金の流れを変えることができ、そしてそれは社会を手っ取り早く変えることができるからです。

つまり社会が変わるには、人の意識が変わること、そのお百姓さんのような意識になることであって、つまり、そのお百姓さんは地球や人が元気であれるよう、自分は苦労しても無農薬のお米をつくっているわけです…。

つまり、全体や他の人がプラスになるよう自分はマイナスしているわけで、そしてお金がこのような意識のところに流れる、廻ることで社会は素早く変わる。またそれが、米という、食というところから変わることはお金の流れが根底から変わることであって、それで、「あ、これだ！」と思ったんですね。

つまり社会がおかしい、行き詰まっているのは、お金の流れる方向があの農家の方の心とは逆さの心、全や他がプラスになるよりは自分がプラス、全や他はどうあれ、自分が利する心の方向に流れているからであって、されどお金の流れが自分を利するよりは全や他を利する、全や他に尽くさんとする、この心の方向に変われば社会は素早く変わります。

また、お金の流れは根底のところから変わらねばらちゆきませんが、お金の流れは根底のところから変わります。そしてそれは食のところでお金の流れが変わるからです。

なぜ食のところでお金の流れが変わると根底のところで流れが変わるのか、と申しますと、人間の安定の要、それは神と結ながりこのお百姓さんのような心を生きることですが、さらには食ということ、食べれる、ということが要であって、そしてその食のエッセンスは米であって、米という食のエッセンスのところでお金の流れが変わるということは、お金の流れが根底のところから変わるということであるんですね、

——で、このような大ポジ、ねがってもない大ポジなことも起こせ、あとは情報する、そのようなポジなことがたくさん起こせることを情報すればよいわけで、それで、

「死んでもいいや!」

と思って玄米に変えたんです。なぜ死んでもいいや! と思ったのかと申しますと、玄米に変えると貧乏になり、病気になって死ぬかも知れないからです。

つまり、

○無農薬の玄米は仕入れ値が高く、普通の白米の倍近くしていて、

○また、白米のピラフを玄米のピラフに変えることは売り上げが減ることは目に見えている、
　玄米を食べる人はほとんどいなく、それは売れないだろう。

○また、値段は低めにする、無農薬だからといって高くはできない、そしてそれは、貧しい
　上にも貧しくなって、その揚句病気になって死ぬかも知れないからであって、

でもそれならそれで死んでもいいや! と思って。それは仮にわたくしが死んでも本は残り、そこにおいて希望がありますからね。

つまり、その本とは『マイナス一《ワン》』であって、この本はその農家の方のような心、思想がモ

ロ表題として出されているわけで、で、わたくしは、この思想を生きる上でも白米を玄米にし、かつまた、その本の中でいま玄米にすることが大事であることを仄めかしてもいるわけで、ゆえにその情報は仮りにわたくしが死んでも継《つ》ながる、継ながるであろう、と思いましてね。

また、継ながらせたい、とも思い、どんどん喋ろう、と思いました。

○いかにいま玄米を食べることが重要か、

○また玄米は、直接農家から仕入れているのだけれども、それはそれによってお金の流れが
　変わり、

○社会も変わる、社会が手っ取り早く変わるから、である

など、いろいろどんどん喋ろう、と思って、喋ってもいき、また玄米にも変えたんですが、やっぱり売り上げは極端に落ち、貧乏な上にも貧乏になったんです。

でも、心はあの五月晴れのように明るくピーカン、

　晴れ晴れとして、とてもいい気持ちになれたんです。

――で、これが「食べ物の悟り」であったんです。

ところで、ではどうなったかといいますと、つまりその後わたくしはそういうわけでドーンと貧しくなった。貧しい上にも貧しくなったんですが、ではその後、どうなったか、ですが、それは救われました！

つまりね、その後やっぱり貧乏になった、ドーンと貧乏になって、わたくしが住んでいるアパート代も店の家賃も払えず何カ月も滞ってしまっていたんです。

で、やっとアパートの家賃が一ヶ月分でき、銀行に振り込みに行ったんです。

すると、わたくしのからだの内部から母なる神のような方が呼びかけて来られたんです。

「あなたがお金に困っている姿を見るにつけ、母は心が痛みまする。あなたが地球の母を始めとし、全てのものがよくあれかしと願い、その全てのものがよくあるよう御身を削って生きる姿を見るにつけ、愛しくて愛しくてなりませぬ。ついては、あなたの困っているお金の工面をこの母が致しましょうほどに、いくらいるのか言いなさい」

と申されるんです。それで、わたくしはびっくりしながらも、

「ありがとうございます。わたしはいま百万円もあれば滞っている店の家賃や家の家賃が払え、楽になりまする」

と、心の内で応えたんですが、その言葉を聞いたとき、胸がぐっと熱くなって、涙がとめどなく流れて、涙を流しながら銀行にゆき、銀行で待っている間ズーッと涙を流しつづけていたんですね。

そしてその後、待っていたんです。それを可能にして下されそうな方がおいでになるのを。つまり、お金はポンとどこからか出てくるのではなく、人が工面して下さるのであろう、かつてイエスは空中からパンやぶどう酒を取り出した、ということだけれども、現代はそのようなことで

はなく、この店に来られるどなたかが、神に代わってお金を工面して下さるのだろう。わたくしが、これは！　と思う方に申し出ると、即座にＯＫ！　心よく工面して下さるのだろう、と考えたからなんですね。

それで待ったんです。これは！　と思う方が来られるのを――。すると来られましてね。で、申し出てみました。

「実はいま百万円もあればとても助かるんですが、御都合していただけないでしょうか」と。

すると即座に、

「いいですよ。いま丁度へそくりが百万円ありますから、期限なしの無利息でお貸ししましょう」

とおっしゃり、救われたんです。

――では、これで「食べ物の悟り」を終わりますが、この悟りは「物から心への悟り」でもあったのです。

## その⑬
## 物から心への悟り

この悟りは、**物を持って幸福であらんとすることから、心、思い、ここにおいて幸福であること**の悟りであって、またそれが**いかによいものかであることの**悟りでもあって、それをこのとき、身をもって悟ったんですね。

また、**人の幸福とは神を思い、神に思われていることで**あって、そしてそれは**親、神とは親であって、**しかるに**この親思う幸せ、また、思われる幸せ、この幸せの取り返し、**このことの気づきであったんですね。

つまりは**思い、思いの幸福、この価値取り**なんです。つまりお金というものに価値を置くのではなく、幸せな思い、これを得る、得ていただく、このことのためにお金はあるんです。

つまりお金とは、そもそも人が幸福になりたくて、その手段として生まれたものであって、ならばその思い、思いの幸福、これが大事であって、お金によって幸せであろうとか、安定しようとしたところで、所詮それはうたかた、みはてぬ夢であるのです。

されど、だからといって、お金を粗末に扱うことではないんですよ。お金とは、そのようによい御縁をより御縁であらすための為替でありますからね。つまり、お金はそういったおもいをかわす為替、道具であるんです。

――ところで、この悟り、物から心への悟りができ、お金をこの心の方へ廻したことから、命を捨てる覚悟で、認識もって廻したことから、お金の流れは変わっております。この心の方向に流れは変わっております。

また、食も変わりました。白米から玄米に変わっております。

まだ、これらの変化ははっきりと現れておりませんが、そのうちはっきりと現れます。お金はこの心の方向に流れ、米も白米から玄米になってゆきます。

## その⑭

# 祈りによる病気平癒の悟り

１９８９年（昭和64年　平成元年）47才

この悟りは、**この年三つの病気につづけて罹り、それを祈りで全て治し、祈りの力をまざまざと知ったた**ということです。

最初に罹った病気は目で、眼球がガンガン痛くなって、目を開けていられなくなり、お客さんがおみえにならないときは、いつも目を閉じているような状態であったんです。

また、この頃は、太陽にも意識があると考えていて、「太陽さん、お早う！　今日もありがとう！」などと、太陽の意識に向かって感謝をしていたんです。自転車に乗りつつ歩きつつ。

――で、目はどんどん痛くなり、これ以上は放っておけないと思い、致し方なく明日は病院に電話しよう、と決心したんです。致し方ない、というのは、やはりお金なんですね。何しろあい変わらずその日暮らし、カツカツの生活であって、病院で診て貰う費用もなく、目が痛くなっても我慢していたんです。

そのようなとき、彫刻をしている友達がきて、自分も彫刻をしているから目に粉が入りそんな風になった、でも手術をしたら治ったので、病院に行ってごらんよ、と、病院にゆくことを勧めて下さり、で、決心したんです。

手術する費用も病院で見て貰う費用もないけれども、まずは電話を病院にしてみよう、と。そして朝になりました。すると、目がさめてすぐ、わたしは太陽さんにきちんとあいさつをしていないわ！　と気がついたんです。太陽さんには自転車に乗りつつ、歩きつつ感謝しているけれども、手を合わせてはしていないな、と。

それで東側の窓を開け、昇ってくる太陽に向かって手を合わせて感謝とお詫びの祈りをしたんです。

感謝というのは、太陽さんのお陰で人類は生きていられる、その感謝であって、お詫びというのは、太陽さんに生かされていながら人類はいいかげんに生き、地球まで病気にしてしまったことのお詫びであったのです。

で、それは

「太陽さん、太陽さん、いつもわたしたちを暖かく包んで下さってありがとうございます。わたしたちは太陽さんがいて下さって生きていることができます。まことにまことにありがとうございます。

また、地球のお母さんがいて下さってわたしたちは生きていることができていますが、わたしたちはそのことに気づかず大切なお母さんを病気にさせてしまいました。それはわたしたちが太陽さんや地球のお母さんのお気持ちを知らないばっかりに、自分の気持ちばっかりを大切にして、無闇やたらに物をつくり、消費し、それによって地球のお母さんのおからだを病気にしてしまい、また、そのお母さんのおからだから生まれる動物や植物たちを痛めに痛めてしまいました。

そしてそれは、人間が命の結ながりに気づかず、人間のみの命の結ながりを大切にしてきたからです。否、その人間の命の結ながりさえ疎かにしてしまいました。でも人間は、いまその命の結ながり、生き交いに気づき、生き直しをすることになりました。わたくしのところからそうなっております。それというのも太陽さんがあってこそゆえ、と、わたくしここに心より感謝させていただきます。

まことにまことにありがとうございます。

ありがとうございます。

ありがとうございます。

——と、声を出して祈ったんですが、祈っている間中、涙がボーボー流れ、また、スッキリしました。気持ちがスッキリしたんです。

そして何日かたったある日、「あら、わたし、新聞を読めてるわ！」と、自分が新聞を読んでいることに気がついたんです。それまでは目が痛くて新聞も読めなかったのが、なんと読んでいるんです。

でいつから読めるようになったのか、と考えてみたら、太陽さんにお祈りをして以来であって、お祈りをしたあと、目が痛かったことさえ忘れてしまっていたんですね。

そしてその後、今度は喉が痛くなったんです。ツバを飲み込むのも痛く、また、耳のあたりがガンガンと痛いんです。でもうどうにも我慢ができないので、病院にゆこうと思ったんですが、「でも待てよ」と…。以前目が痛くなったときは、太陽さんに祈って治った。ならばこの喉も祈りで治せる、と思い、今度は地球に祈ったんです。

なぜ太陽ではなく地球に祈ったのかというと、目は心の窓といわれており、それは太陽であろう。太陽は知性、インテリジェンスを司っているということであって、それはつまりは心であって、祈るのは太陽さんであっただろう、

が、喉、これは肉体であって、祈るのは肉体を身ごと養って下さっている地球、地球のお母さんであろう、と考えたんですね。そして祈りました。わたくしのアパートで夜寝る前に、地球のお母さんの意識に向けて祈ったんです。

その頃は、地球にも意識がある、宇宙に意識があるのなら太陽も地球も宇宙にある全てのものに意識があると考えていて、で、地球のお母さんの意識に向けて祈ったんです。

部屋に立ち、立っている足の裏から地球の中心に向けてわたくしの意識がゆくようイメージしながら祈ったんです。

「地球のお母さん、地球のお母さん、わたしは喉が痛くてたまりません。どうかこの喉の痛みを

治して下さい！」と。

それは、小さい子供が母親に言うような感じだったんです。小さい子供が指にトゲを指したりした際に、「お母ちゃん、お母ちゃん、トゲが刺さった、早う抜いて！　抜いて！」と母親を急きたて、トゲを抜いて貰いますが、それはお母さんを信じ甘えている姿、お母さんは何をしていても、ハイ、ハイ、と言ってすぐ抜いてくれるだろうという、親を信じ甘えている姿であって、――そのような子供の気持ちで祈り、そしておふとんに入ったんです。

すると、カタカタカタ…と、足の先からからだが微振動したんです。

それで、「あ、来た!!」――地球のお母さんの思いが来てくれた、とわかり、「ああ、これで大丈夫！　もう治る！」と安心して眠ったんですね。

すると案の定、九割方は治っておりました。痛みはまだありましたが、ほんの僅かで、で病院には行かなくてもよかったんですが、病院には行ったんです。どのように喉がなっているのか医学的に確かめておこうと思って行ったんです。

するとお医者さんが、「扁桃腺にウミができているが、あなたの生命力が勝《まさ》っていたので軽くて済んだみたいだ」と言われて、このとき、わたしの生命力ではなく地球のお母さんに治して貰ったの、と言いたかったけれど、言わないで、外に出て、すぐ地球のお母さんにお礼の祈りをしたんですね、病院のそばに空地があって、その空地に立って足の裏から地球の中心に向けてわたくしの意識がゆくようイメージしてね。

で、最後、三つ目の病気は腰痛であって、それは、ある朝起きようとしたら、ギクッと、突然きたんです。で、これが名にしおう腰痛か、と。腰痛というのは痛いと聞いていたけれども、まさに痛く、動けないですね。一寸動くことさえできない。で困りました。それは仕事にもゆけないからで…

それはその頃もやっぱりその日暮らしであって、仕事にゆけなかったら収入がなく、困るんですね。ましてやこのまま寝込むことになったら大変で、どうしよう、としばらく悩んだけれども、これもきっと祈りで治せるに違いない、と考え、祈りで治そうと思ったんですが、でも、これは今までのような祈りではダメだ、今までのような祈りでは治らない、と考えたんです。

つまりそれは創造性を働かさなくてはいけない、と。その頃は、ホップ、ステップ、ジャンプ、と、何かと創造性が働いていることがわかっていて、この場合も創造性、これを働かせなくちゃあいけない、と思ったんですね。

で、それは何か、と考え、それは認識、これだ、と。つまり「気が肉を凌駕する」という認識、この認識のもとに「祈る」ことだ、と。

気が肉を凌駕するというのは、病いは気からと言われていますが、その気が肉さえ凌駕するという認識であって、つまり、この痛みに負けて、このまま寝るようではズーッと寝込んでしまう。されどこの痛みに負けないで、祈りをすることで、この痛みは治る、という認識であって、そして、この認識のもと祈りをすることだ、否、ワークをすることだ、と考えたんですね。

それは、その頃あるところまでしていたけれども途中やめになっていたあるワークがあって、そのワークを痛みに負けないで行うことだ、と考えたんです。

それはどういうワークかというと、太陽と月のわたくしの中における位置変換であって、つまり、人間は本来太陽を頭に、月を腹に抱く存在ですが、太陽が腹に月が頭になっており、その位置を変換、素に戻すワークであって、そしてそれは、足をまっすぐ上にあげ、腕を左右に広げて、

マントラ
意識の集中力
イメージ力
の三つを同時に駆使して行うんですが、

このワークを途中やめにしていたんですね。でそれは、切りがないからで、それは毎回時間を増やしてゆくものであって、どこまでやっても切りがないように思えましてね。

つまりそれは、最初は5分から始まって毎日1分ずつ増やしてゆくものであって、何十分かしたときから切りがない、終わりがないように思って、途中やめになっていたんですが、この途中やめになっていたワークをすることだ、と考え、で、行ったんです。すると、すぐ治り、わたくしは何事もなかったかのようにスタスタと店に行くことができたんですね。

――それにしてもそれを行うのは大変でした。何しろそれは足をまっすぐ上にあげて行うものであって、それにはおふとんのところから壁のところまでゆかなくちゃあいけない。足をまっすぐ上にあげるには壁のところまでゆかなくちゃあいけなくってね。でそれはとても痛い、一寸でも動くとそれはとても痛いわけで、でも、ゆかなくっちゃあいけないわけで、で、ソロソロ、ソロソロいって、それは3mほどでしたけれどもすごい時間がかかって、また足を壁に添わして上げるのだけれども、これがまたすごく痛くて、それは秋に入った頃だったんですが、汗がタラタラ出て大変だったんです。

――ところでね、この話をわたくしがしますと、腰痛を持っている人が、自分もそのようなワークをすれば同じようにすぐ治るのか、と聞かれるんですが、それは治らないんです。というのも、それは「認識の度合い」によるからで、ときに神の配剤によりすぐ治る場合もありますが、でも主流なのは認識、この度合いなんですね。

そしてその認識の度合い、レベル、そのひとつに祈り、これがあって、またそれらには思い、これがあって、つまり太陽にも思いがあり、地球にも思いがある、という認識、これがあって、そしてその思いに向けて、まことの言葉を選び選び、その思いに対しましたが、それはつまりは認識があったからで、いまどういう言葉でもって接することが一番その思いとコミットするかの認識、これがあったからなんです。

また、三つ目の腰痛ですが、それは認識を立てたところからのワークをしたから治ったのであって、つまり気が肉を凌駕する、という認識、これを立てたところからのワークをしたからであって…。

つまるところ、病気、これは本来なく、あるのは気詰まり、つまり気が詰まっている、正直に素直に神に祈ろうとしなかったり、また認識、これを敢えてしないようしていることであったり…と、

でいま、ここにそれらをイッキに取り払えれるのが、この《まんだら》、これであって、これはその思い、また気、そのエッセンスでもあれば、言葉、そのエッセンスでもあり、また認識、この極みでもあり、要は、これを一本に生きる。さすれば病気にならないどころか、いま以上に元気な、しかも丈夫なからだづくりができ、いうことがなくなります。

つまりね、病といったものは、「認識の起こり」、それを促すものであるんです。《まんだら》が認識、そのエッセンスですけれども、病いとはこの《まんだら》、これがその人の中で起こる、ポコポコ起きるためのものであるんです。

それで、わたくしは続けて起きたこの三つの病を通して、認識というものが、身さえ養い、かつまた癒す、病さえその基本のところで癒すものであることをまざまざと知った、認識したんです。

またそれが、奇跡のようなダイナニズム、

物事全べからくうまくゆく力、
パカパカとうまくゆく力なんですね、

## その⑮
# 神と共にあることの悟り

1989年（昭和64年　平成元年）47才

この悟りは、**神と共にあることが一番大切なことである**という悟りです。

きっかけですが、それはこの年の3月頃、ワンダラー志願をしましてね。ワンダラーというのは「ひとつのりんご」という意味で、そしてそれは「神の手足となって世界平和を興す人」のことであって、そのワンダラーの人達の出した本に、その頃出会ったんです。

それは『オイカイワタチ』という本でしたが、それが廻ってきて、それを読んだところから神さまが世界平和を興していることや、ワンダラーの存在を知ったんです。

それで、わたくしも神の手足となって世界平和を興したく、ワンダラー志願をしたんですが、それは祈りでしたんです。つまり、神さまの手足になって働きたい！　ワンダラーになりたい！と、祈りでお願いしたんです。

また、お詫びの祈りもしたんですが、それは、このワンダラー志願をする前に、神さまとお約束していたお百度が守られていなかったので、そのお詫びであったんです。

そのお百度というのは、不倫を百日間やめるという約束であって、それはその頃もわたくしは不倫をしていてね。で、それはこれまでの彼とは違う新しい彼で、その方にも妻がいて不倫をしていたんですが、その不倫を百日間やめる、という約束だったんです。

なぜ百日間なのか、と申しますと、それはそれ以上自信がなかったからです。つまり、不倫をこれっ切り、永遠にやめる自信がなかったんですね。何しろわたくしは47才になっており、それはもう結婚相手はいないだろう。ましてやわたくしの好みの相手はほぼ結婚しており、不倫でなくてはいないだろう、と思い、不倫を永遠にやめる、と神さまに約束できなくて、まずは手初めに百日間やめると神さまに祈りでお約束していたんです。

でも、お約束していながら3日もたたないうちに破ってしまって、で、また破って、今度こそやめます、とお約束して。でも、これも破ってしまって、それゆえのお詫びの祈りと、思い切ってお願いの祈りをしたんです。

思い切って、というのは、神さまの手足になって働きたい！　ワンダラーになりたい！　とお願いしても、それは受け入れて貰えないだろう、不倫といったエゴがある上に、それをやめると何度も約束しながら破るばっかりして、それは受け入れて貰えないだろう、と思ったからで、でも、どうしてもワンダラーになりたくって、思い切ってお願いしたんです。

ワンダラーになりたい、と思ったのは、世界平和は自分もしておりましたが、神さまもすでにしておいでであって、ならばわたしも神さまの傘下に入ろう、同じ目的なんだから共にした方が統《ま》とまりがいいし、力も分散しない。また、それは神さまとの共同作業であって、神さまの智恵のもと、うまくゆくであろう、と思ったからなんです。

そしてその志願の祈りをした夜の夢が、なんともナウイ夢だったんです。

それはいまストーブの上に黒いやかんがかかっていますが、あの黒いやかんがふわりと浮き上がり、それが昔ながらのアルミのまあるい《やかん》にスルリと変化し、そしてそこに水道の蛇口が現れ、中に水がジャージャー注がれ、そしてそれがわたくしの頭に注がれたんです。

で、目がさめ、なんと神とはナウイな、と。でそれはとても合理的、約束を破ったことの禊ぎをして下さると共にワンダラーになることを受け入れて下さる、という二つのことを同時にして下さったわけで…。

また、温かい。何しろお百度にしても何度も破っているわけで、されどそれを咎めるでもなく、浄化し、かつ受け入れて下さったわけで、——そのときは3月であって、まだ寒く、水では冷たいのでほどよい温かさのお湯でして下さったわけで…。で、神とはナウイな、と。

で、わたくしはそのとき以来神さまに惚れちゃったんです。それまで、惚れる、というほどの人に会ったことはありませんでしたが、初めて惚れた！　神さまに惚れちゃったんです。

また、その夢によって、神とは合理性でもあることがわかったんですが、これには驚きました。

何しろわたくしは、何事も物事合理的にやってしまうやり方、これに懐疑していたほうですから、これには驚きました。

されど、この合理性、これはこれでいいんだ、と、夢を通して考え直したんですね。どこもかしこも、何もかも合理的であってはならないけれども、でも、このスマートなものあって、やはり整然と、しかもスピードをもって整うわけで…。

また、機械性、これもその合理性のことを考える中、あっていいんだ、とわかって。機械性というのは同じことの繰り返しですから、わたくしは否定していたんですが、でも、これもあっていいんだとわかって、そしてこの機械性も神の要素であることに驚いたんですね。

また、この夢から、神とはあのやかんのようなユーモア性でもあるな、と。あのやかんはほっこらとしてユーモラスなんですが、このユーモア性も神であって、また軽妙、あのアルミのやかんはとても軽いわけですが、それは神とは軽妙、軽妙洒脱なんだな。と思い、また、どこまでも許し許しする愛、温《ぬく》い温《ぬく》い思いであるともわかり、
また夢、夢も神の要素、神である、とわかったんです。

これまで、
○神とは宇宙であろう。そしてそれは物と心の世界、ミクロコスモスである人間が物と心の存在であるように、マクロコスモスである宇宙も物と心の世界であろう。
また、主なるは心であろう、と、原子核の周りを目に見えない波のようなものが取り囲んでいることを知ったところから思い、

○また、神とはあの月のように粋な存在。あの月はこの太陽系を陰で支えているが（地球の傍《かたわら》にあってこの太陽系のバランス、そのキーマンになっているが）、あの月のように陰にて全体を支える粋な存在であろう。

そしてあの月が美しく光っているのは、それゆえのもの。陰にて全体を支えているからであって、そしてそれであるところ光る自ら光ろうとしなくとも光る、ということを月が身ごと知らせているのだ。

○また中心、神とはあの太陽のように中心であって、またそれは働く、あの太陽が自転しているように神も働くのだ。

○また、神とはバランスそのものであろう。この太陽系は太陽を中心に地球など星々がバランスよく位置しているが、このバランスそのものでもあろう。

○また、神とは創造性であろう。あの海は次々と新しい生命《いのち》を生み、無数の生命《いのち》が溢れかえっているが、宇宙は「創《う》み」であり、あの海のように次々と新しい生命《いのち》をうむ創《う》みなのだ。

○また、神とは法則でもあろう。三つの柱をみつけてそれを同時に進めるとうまくゆくという法則であり、またトキに乗ればうまくゆくという法則であり、またチェンジ、上《神》なる方へ変われば変わるほどうまくゆくなどの法則であろう。

○またエネルギー、あの鳴門の渦や竜巻、滝のようなエネルギーであろう。

○また、神とは言葉の要素であろう。自由や愛、真、善、美…などのよき言葉の要素であろう。

○また、親のような心でもあれば、男性性と女性性、この二つでひとつの性でもあろうと、子宮と男根がピタリひとつになる男と女の性の営みを通して思い、

○またその性（男女の）を通して得るオーガズムは肉体的快感の極みだけれども、神とはこの快感そのものであろう。エクスタシーとか歓喜という言葉があるけれども、エクスタシーそのものであり、歓喜そのものなのであろう、つまり、幸福そのものなのであろう、と思い、

○また、あのお正月の三日間はとても楽、楽々に呑んびり過ごせるけれども宇宙とは、神とは、とても楽、楽々なのであろう。

○また、意図でもあろう。神とは意図でもあって、その意図のもと人間は生まれ、また、天体も生まれた、銀河や太陽や月や地球なども生まれ、天体や人間はその意図を身ごと寿いでいるのだろう。

○また、神はいっぱいいるけれども、あの天皇が生まれもって天皇という頂点の存在であるように、初めから頂点にいる神がおいでになるのではないか。神は数多おいでになるけれども、1なる神がおいでになるのではないか。そして他の神はこの神の無限にある要素、それを担いでいるのではないか、「一即多」ということが言われているけれども、それは神のことであって、神とは1であるけれども多、数多の神が担いでいる要素なんだ。

――などと、宇宙や神を、天体や地球の自然、人間や男女の営み、言葉や社会や天皇…など、目に見えるもの、現象しているものを通して観てゆき、

つまるところ、目に見えるもの、現象しているものは神の化合、神の現われなんだ、と思うようになっておりましたが、夢さえも神であったとは思ってもみませんでした。

――とまあ、ワンダラー志願を通して、**神と共にあることが一番大切であること**の悟りをしたんですが、それは同時に、**人間は本来神と共にあり、そしてそれを知って自ら懐に飛び込む、そうすればかならず受け入れて下さる**、という、そのような悟りでもあったのです。

つまり、神とはどこまでも許し許しする愛、温《ぬく》い温《ぬく》い思いであって、エゴがあってもその懐に飛び込まれたらいいんです。わたくしにしても飛び込みましたしね。不倫というエゴを持ち、またそれをやめることを何度もお約束していながらまたしては破り、――でも飛び込んだ、「ワンダラーになりたい！」って。

で、それでいいんです。そうすればかならず受け入れて下さいますからね。

――ではこれで、「神と共にあることの悟り」を終わりますが、その前にこんなことをお話ししておこうと思います。

それは、わたくしは理想の父、これも求めていたんですが、理想の父親像と神がそっくりであ

って、ジーンもジーン、すごいジーンとしたんですね。

つまりね、わたくしは母のみでなく父も求めていたんです。——父は健在でしたが、馴染み難く、理想の父親像を心に描き求めていたんですが、その理想の父親像と神がそっくりであることがこの夢でわかって、ジーンもジーン、すごいジーンとしたんです。

理想の父親像は思慮深く、智恵に長け、リンとしながらもくだけた人、冗談などを言って人を笑わせもするような人、また優しく情け深い人、といった父親像を描いておりましたが、神はわたくしの描いた父の通りであって、否、それ以上の言葉に尽くせぬ魅力、全てに長けた神をこの夢で知り、ジーンもジーン、すごいジーン、胸が熱く熱くなったんですね。

そしてこのときからますます**霊夢や言葉、イメージなどが眠ると毎晩出るようになり、昼にも霊的な本や人などが次々やって来るようになったんです**。否、このような現象が起きるようになったのは、儀式の悟りをして以来なんですが、わたくしは**儀式の悟り以来生活が一転していたんです**。

**現世に心の軸を置いた生活**から、**神に心の軸を置いた生活に転換していたんです**。そしてそれはいわば「**闇から光への転換**」であって、その転換、光への転換がここでさらにキューとなり、ますます霊夢や言葉、イメージなどが眠ると毎晩出てきて、また昼には霊的な本や人などが次々やって来るようになったんです。また、ひらめき（直感）も冴えに冴えるようになったんです。

そしてこのときから、わたくしは神とお呼びするようになったんです。それまでは宇宙意識と言っておりましたが、このときから神とお呼びするようになり、そしてそれは申し訳ないからです。神は温《ぬく》い温《ぬく》い思い、どこまでも許し許しする愛であって、宇宙意識といった冷《さ》めた言い方は申し訳なく、神といった昔からの呼び名、温もりのある呼び方にすべきだ、と思って、神とお呼びするようになったんです。

でも、それにはすごい決心が要ったんです。それは、それによって友達を失うだろう、と思ったからで、それはわたくしはこの夢によって神の実在を確信し、その後、この真実を黙っていてはいけない、神は確かに存在し、このことを話すことが大事だ、でも、それを言うと友達は離れてゆくだろう、友達は神の実在など信じていなく、わたしが宇宙意識といっている内はまだしも、神というようになると、新興宗教にかぶれたぐらいに思い、わたしから離れてゆくだろう、と思い、すごい決心が要ったんですが、「失ってもいい！」と思って、神とお呼びし、神は実在することを話し始めたんですね。

なお、そのときは宇宙《カミ》と表現していたんです。それは、神とは目に見えない存在であるけれども、物でもある、と思ったからです。そしてそれは、原子核は神が創んだのではなく、はなからあったと思ったので…

つまり、宇宙に充満している原子核は神が創造したのではなく、もともとあって、そしてそれは物でもある、神とは心のような目に見えない存在であるけれども、物でもあると思い、物と心の世界である宇宙と書いて宇宙《カミ》と表現していたんです。

——では、これで「神と共にあることの悟り」を終わりますが、この悟りは**「神の心、その悟り」**でもあります。

## その⑯

# 神の心、その悟り

神の心、それは**温《ぬく》い温《ぬく》い愛、どこまでも許し許しする愛**であって、この神の心を、神と共にあることの悟りの中の霊夢によって悟ったんです。

で、この悟りは、先きほどの神と共にあることの悟りの中でお話ししておりますから、さほどお話しすることがありませんので、それとは別にこういうことをお話しさせて戴こうと思います。

で、それは「個」ということについてです。つまりいま「個の確立」ということが言われておりますが、それはもともと完成された人間のことです。――じゃあどう完成されているのかといいますと、勿論《まんだら》ということになりますが、さらに詳しく申しますと、それはジーンとするところにおいて完成されているんです。

つまりあのリンゴのような甘酸っぱい思いを抱けるところで完成しているんです。

つまり、りんご、それは甘酸っぱいお味がしますが、リンゴは神との出会いの中におけるジーンとした思い、これを現わしており、また、そのジーン、神との出会いによるジーン、これが一等キュート、とってもおいしいお味なんですが、これを味わっている人が個、完成された人間なんです。

で、また、仁、
仁という言葉がありますが、あの仁はそのジーンと深く関係しているんです。
つまりあの仁は孔子さまが上下の秩序をひと言で説いておいでなんです。
つまり、人間は本来同じではあるけれども、でも違いがあって、で、その違いを違いとして見、
そして上《かみ》なる者に礼を持って接する、ということを説いておいでなんです。
つまり、相手の立場を重んじる、そうした心が大事であることを説いておいでなんですが、その仁は、いまその上なる存在を神に置いて語られる必要があるんです。人の上なる存在は神であって、また、神の中でも根源の神、そこに仁を敷くという、これが今様仁、仁の在り方なんです。

で、またそのジーンには、ジーンとさせられるジーンと、ジーンとさせちゃうジーンのふたつありますが、ジーンとさせちゃう、――ジーンを与えさせて戴く一番はやはり神、根源の神であって、そして神がジーンとされるのは《まんだら》を一本に生きることなんです。

ではどうしてジーンとされるのか、ですが、それは《まんだら》を一本に生きることは今のところ誰もしていない、10人ほどの人がしているのみであって、がされどこの《まんだら》を一本に生きる人あって、

先駆けて生きる人あって、他の人も㊉《まんだら》を生きるようになり、そしてそれは平和、そこにおいて世界は平和になるわけで、
　でそれにジーン、その人の心根、けなげな在り様に神は心打たれジーンとなさるんです。

　で、この関係、神と人が互いにジーンする関係を孔子さまは本来説きたかったんですが、あの時代においてはそういうことを説いても致し方ないゆえに、人間の社会に置きかえて説かれたんです。

　何しろ孔子さまは九次元の神の位から降りられたお方ですから当時そのようなことはとっくに悟られていて、その悟りのもと人間の社会に置きかえて説かれていたんですね。

　で、そのように、そのジーンはまず根源の神にしていただく、そしてそこにおいて自分もジーンとしちゃうわけですが、さらにそこから陣する。これが大切です。

　つまり陣に入る。神の敷かれた陣に入り、そこからの世界平和、これ築かんとすることが大切です。

　つまりいまネットワークということが盛んに言われておりますが、そのキュートなものは神の敷かれたネットに乗ってワークする…。

　つまり神はいま地に在って、世界が平和になるための企画を数々打ち出されており、その企画

が生きることは速やかにこの世が平和になることであって、ゆえにその企画を担う人のいることがこれまた重要なわけです。

で、それに乗る、
自から進んでそれに乗り、そして担う、自分に似つかわしい、また、似つかわしくなくともそれをすることが大切、タイミングであるならスと乗る、スと乗り担うという、こういうメーカー、ワーカーといった存在の在り様が大切であって、――で、そのような在り様は今様飛んでるランなんです。

つまりランとはあの蘭、蘭の花であって、そしてそれはスサノオ、スサノオなんです。
つまり蘭というのはあの白い蘭、蝶々のような形をした白い蘭、胡蝶蘭というのがありますが、それはスサノオの象徴する長々なんです。

そしてそれは長《おさ》、
古代長《おさ》と言われる長《ちょう》がいましたが、その長《おさ》であって、そして長《おさ》は神と結ながっていた人が長《おさ》となり、人々を導いておりましたが、そのような長《おさ》、つまり神々の中の神、
あのスサノオが象徴する九次元の神、その神と同じくらいの人になることなんです。

つまりそれは九次元の神の要素をそこにおいて生きることになるからなんです。

それは、

**「全体がよくあるよう、自分のことはさておいて尽くしっ切りに尽くす」**

という生き方であって、

そして全体、

その極みは神であって、神に尽くす、神によろこんで戴くという、生き方であって、

そして神がおよろこびになるのは世界平和であり、全と個、そのどちらも平和な陽のみ世界、

その実現であって、その実現のためにまっ先に駆けつける、おっとり刀ならぬ息せき切って駆けつけ、そして働く、共に働く、神と共に働く、よろこんで働くことであるのです。

また、そのような方は祀られます。神や仏としてこの地において祀られてゆきます。昔、この地で人々のために身を粉にして生きて来られた方々が、神社や仏閣を建て祀られたように、そのような方は祀られます。

否、それは、今においては神社や仏閣を建てるということにはなりませんが、人々に、「なんと素敵な、立派なお方であったことか！」と、その心の内で祀られ、永遠に語られてゆくことになります。

ところで話を一寸戻しますが、では⛬《まんだら》を一本に生きなきゃいけないか、ということになりますが、それは別にそうでなくてもいいんです。
あの金網張った輪に興じている人達だって、神の気をホカホカおさせしておりますからね…。
――その金網張った輪に興じている人達というのは例えば、テニスをしている人達のことで、で、それはひとつの囲いなんですね。――つまりそれは個の平和に甘んじている様子ですし、小さな自分達だけの幸せに興じているということですが、
そのような金網張った輪に興じている人達も、それはそれだけで神の気をホカホカとおさせし、そこにおいてプラスになっているんです。

――じゃあ、その方々がどうプラスになっているかですけれども、それはそのような平和、一刻は気がスポッと明るく抜けている、スポッと気が陽に抜けており、で、その抜けた気は、気そのものである根源の神のその気をホカホカおさせしているんです。
あの懐炉のような、湯タンポのようなマイルドな温くもりをお与えしており、
また、そのくったくのない、のどかな姿はとても愛くるしくほほえましいものとして神の目に映り、そのお相《かお》微笑んでおいでであって、――そのようなプラスになっているんです。

だから、《まんだら》を一本に生きていないから、ボク達ダメなんだ、と思われる必要はないんです。

――で、そのように、全ては大調和していて何も誰も文句なく調和している世界がこの宇宙なんです。

で、そのスポッと抜けた気というところからもう少しお話しさせて戴きますが、その気というもの、思いというものが抜けていることが一番肝心なんです。

抜けている気、それはつまりは濁りのない気ですね。で、その濁りのない気、それをこの《まんだら》は現わしもしておりますが、その濁りのない気のエッセンスとしてもわたくしは存在しており、具体的にもそうであるよう常に気をそう在らしめているんですね。

でそれは、その認識があるからなんです。

つまり、気が基となるものですから、気を常にスポッと、陽のみに抜かしておくという認識。

そしてその認識のもと常にそうしているところから、気の浄化器や淡水湖の役割もわたくしはしているんですね。

――では、これで「神の心、その悟り」を終ります。

# その⑰
# 政《まつりごと》、その本質の悟り

1989年（昭和64年　平成元年）47才

この悟りは、**政《まつりごと》、政治、それは神を中心にし、神と共に行うもの**、という悟りです。

きっかけですが、それは、その頃行われた参議院選挙、これに随分遅れて立候補なさった女性を応援することになったことがきっかけでした。

その人を応援することになったのは、わたくしの店に二人の男性がお茶を飲みに来られ、「今度社会党から立ったMというのはブスだから、ありゃあ通らんで」と、遅れて立候補されたその人のことを噂していて、わたくしはそのブスという言葉に「カチン」ときて、ならばこのひとを当選させてみせよう！　と思ったんです。

で、それには勝算があったからで、それは、そのための主要な三つの柱を見つけ、それを同時に進めればいいわけで、でそれはあの「あい別れにさよならの悟り」以来、さんざんやってきて、全てうまくいっているからで、また三つの柱もすぐ見つかりましたしね。

それは、

○神を祀り、神を政《まつりごと》の中心にすることだ、と。
つまり政《まつりごと》、政治、それは神を中心にし、神と共に行うもの。古代そうであったように、神と共に行うもの。されどそれはいま、人間のみで行っており、この間違いを正すことこそがいま政治がなすべき要のことであって、それをすることだ、と。神を祀り、神を中心にした政《まつりごと》、それをこの選挙を通して取り戻すことだ、と。
○また、マスコミ、この力を仰ぐことだ、と。
それは、その女性《ひと》は他の候補よりは立候補が随分遅れており、急いでその名前を県下に広めなくてはならないわけで、それにはマスコミ、この力を仰ぐことだ、と。新聞やテレビ等のメディアにその名や顔がひんぱんに載ることで遅れを取り戻せる、と。
○また、御本人が祈ることだ、と。
当選するにはなんといっても御本人が祈ること、神を信仰することであって、また誓うこと、自分はいま参議院議員に立候補しているけれども、それは自分の欲や利のためではなく、国や国民をよくするため、幸福にするためであって、議員に当選したら国や国民のためにしっかり働きますと神に誓い、その上で朝出かける前と、夜眠る前に祈ることだ、と。

そして中心となる柱は、
○神を祀り、神を中心にした政《まつりごと》、この取り戻し、選挙を通しての取り戻しでありますが、それはトキ、そのトキでもあることに気がついたんです。それは、その参議院選挙には女がたくさん打って出ており、「女の時代」と言われていたんですが、それはトキ、政治の場に神を取り戻すトキであることをそのブーム、女の時代は証している、と気がついたんですね。

でそれは、神といった目に見えない存在が存在することを信じられるのは女の特性であって、つまり、女は理屈は整わなくとも直感的に信じることができ、ゆえの女の政界への進出、女が政界に踊り出て政治の場に神を取り戻すトキなんだ、と、そのブーム、女の時代のブームによって気がついたんです。

されど、それら女の人も、そのブームの主役である土井たか子さんもそのようなことは思ってもいないだろう、と。――その頃、社会党の元党首の土井たか子さんが大人気でしてね。で、「女の時代」のブームは、その土井たか子さんを中心に起こっていて、でも、土井さんは神を捨てた社会主義の流れを汲む社会党の党首であって、神を中心にした政治など思ってもいないだろう、と…。

彼女はとても頼もしい女で、正しいと思うことは「やるっきゃない！」と断固押し通してはいるけれども、このような次元の正しいことは思ってもいないだろう、と。ならば、そのこと知ったこのわたしがやろう、いまこそ神を中心にした政《まつりごと》、これにするべくひと暴れしてみよう！と思ったんです。

そして御本人にお会いしたんですね。何はともかく御本人にお会いしなくちゃあ話にならないわけで。――でそれは理念の一致、これがなるかどうかで、そしてその理念を引っ下げてお会いしたんです。

その理念というのは、「原発を止める」ということであって、原発をキープする方針から止めるという方針にする。原発はすぐには止められないだろうけれども、せめて「止める」という方針にし、その上で安全なエネルギーにしてゆくということであって、

でそれはホッとする、国民の心がホッとするからで、原発があるだけでその心は不安ですが、でも「止める」という方針になればひとまず安心であって、そして国民の心を安心、安らかにするのが国の役目であって、つまり国は国民の生命《いのち》と財産を守る、保障するということだけれども、それもしかりながら、思い、これを安心させるのが国のつとめ、政治のつとめであって、原発をキープするという政策はもっての外であって、

で、その方にそのように申し上げ、たとえ党が原発を止めるということをしなくなってもあなた様だけは止めるという方向でいっていただきたい、と申し込みましたところ、「もちろんそうします」と気持ちよくおっしゃいまして、ならば応援させていただきます、と固く握手し、また、それは勝手にやらしていただきたい、そちらの選対に入らないところで自由にやらせていただきたい、とも申し込みましたが、それもＯＫであって、そして声を掛けたんです。

これはと思う女達に声を掛けたところ、四、五人集まったんですね。それは、それぞれグループを率いている、また率いていなくとも社会や政治に深く関心があり、何らかの活動をしている、一騎当千の輩《やから》ならぬ頼もしいレデイ達で、

そしてその方々に、彼女を応援するわけを話したんです。「原発を止めるための応援だ」と。それはみんな賛成であって、一緒に彼女を応援することになったんですが、その後応援する目的が消費税になってしまってね。

つまり、その選挙戦の目玉は消費税であって、女達もどちらかというと原発よりは消費税に関心があって、そしてそれは反対の立場であって、また社会党も反対で、遅れて立候補したその人も反対であって、それで、消費税反対ということで応援することになったんですが、これには困りました。

それは、わたくしは、消費税は致し方ないな、と思っていたからで。消費税は政府がやりくりに失敗したのであって、責任は政府にあって、国民が負担することはないけれども、それはそれとしてたちまちお金が要るわけで。ま、この度は致し方ないだろう、ひとまず消費税で補塡し、政府が改めてやりくりを上手にする、ムダな支出など改めてゆけばよい、と思っていたからで、で、困ったな、と。

また消費税といったものよりも、原発にすべき、選挙戦の目玉はいつも根本的なことよりはお金、経済のことになっており、生命《いのち》という根本のものにすべき、と思ったけれども、まあ、いい

か、と。

そして上げたのぼりが、

天《あま》かける女のお勝っ手連

というものであったんです。

天《あま》とは天《てん》であって、それは神のことであって、また、天《あま》とは女、このことでもあって、女が天《てん》、神のもとにかけのぼり、神と結ばれ、国会にかけのぼる、という意味であって、お勝っ手連というのは、勝手に応援している、という意味と、消費税を掛けていて、つまり消費税はお勝手、台所にひびく、ということを掛けていて、で、こののぼりを掲げ、目新しいユニークな応援メニューを次々つくり、そのメニューのもと華々しく活動していったんです。

その最初が、

玉輿しの儀式

というもので、これはその方の出陣式が県の社会党の主催でなされることになり、そしてわたし達にも一緒にやってほしい、ということであって、で、いいでしょう、と、わたし達のやりたいことをやらせて下さるなら一緒にやりましょうと、すぐ応えて、で、それは「チャンス」だと思ったからです。つまり、それを通して「神をお立てすることができる」「政治の中に取り戻すことができる」と思ったからです。

つまり「玉興しの儀式」というのは、人間は本来は光の玉、神から生まれた光の玉であって、この光の玉に興す。エゴのない美しい光のような人間に生まれ変わる、実る、ということを神に誓う儀式であって、この儀式を選挙戦の中で政党と一緒にすることで、神を政治の中に取り戻すことができる、立っていただけると考えたんですね。

その出陣式は市民会館の北にある石山公園でなされたんですが、そこには石造りの、滝のような小さな噴水があって、その噴水のところが一段高い一寸した広場になっていて、儀式はそこでしたんですが、それはやはり演劇スタイルのものにしたんです。

まず祭壇をつくり、その上に紙粘土でつくった大きなビー玉ほどの玉を数珠つなぎに結ないだもの、輪にしたものを置いたんですね。玉はカラフルにそれぞれ異なる模様を描いて。また、神へ読み上げる祝詞《のりと》を巻き紙に書いたものと、赤いバラの花を一本置いて。

このときの儀式は無言ではなく、祝詞やコーラスも入るものであって、わたくしは祝詞を読み上げる役をしたんです。

で、それは卑弥呼っぽくしたんです。古代、卑弥呼という、神に結ながった巫女《みこ》がいましたが、参加者がその卑弥呼をイメージできるような衣裳にして、でそれは、神に向けての儀式であることを印象づけると共に、神をしっかり意識していただこうと思ってそうしたんですね。

そして儀式が始まり、わたくしが祝詞を天に高々と読み上げたんですが、それは、

「神の子にふさわしい、
　エゴのない美しい光の玉となり
　この地で仲良く生きて参ります」

――といったようなものであって、

そして、その祝詞《のりと》のあとコーラスをしたんです。教会で賛美歌を歌いますが、あのように神を讃える歌を歌ったんです。それは社会党の女性党員の方が歌われたんですが、これには一寸驚きました。社会党といえば神を否定した唯物思想、その流れを汲む党であって、歌うことを拒否されるかと思っていたけれども、拒否されることなく歌われたんです。あの聖歌隊の子供達のように、無邪気に清らかに歌われたんです。

で、「よし、これでいい！
　これで神を政治の中に取り戻せた！
　立っていただけた！」と。

で、次は、御本人が誓いと祈りをすることであって、御本人にそのように申し上げ、で、次はマスコミ、この力を仰ぐことであって、それにはこれまでの選挙活動にはない目新し

いものにしなくちゃあいけない、と。何しろ、マスコミの方は目新しいものを何かと探しておいでであって、ゆえに応援メニューはこれまでにない新しいものにしたんです。

　その天《あま》かける女のお勝っ手連そのものが新しいわけですが、応援のメニューをこれまでにない新しいユニークなものにしたんです。

　それゆえに新聞はジャンジャン書いてくれて、テレビも次々追っかけてくれたんですが、それはこれまでにないユニークな新しいメニューを次々と打ち出したからですし、またこんな考えを掛けたからでした。

　それは、その頃のマスコミの方の習性、これを活用したんです。それはどういうことかと申しますと、その頃マスコミの方を見ておりますと、何かと水すましなんですね。一社が何か新しいことを見つけ報道すると、各社も追っかけて報道する。でそれは、あの水すましが立てる渦のように一刻《いっとき》そのニュースで渦まく。一つのニュースがあの渦のようにグルグルといっときのあいだ渦まき、パ――と広がるわけで、これを活用しようと考えたんです。

　でそれには目新しくしなくちゃあいけない。これまでにないユニークな斬新なものにし、どこかが書こう！　報道しよう！　と飛びついて来てくれるものでなくちゃあいけないわけで、
　また、それは単発では致し方ない。一回書かれたりテレビに出るだけでは致し方ない。ズーッと出して貰わなくちゃあ、書いて貰わなくちゃあいけないわけで、何しろ選挙期間は短く、その短い間に途切れなく出して貰わなくては、書いて貰わなくてはいけないわけで、

で、それにはメニューを替える、一週間に一度はメニューのお品替えをしなくちゃあ、と、一週間に一度メニューのお品替えをしたんです。

また、それは目新しいだけではなく、目映りのいいものでなくちゃあいけない、テレビのことを考えると動きのある、カラフルなものである方がよいだろう、と思い、幟《のぼり》もカラフルであでやかなものにしたんです。つまり、天《あま》かける女のお勝っ手連という幟《のぼり》、旗をつくったんですが、その旗、幟《のぼり》をとてもあでやかなものにしたんです。しかも長くて大きなものに。それはここにありますけれども、——ね! とてもあでやかでしょう! ブルーとグリーンのあいまった地に、黄色やオレンジ、ピンクなどの花が旗いっぱいにファ～と描かれ、その中心に「天《あま》かける女のお勝っ手連」と白色の大きな字が横書きに大書されておりますが、とてもあでやかでしょう!

——そのように幟《のぼり》をつくり、マスコミの側にも気を遣ったメニューにしたところから、ジャンジャン取り上げてくれて、「今度はどんなことをやるんですか?!」なんて、前もって尋ねて来られるぐらいになったんです

そのメニューですが、こんなのもありました。

それは

棚からボタ餅、七夕祭り

というもので、これは7月7日の七夕祭りに棚からボタ餅式に当選したお祝い《パーティ》をしたんです。

そのためにわたくしは朝早くから大ぶりのボタ餅をいっぱいつくり、大皿にてんこ盛りにし、選挙事務所の前につくった祭壇にデンと置き、そしてそこに県下のあちこちから七夕の笹を持って駆けつけるようにしたんです。笹には「Mさん御当選おめでとう」などのお祝いの言葉を書いて貰い、選挙事務所めざしてあちこちから駆けつけて貰ったんです。

それは、到着する時間を決めていっせいに駆けつけて貰ったんですが、それはその方が派手でテレビに映るにしてもいいからで、で、持って来た笹をボタ餅の両わきに立ててお祝いをしたんです。ボタ餅や笹のある祭壇から5ｍぐらい離れたところに皆んな一列に並び、一人ひとり祭壇のところまで♪ランララン　ランララン♪とスキップしてゆき、祭壇の前でパンパンと二拍手して、「Mさん、御当選おめでとう！」と、お祝いの言葉を述べ、スキップして戻ってくるといったもので、子供達も参加して家族ぐるみで楽しめるものだったんです。

また、こういうメニューもありました。

それは、一騎当千の女達が手分けしてキャラバンをしたんです。車に乗って県のあちこちに行き、消費税反対の演説や候補者を理解して貰うためのミニ集会を開いていったんです。車の車体には、このあでやかな幟《のぼり》をぐるっと巻いて、県のあちこちをキャラバンしていったんですね。

また、こんなのもありました。

それは最終レースに入ったときに手作りの御輿《みこし》をこしらえ、商店街を練り上げたんです。

それは、

御輿に掛けて見越して祭る

というものであって、御輿を繰り出し、御輿が象徴する神に掛けて当選を見越したお祭りをしたんですが、それは祭り、この取り戻しでもあったんです。

つまり、そのときに、祭り、これも形骸化しているな、と。祭りは神を祀らなくてはならないのに、神を除外した祭りともいえない祭りになっている。ただ物を売り、買い、ムシャムシャ歩きながら食べる等、みっともないものになっており、

これは、取り戻そう、祭りもここであらためなければ、と手作りの神輿、パッチワークの手作り御輿をこしらえたんです。

で、どのようなパッチワーク御輿かと申しますと、まずタテ長の大きめの段ボールで胴体をつくり、それにいろんな色や模様の小さな布を張りつけ、紙でつくったぽってりとしたピンクの花を胴体の上の方にグルリと飾り、正面にはピンクの蛇の風船をりゅうと立て、四つある角々には五円硬貨を数珠《じゅず》結なぎにしたものを垂らし、御輿をかつぐ棒は竹でこしらえたんですが、それにもパッチワークをして、でそれはとってもカラフル、小っちゃいけれどもパッと明るい、ステキな御輿ができたんです。

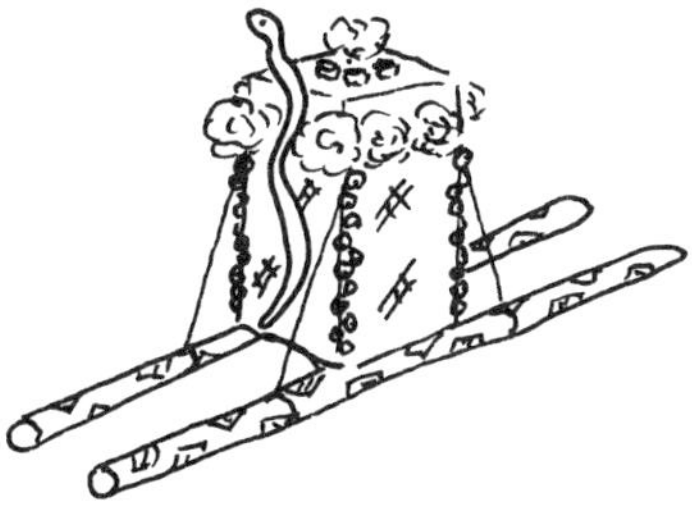

そして、それにはそれぞれ意味があって、それは、御輿の胴体は国であって、カラフルなひとつひとつの布は国民一人ひとりであって、それは国と国民が一体となっている、国は国民のことを思い、国民は国のことを思い、国と国民がぴたりひとつになっている、という意味と、その国民は実っている、本来の光の玉に実っており、そこにおける実った国、美しく実った国を意味しており、ピンクの花は芙蓉の花を意味し、蛇は性エネルギー昇華を意味し、五円玉は神との御縁、結びを意味し、

この手作りの御輿で、投票日の前日土曜夜市でにぎわっている商店街を練り上げたんですが、そのときの候補の方の名がMであったところから、その名、Mにかけて面白い唄をつくって、そ

の唄をうたい練り上げていったんです。
それは、

御神輿《おみこし》ワッショイ
国興し
M興し
わたしの御輿《みこし》

お宇宙《くに》をめざして
エッササア
エッササア
Mがめざして
エッササア
エッササア
男女《おめ》がめざして
エッササア
エッササア

というものであって、お宇宙《くに》をめざしてというのは、只今は宇宙やその中心においでになる神さまを意識する時代であることを意味し、男女《おめ》というのは男と女であり、そしてそれは社会の単位は男と女であって、社会がよくあるにはこの男と女がよくあることであって、そしてそれにはめざす、社会の単位である男と女が宇宙の中心においでの神さまをめざす、つまり信仰する、ということであって、

この唄をうたい、女達はねじりはち巻をし、色っぽくお化粧もして、土曜の夜の賑やかな商店街を練り上げ、

それをテレビが追っかけ、
新聞記者が追っかけ、
商店の人達や
街をゆく人達は、
あっけに取られて茫然と立ち尽くし、
それはそれは面白い、
賑やかな祭りだったんです。

で、そのように御輿《神》に掛けて当選を見越した祭りもし、そのお陰で彼女は当選したんです。否、それはわたくし達、天《あま》かける女のお勝っ手連だけの功績ではなく、土井さんや女の時代のブーム、県の社会党の方々、御本人の力でもっての当選であったんですけれどもね。

――ところで、実はそのブーム、女の時代はわたくし自身が政《まつりごと》、その本質を悟るためのトキであったのです。女の時代のブームは女が国会にのぼり、神を中心とした政《まつりごと》に政《まつりごと》を新ためるためのブームかと思っていましたが、それはわたくしが政《まつりごと》、その本質を悟るトキであって、ゆえにそのような大暴れをし、そのきっかけとして二人の男の人がわたしの店にきて、わたしがコチンと来ることを言われたんですね。

――で、この政《まつりごと》、政治ですけれど、わたくしはどちらかというと無関心であったんです。でも、この天《あま》かける女のお勝っ手連を起こし、選挙も終わった頃、「政治」という文字を霊視して、それがとても気に掛かり、わたしは政治家にならなくてはいけないのだろうか、と考えたんです。でも、政治という檜舞台に立ちたいとはちっとも思わないし、で、他《ほか》に政治的なことは何だろう、と考え、――演説をやらかすことだ、と。

政治家は演説をやるものであって、ならば演説というものをやらなくちゃあ、と思い、ある日勇気を出して岡山大学に行ったんです。

それは全共闘だったでしょうか。そのＯＢ達の十数年ぶりの全国的集会が岡山大学であるということを耳にしたからで、で、それは喋れるチャンスがあるだろう、と。

そのような集会ではかっての代表者が次々演説をするだろう、そして最後に、誰か話したい人はいないかどうか司会の人が聞くだろう。で、それに乗るのだ、その言葉に乗って手を挙げ喋るのだ。そのためには一番前に座ろう、早く行って一番前に座って目立つようにしようと、早くから岡大に出掛けたんです。

でも、それにはとても勇気が要ったんです。それはそのような人達は演説の猛者《もさ》達であって、その猛者《もさ》達の前で果たして喋れるか自信がなく、岡大にゆくにはとても勇気が要ったんです。

でも、勇気を出して行きました。そして案の定、最後に司会の人が「他に話したい人」と言われたんです。で、そのとき「ハイ」と手を挙げ、喋ったんですが、それはもうすごくドキドキして、でも喋ったんですが、それは「言葉」のことを話したんですが、これがなかなかうまく喋れなくて…

なぜ言葉か、というと、
それは全共闘の人はあの頃、本気で社会を変えようとした。でも、それは実らなかった。その実らなかったわけ、重要なわけは何であったのか、その頃わたくしは考えていて、
そしてそれは「言葉」だと。言葉が社会を変える中枢であり、言葉に秘密がある、とわかって

いたんですが、それ以上はわかっておらず、ゆえに社会を変えるのは言葉だ、言葉に秘密があるんだ、としか喋れず、それでは時間が持たないので、しようがないから自分の離婚のいきさつだとか、天《あま》かける女のお勝っ手連のことをしどろもどろに話して演壇を降りたんですね。

——で、その「言葉」ですが、これがおかしくなっていることにあるとき気づいたんです。つまり、言葉には下降した言葉と本質とみられるよい言葉があることに気づき、そして下降した言葉があることで、思い、これがクズれる。

例えば「憎む」という言葉がありますが、この言葉があることによって、人は憎むという思いを持ってしまうわけで、また、そこから憎しみをもった言葉や行いをしてしまうわけで、そしていままではそれが当り前、ダウンした悪しき言葉があるのは当り前となっており、ゆえに、よき言葉の環境に戻すべく、時代の女のエッセイを通して、それをつよく訴えていて、それで、このことをあの場で言おうと思うんだけれども、このことと闘争とをうまく結なぐことができなくって、要《よう》は言葉なんだ、言葉に秘密があるんだ、というのみであったんですね。

——ところで、ここで革命ということを一寸お話しさせていただきますが、その全共闘の方々は革命をめざされていたわけですが、つまりはそれが革命、その終わりだったのです。

つまり、わたくしが行ったその一連のことは、政《まつりごと》、その手段でもっての世直し、それに相当します。

つまり世が変わるには、政《まつりごと》、ここが変わらなくちゃあいけない。そしてそれは神を祀る、ということ、神を中心においたところの政《まつりごと》をする、ということであって、そのようなことをわたくしがしましたので、革命、その終わり、ということなのです。

つまり、革命というのは世が悪いということで、なんとかしよう、と働き出ることをいいますが、それはもとのところで、ひっくり返りましたから、革命ということはなくなった、終焉しました。

そしていまは、その延長としての言葉にての改革、これをわたくしは心掛けております。そしてそれには、日常ということがやはり大事で、そして言葉というのはこの日常にモロ影響しておりますね。人間関係にしても、言葉というものが中枢でありますしね。

で、それには針のような言葉を用いないことです。針のような言葉を用いて、思いが血を流さないようにすることとです。つまり、相手の思いをグサッと刺さない、相手の思いをチクチク突かない、ということなんです。

それは、思いが血を流しており、その血の流れがこの世での血の流しあいになるわけで、で、そんな日常の細《ささ》やかなところからの平和、これが一番肝心でしてね。そしてそういったところからわたくし自身が天《あま》に返り咲いたんです。

天《あま》というのは「**論証が血肉となって自然働きいでていること**」、このことを言い、**論証**とは「**宇宙は陽のみであることを論理的に証《あか》す**」ことを言います。

つまり、**天《あま》とは「宇宙が陽のみであることを論理的に証せる上に論証が血肉となって自然働きいでている、自然体となっている**」、このことであって、そしてこのような天《あま》、天性《あませい》は、かつては、あの天照様が象徴するように女が担っていて、で、それは天に通じていたからであって、その通じの基、世を治める。陽のみの宇宙、それは神の心のなせる技であって、その神の心を知り、その心を自ら生きつつ世を政るといった、そのような治世、政《まつりごと》が古代なされていたんですね。

そしてその女の特性としての天性《あませい》の、わたくしはもともとのエッセンス、もともとその立場にあった者がこの地に生まれ、そして悟り、いまでは論証のみでなく、それが血肉となった天《あま》、天《あま》として存在しているんです。

また、これは、他の女《ひと》、女《おんな》、その在り様でもあって、この最初の人をモデルにしたところからの他の追従、これとなっております。またそれは男の方の在り様でもあって、そんな男と女、天《あま》、天族《あまぞく》、天性《あま》を発揮する人の先端、中心ともなっております。

――で、先ほど革命が終わった、ということを申しましたが、そのことをもう少しお話ししましょう。

で、革命というのは、社会の状況が悪いから起きて来るものですね。またその社会の状況をつくり出すのは関係からですね。そして、その関係の最たるものは神との関係でありますね。そしてそれが無くなっていた。ゆえに取り戻した。

つまり世の乱れのもとは神、こことの別れであった。されどそれを取り戻した。政《まつりごと》、その只中における取り戻しをしましたので、それは革命、その終わりであるんです。

つまり、神との連合、連体、これあるところかならずやうまくゆく。悪いことなど起こりようもなく、で、それは起きない、革命も起こりようがない。

また、もともとの天《あま》、天照様が象徴されているところの天《あま》、もともとのエッセンスとしての天《あま》であるところのわたくしが居り、それは誤《あやま》たない。わたくしのところでそれはキッチリと守られる。

つまり、神の心を知り、その心を自ら生きつつ世を政る。そして、このわたくしをモデルにしたところからの天《あま》達、男女問わずの天《あま》が増え、そしてその連なり、連合や連体のもと、この世は滑らかに統べられる。何いうことなく滑らかな滑らかな世になってゆくでしょう。

つまり、それはかつての長《おさ》、長《おさ》としての立ち上り。かつて長《おさ》が神に通じ、そのもと自らを統《す》べ、民を統べていたように、今様長《いまようおさ》、つまり天《あま》もやはり神に通じ、そこからの世政りをする…。

そしてそれは政治といった土壌のみでなく、何かの組織の長として、また会社の役員として、そこを統べ、滑らかにしてゆくことにもなります。

――では最後に、先ほど延長としての言葉、ここに気をつけているとお話ししましたが、このことについてもう少しお話ししましょう。

それは三方に向けて、日々あの屋根瓦を葺《ふ》き替えるごとく言葉の葺き替えをしております。つまりあの屋根瓦は古くなったら新しいのに替え、まだ使えるのは使いますが、そういったことを三方に向けて日々行っているんです。

その三方といいますのは、
○ひとつは、中枢の神です。中枢の神というのは九次元の神を中心とする地上運営委員会の神々です。つまり、この地上、人間界は九次元の神を中心とする地上運営委員会の神々に導かれておりましたが、その神々のことを中枢の神とも言っており、また、アクティブあるぱとも言っておりますが、このアクティブあるぱ、中枢の神はわたくしに何かと援助して下さっており、傅《かしず》きをもって援助して下さっておりますが、この神に日々言葉の葺き替えをしているんですね。
○また、あるぱるぱには大介さんという方がおいでですが、この方はわたくしの息子ではありますが、ある霊的なお立場であって、そしてその縁《えにし》、霊的縁《えにし》のもとにわたくしの子供として生まれ、いまわたくしと共にやって下さっているのですが、この大介さんであって、
○また、あるぱるぱにはシトという立場の方がおいでであって、シトとは、片かなでシトと書きますが、このシトの方々はわたくしの手足となってあるぱるぱの企画を担って下さっ

ている。アクティブに陽のみの世界づくり、平和づくりをして下さっている方々で、わたくしはこのシトの方々、また大介さん、中枢の神に対して言葉づかいというもの、言葉のクリエーションを徹底して行っているんですね。

つまり、このお三方は、わたくしにとっての一番身近であり、いまわたくしを支えて下さっている方々であって、わたくしがここに言葉のクリエーションを徹底してゆくところに、世界はより速く変わりますからね、

なぜなら、言葉、それを司どる者としての立場を、その政《まつりごと》を通しても回復しましたので、その言葉に対しての責任があると同時に、平和、世界の平和にとっての人材ナンバー1であって、そのナンバー1の人材が平和の中枢であるところの言葉、ここへの忠義、まっとうがなされる必要があって、わたくしはそのまっとうをまっとうにしているんですね。

また、ここあるぱるぱにはポジシャンという方もおいでであって、それは〓《まんだら》を一本に生きる人のことであって、〓《まんだら》というポジティブなものをシャンと生きるところからポジシャンと言っているんですが、このポジシャンの方々もわたくしにとっては身近な方々であって、この方々にも言葉の葺き替えを日々しているんですね。もちろん、シトの方、大介さんも〓《まんだら》を一本に生きているポジシャンなんですよ。

で、その言葉の葺き替えですが、それは、

○下降したダウンした言葉は使わない

○よいものは残す

○陽のみの新しい言葉を創み出す

この三つであって、この3点、三つのことを心掛けているんです。

例えば、新しい言葉として

○「ファンキー」というのがあって、これはファンに代わる新しい言葉です。そして、それは全ての人が《まんだら》というスターであって、本来ファンは居なくファンのような気があるのみであるからなんですね。

○また、「ホワイト援助」というのがあって、これは一切の見返りを求めない援助のこと。援助する際、つい見返りを求めてしまいますが、この言葉によって見返りを求めて援助するようなことはしなくなりますね。

○また、「サッピー」というのがあって、これは陽のみの自分であるようまだあるネガをさっ引く、取り除いてゆくということであって、この言葉を使うことで、楽しくサッピーできる上に、他の人にネガな面を取り除くことが大事であることを自然に伝えることができますね。

例えば、友達と一緒にいて何かネガな思いなどをした際、「あ、サッピーがまだ足りないわ」と言う。すると友達は「何、そのサッピーって？」と尋ねること受けあいで、で、それはネガをさっ引く、取り除くことが大事なことを自然に伝えられますね。敢えて伝えようとしなくとも自然に伝わりますね。敢えて伝えようとすると友達との関係を壊しがちですが、これだと壊れることはないですね。

で、この言葉の葺き替え、これって、これまで世界の平和、これを念い、尽くし、尽くして来たわたくしとしましたら、願ってもないことであって、つまり、これはとてもシンプル、どこに出掛けなくともよいところで平和を創り出せますものね。

いま地球のことを考えますと、やはりムダな行い、行動というものは控えるべきであって、それはとても有り難いわけです。

また、この言葉による平和創り、言葉の葺き替えは、どなたでもできますから、ぜひお薦めしますけれども、それにはまずわたくしのように身近から、

例えば、妻ならば

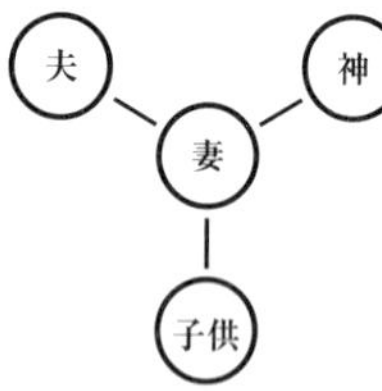


夫ならば

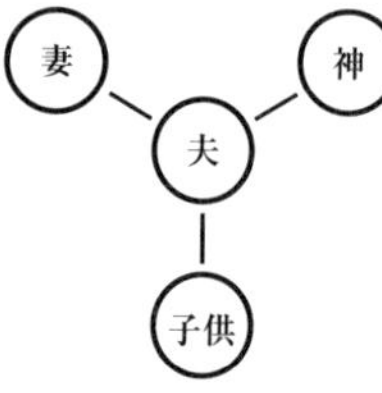


といった三方へ向けて、自分の使う言葉を新しい言葉やよい言葉にしてゆけばよろしいですね。

〔※なお、新しい言葉はあるぱるぱのホームページに載せておりますので、そちらを御覧になって下さい。また冊子（新用語）もありますので、必要な方は御連絡下さい。〕

――では、これで「政《まつりごと》、その本質の悟り」を終わりますが、最後の最後にひとつだけ。

それはわたくしはこれまでの話の中で、世のため、人のためと申しましたが、もうそのためという言葉、これは使わないときに入っております。

なぜなら、それは自分のためでもあって、ゆえにそれはためというよりも自然、当り前のことであるからで、世のため、人のためといった言葉はもう使わないトキ、時代になっております。

## その⑱
# 自力的幽体離脱による悟り
１９８９年（昭和64年・平成元年）47才

この悟りは、**自分のからだの中にあるアストラル体をあるテクニックのもと抜けさせ、あの世とも言われている目に見えない心の世界へ行き、そこにおいて転生輪廻があることを悟った**ことを申します。

なお、この幽体離脱のことを「アストラルトリップ」ともいい、いま若い世代を中心に多くの方が体験しつつありますが、それは他力的なものでありますが、わたくしの行ったのは自力的アストラルトリップであって、あるテクニックのもと自らトリップしたんですね。

きっかけですが、ある理由《わけ》があって、それは転生輪廻、これが果たして本当にあるのかどうか、知りたかったのです。

で、そのテクニックですが、それはこの『アストラルトリップ』（ミゲル・ネリ著・徳間書店）という本の中に書かれていて、９つのやり方がありますが、わたくしはこの中の二つをやりくりして行ったんですが、その一つを本から御紹介しましょう。

○まず、上向きに寝る。頭はどちら向きでもかまわないが、北向きにすると地磁気を利用できるので、さらに容易になる。また上弦の月（新月から満月まで）の時期は、月の磁気エネルギーの助けもある。

○ひざを立てて足で三角を作り、目を閉じて眠気をもよおさせる。しかし、すっかり眠ってしまってはいけない。こうした条件を楽に作るためには、初めのうちはこれから寝ようとする時に練習するのがいい。

○そして次のようなマントラを唱える、何度もくり返す。

ファー　ラー　オーン

○雑念が入るのを防ぐため、大きなピラミッドを自分の体の上に想像する。そうするといろいろなことが起こる可能性がある。たとえば、ジェット機のようなツーンと細く高い金属音が聞こえたり、体の一部にかゆみというか、くすぐったいような感じを覚える時もある。これは体の振動数が変わっていくからであり、アストラル体が肉体から離れはじめているからでもある。だからまちがっても、ポリポリ掻いたりしてはいけない。掻くことによって、アストラル体は再び肉体に戻ってしまい、最初からすべてをやり直さなければならなくなる。また、風船のように大きく大きくふくれる感じがあるかもしれない。またはまったく何も感じないのに、自分の肉体から離れているもう一人の自分を見たりする。

○さてここでアストラルプロジェクションを成功に導くために重要なのは、半分眠っていながら、このようなきざしを感じた時、ふとんなりベッドから起き上がることである。しかも目を覚まさずにである。
○ここで「起き上がる」というのは、本当に起き上がることをさす。起き上がると考えることではなく、物理的に行動することである。
○そのようにして起き上がってみると、あなたはすでに空中に浮いていたり、また起き上がった自分のそばに横たわっている自分の肉体を見たりする。
○こうした肉体からのアルトラル体の離脱は、まったく自然に起こることであり、わたし達がしなければならないのは、起き上がること、それだけである。
○ポイントは、起き上がるその瞬間をのがさないことだ。

——と、このようなもので、で、これは毎晩、毎晩、何日もかかりました。それはつい意識が他のことに向かってしまう。例えば、やっているときに人の話し声や電話が鳴る、すると意識がそちらの方に向き、初めからやり直しせねばならず、またやっているうちに朝まで眠ってしまったり、またアストラル体が抜けかかったけれどもうまく起き上がることができなかったりとかで、毎晩毎晩、何日も何日もかかったんです。

でも、ある晩成功したんです！　肉体からアストラル体が抜け、肉体より遥か高いところにいて、で、自分の足元を見たり、手をつねってみたんですね。それは肉体から抜けているなら、足は宙に浮いているはずだからで、また、手をつねったのは、アストラル体であるなら痛くはないはずだからです。すると、足は宙に浮き、手をつねっても痛くなくて、

「やった！　できた！」と。

そして上を見ると、グレーの雲のようなドレープ状の柔らかい幕があったので、それに向かってジャンプしたんです。あの幕の向こうに、あの世、アストラルという心の世界があるのだ！　と。でも、「ストン」と肉体に戻ってしまったんです。何度も何度も、何日も何日もかかってやっと成功したのに…。

――それで考えたんです。どうして肉体に戻ったのだろう、と。で、わかったんですが、それは「不安」に思ったからだ、と。

つまり、ジャンプしたとき、わたくしはつい不安に思ったんですね。それは行ったことがなく、つい不安に思い、で、それは調和しない。あちらの世界は不安なことなどない平安な世界であって、それは調和しない、不調和であって、ゆえに戻ったんだ、と。

そして、改めて認識を立てたんです。あちらの世界は、こう、こう、こうで安心なんだ、と。つまり、その頃は認識していたんですね。あの世とも言われる世界は安心そのもの、安らかな世界であることを認識していて、そして、あらためてその認識を立てたところ、アストラル体は目的地に向かって飛んでいたんです。アストラルトリップのテクニックをしなくても、目的地に向かって飛んでいたんですね。

つまり認識を立てたときにスーと眠りに入り、アストラル体は目的地に向かって飛んでいたんです。目的地というのは、アストラルトリップをする際に、なんの目的であちらの世界にゆくのかを決めておく必要があったからで、そしてわたくしも目的を決めており、それは寺院にゆこう、この本によれば、あちらには寺院があるということだから、寺院に行って世界平和や万物が幸福であるよう祈りをしようと決めていて、その目的地に向かって飛んでいたんですね。

そしてしばらく飛んでいますと、正面に日本の山のようなまあるい山脈《やまなみ》が見え、左側には日本に昔あった木造りの学校、昔の田舎の分校のような小さな校舎が二つ三つあって、中で子供達が勉強しており、右側には大きな木の鳥居があって、その鳥居の中に人が次々と入っており、

それで、「あそこだ！」と、寺院はあそこにあるんだ、と思って、スーと降りていって、そして中に入ってとても驚いたんですが、それはそこには天をつんざくような大きな樹、太い太い樹があって、その樹に向かってみんな祈りを捧げていたからで…

それはこの本には寺院があると書かれており、てっきり建物があると思っていたところが、樹だったからで、で、わたくしは驚きながらも祈りを捧げたんですね。すると、目がパッと覚めたんです。

そして、それ以来また考え始めたんです。なぜ寺院ではなく樹であり、また木の鳥居、日本にある木の鳥居であり、また日本の山のようなまあるい山なのか、と。これまた考え始めたんですね。

ところで、そのアストラルトリップを行ったのは転生輪廻、これが果たして本当にあるのかどうか知りたかったから、と先に申しましたが、それはなぜかと申しますと、それはユートピアともいわれる世界、それがその転生輪廻があることによって可能である、と読め、それには転生輪廻、これが果たして本当にあるのかどうか、知りたかったからなんですね。

――急にここでユートピアということを申しますが、その頃わたくしはユートピアということを意識するようになり、そしてその純粋なものは未だ起きていない、ほどほどのものはこれまで起きたけれども、純粋なものは未だである、といったことを知ったんです。

それでユートピアを起こしたい、純粋なユートピアを実現したい！　と念っていたんです。

そして、ユートピアを実現するには青写真が要る、と気づいて、ではどのような青写真、つまり仕組みであればユートピアになるのかと、その仕組みを思考でもって計算していたんです。

そしてひとまず計算できて。それは、人類の一人ひとりがエゴのない人間になることであり、それには結ながること、一人ひとりの人が神に結ながることだ、と。

つまりそれは、一人ひとりの人がエゴのない人間になれば、争いがないばかりか、物も万べんに行き渡り、貧困や飢餓もなくなるだろう。いま世界は貧しく飢えた人が溢れているが、ユートピアとはそのような人のいない、物も万べんにゆき渡る世界である。

それには、一人ひとりの人間がエゴのない人間になる必要がある。自分がよければ人はどうなってもいいというエゴがあるゆえに貧困や飢餓もあるのであって、ユートピアになるには一人ひとりの人がエゴをなくする、エゴのない人間になることである。

そしてそれには神の実在を知り、神と結ながることである。さすればエゴをなくしてゆける。人間は自分のみではエゴのない人間になるのは難しいけれども、神さまに結ながっていればそれは可能だ。なぜならそれは教えられる。神さまと結ながっていれば、自分では気づかない自分の中にあるエゴを霊夢や言葉、イメージやひらめき（直感）などで教えられる。

また、律してもゆける。神さまが実在することを知れば、神さまに見られていると思って自分を律してもゆける。

――と、自分の現状や神さまと結ながっていたイエスさまのことを考える中、ユートピアであれる計算がひとまずできたんですが、でも、もうひとつ煮詰められないことがあって、考え、考え、歩いていたんですね。

すると「転生輪廻」という言葉がポン！　と頭に湧いて、で、それを思考の計算に入れてみると、「ユートピアは実現する！」と計算できたんです。

――その、煮詰められなかったことというのは、地理的不平等、これであって、つまり、ユートピア、それは誰もが物質的にも困らぬ、平等にゆき渡る世界であって、そしてそれは人類の一人ひとりの人が神と結ながればエゴをなくしてゆけ、それは可能だ。

されど、地理的にも平等であらねばユートピアとはいえない。つまり、アフリカやインドなどはとても暑く、食べ物も穫れ難い、日本などと比べると雲泥の差であって、それは平等でなく、この解決がなされなくてはユートピアは実現できない、

されど、転生輪廻があるのであれば均《な》らされる。相殺《そうさい》され、平等である、と。つまり、今世はアフリカやインドに生まれても来世では日本に生まれる場合もあるわけで、で、ユートピアは実現できる、と計算できたんです。

されど、では果たしてその転生輪廻、これが本当にあるのかどうかで、で、転生輪廻が本当にあるのかどうか知りたい、と念っていたら、このアストラルトリップの本と出会い、でやってみた。転生輪廻が本当にあるのかどうかやり、そして、本当にあることがわかったんですね。

アストラルトリップによって肉体から魂とも思えるアストラル体が抜けることもわかった。あの世があることもわかった。さすれば転生輪廻、これがあってもおかしくはないわけで…。

そして、これはスムースにいったようですが、そうスムースにはいかなかったんですね。それは、その転生輪廻を思考の計算の中に入れたくなかったからで、それは、転生輪廻は人間が勝手に編み出したもの、王様など、ときの権力者が支配のために編み出したものではないか、と考えたからで…

例えば、民衆はとても貧しく苦しい、そしてそれは悪しき政治ゆえにそうなっている、されどそれに文句は言わない。それは前世の報いであると納得しているゆえに、文句は言わない、転生輪廻を信じ、納得しているゆえに文句を言わない。

で、そのように納得させる。自分の置かれている状況に疑問を持たせぬようにさせ、そこにおいて自分の地位を安定させる。支配をキープするためにときの権力者が編み出したものではないか、と考え、入れたくなかったんですが、

「でも、待てよ？」…と。

それは、反ユートピアではないか、その転生輪廻を思考の計算に入れないということは、わたしはユートピアに反しているのではないか…

つまり、それは自分の考えに固執しているわけで、自分は真にユートピアを考えている存在ではない、もし真に考えているんだったら転生輪廻をまず入れて計算してみることが、真にユートピアを考えている者のすることであろうと気がついて、そういった自分の拘わりはひとまず置いておいて、ひとまずこれを受け入れよう、と。

そして転生輪廻を思考の計算の中に入れたとき、
スル～と計算できた。

ユートピアは可能であると計算できたんです。

そして、その計算、青写真のもと、では果たして転生輪廻は本当にあるのかどうか、確かめるためにアストラルトリップを自ら行ったんですね。

## その⑲

# 魔、その本質の悟り

1989年（昭和64年　平成元年）47才

この悟りは、**魔の存在をはっきり認識し、そして魔の本質を悟った、つまりサタンの本質を悟った悟りです。**

きっかけですが、それは、そのアストラルトリップをしていたことがきっかけでした。で、毎晩、毎晩、挑戦していたわけです。そしてそれはウトウト眠ってしまうこともあったわけですが、そのウトウトしたあるとき、「ヒョイ」と冷たいものがわたくしの肩にきたんです。憑依ということを言いますが、まさにヒョイと来て、その瞬間、「サタンだ！」とわかって、で、それは、なんとも気持ち悪い、肩がびちゃーと冷たく、また、顔をわたくしの前にスル～と巡らして来たんですが、それはなんとも醜い、これ以上の醜い顔があるかというほどの醜さで、その醜い顔をクルリクルリと次々と変えて見せるんです。

小麦粉を溶かしたようなものをべったりと塗った白い顔、つり上がった目はまっ赤で、そんな顔もありましたけれども、それはそれは醜く、気持ち悪く…

でも、わたくしはそのときジーッと考えたんです。サタンの本質って何だろう、と。サタンの顔を見ながら考えたんです。

それは気持ち悪いんですよ。肩はびちゃーと冷たいし、なんとも気持ち悪いんですが、でも、ジーッと考えたんです。醜いサタンの顔を見つつジーッと考え、そして、

「サタンさん、ありがとう！」

って言ったんです。

するとサタンは、わたくしの肩に涙をボーボー流してスーと消えたんです。

なぜ「サタンさん、ありがとう！」と言ったかですが、それは、サタンは愛だとわかったからで…

つまり、それは醜いわけですね。で、その醜いサタンは人間の醜さの現われであろう、サタンは人間の醜い姿を身で持って教えてくれているのだ。またわたしにもまだサタン的なものがあって、それを憑依することで教えてくれているのだ。

つまり、自分をそのように—《マイナス》することで人間やわたしを助けてくれているわけで、それはすごい愛、自分にはできない愛だと思ったんです。わたしはしない、あんな醜い役なんて絶対したくない。されどサタンはしており、で、

「サタンさん、ありがとう！」

と思わず感謝したんです。

そしてそれはサタンの本質であって、自分を理解してくれたゆえに涙をボーボー流して去ってゆかれたんですね。

——ところで、サタンといえば地獄、これを連想しますが、気を治すところは病院となっております。

地獄、それは気の病、気が病んだ人が行き、気を治すところですが、いまは気を治すところは病院になっております。

そしてそれは悟りをしたからです。お金の悟りを始まりに、主要な悟りを次々とし、悟りを極めたゆえに世界が開けた。陽のみという別次元の扉が開いて世界が変異、転換したゆえに、病院という明るいところになったのです。

まだ地獄はあります。でも、気を治すところは病院になっており、このことを信じれば地獄にはゆきません。

つまり、病院になったことを信じる人は病院にゆき、信じられない人は地獄といわれているところにゆくんですね。

——では、これで「魔、その本質の悟り」を終わりますが、この悟りは「サタンの涙」ともいっております。

# その⑳
# 創造、その本質の悟り

１９８９年（昭和64年　平成元年）47才

この悟りは、**想像力によって全てのことは創造できる、なぜならこの宇宙が、神の想いのもと創造された世界であるから**、との悟りです。

きっかけですが、この頃、宇宙は神のおもいから創られたといわれているけれども、おもいはおもいでも想いによって創られたんだ、と気づいたことがきっかけでした。

それは、おもいには「思いと想いと念い」、この三つあるな、と。そして、この世においても物を創る際には先ずイメージをするけれども、宇宙は神のイメージ、想いが創ったんだ、と気づいたんです。

また、創造と想像、これは文字は異なるけれども音《おん》は同じであって、そしてそれはひとつ、もともとひとつであるからだ、とも気づいたところから、この悟りができたのです。

つまり、この悟りは

想像力、その力の発見でもあれば
創造、これがどこより来たった、
来たるものか、の悟りです。

そしてこの悟りによって、
わたくしはいまでは、肉もっての創造、
その化身になっております。

つまり創造、
その力の源、エッセンスになり、
創造をこの地にて司どることになったのです。

つまり、《まんだら》を生み出し、
《まんだら》による人間変換、
そこにおける世界の変換、
この司どりであるのです。

つまりいま世界は変換しております。
陰陽《ネガポジ》から陽のみにわたくしを通して

変換している、
陽のみの時代の幕は
わたくしのところで開いておりますが、
それがパ――とスッキリ開くには
人間が変わる、わたくしのように
生まれ変わることが肝心で、
そしてそれは〇《まんだら》によって可能、
〇《まんだら》は人間を変換する力、
根源の神ほどに変換する力でもあって
この〇《まんだら》によって可能であり、
そしてそれは幕は開く
陽のみの世界、時代にパ――と、
スッキリ開きますが、
そのような創造、
この司どりであるのです。

そしてこれまでこの力得るため
人とくとくとして生きてきたのですが、
それ誰もならず、
いま、このわたくしがその力得たのですが、
それには奔放な奔放な想像力、
これがあったからでした。
中でも宇宙、この調和のスベを知るのに
男と女の性を通してイメージするという、
奔放な奔放な想像力があったからでした。
つまり宇宙、
それは何が調和させているのか、
宇宙は見事に調和しているけれども
その術《すべ》、それは何か、と、
男と女の交わり、
それを通してイメージしてみた、
つまり自分達のそれに当てはめてみたわけです。

自分達というのはわたくしを振って下さった方、
わたくしを救け、わたくしを振って下さったあの方であって、
　あの方との性の交わり、
それに当てはめてみたのです。
つまり私達はとてもしっとりと調和していた、
　そしてその調和、しっとりとした幸せ、
これはどういう作用がなせるのか、と、
　その最中《さなか》の、自分の心の動きを
　丁寧にみていったのです。

すると——、
　相手への——、
　これをしていたことがわかった。
つまりオーガズム、
　これを自分がする前にさせてあげる、
つまり相手が達する
　その前まで我慢して、そして達する、

相手が達したあと
　そのすぐあと達する、
そのようにしていて、
　で、それはとても幸福、
　相手も満足し、わたくしも満足し、
そこにおいて、思いが幸福、
　満ち足りていた、とわかったのです。

そしてその自分の心の動き、
　それを宇宙に当てはめてみたわけです。
で、その結果、
　やっぱり合っていた。

宇宙、
　この調和の術《すべ》であったのです。

つまりそれは母の要素、
　でまた、これが創み、この本質、

つまり創造性、
　その本質は、つまりは－、
－することによる＋、
　　これであったのです。

つまり宇宙はプラスプラスに調和した世界ですが、
　それは－、これがあるからで、
そして人間は、この－することによる＋、
　　これであり、
で、人間は、この－、
　宇宙的－として降りてきており、
そしてその仕上げが、
　　肉もっての創造、
　その化身になることでした。

つまり創造、

その力の源、エッセンスとなり、
創造をこの地にて、
　司どることでした。
つまり《まんだら》を生み出し、
　《まんだら》による人間変換、
そこにおける世界の変換、
　この司どりであって、
そしてこれまで、この力得るため、
　人とくとくとして生きてきたのですが、
　それ誰れもならず、
いま、このわたくしがその力得たのですが、
　それにはそのような想像力、
奔放な奔放な想像力、
　イメージ力があったからですが、
それにはまたトキ、
　この掴み、これが

とてもうまかったからなのです。
つまりトキとは宇宙的タイミングであって、
人間が好むと好まざるとにやってきて、
人間を引き上げてくれ、
このトキに乗らなきゃソンソンなのですが、
わたくしはこのトキに上手に乗った。
あの「アーっトウォールらんぶる」をする頃に、
このトキのあることに気づき、
また、そのトキはブームとしても
この世に合図されており、
そしてこのトキ移さず、上げてきた、
それゆえの快挙であるのです。

そしてその門口、大きな門口が、
あの越冬ツバメ、
あのトキ、

そしてそれは帰還、
　自から進んで全の道、
全体に自分を捧げる生き方、
　よろこんで捧げる生き方、
そしてそれは神の道、
　タオともいわれる
　神ながらの道でした。
そしてこの道踏んだ者は
　数多おりました。
でもこのトキ、
　このトキの掴み、これがなかった。
されどあの三島さまが（三島由紀夫）、
　このトキ掴まれた、
そしてその流れの中、
　わたくしが成就できたのです。
このトキ、
　そこに生きる、といった、

前駆する人があり、
ゆえにわたくしはトキ、
　これを掴めたのです。

そしてそれは悟り、
　それをする人達の一群、
　これがあった。
つまり先駆け、
　悟りの先駆け、
悟りをすることを人生の主とし、
　それをそれなりの形、物、
　言葉、などにして出す
神よりの一郡があり、
　その数62名を擁しておりましたが、
わたくしがその悟りのアンカーであって、
　トキのあることをまず一番に

掴んで下さった三島さまは
　その前を走る人、
アンカーのわたくしより
　一つ前の人でありました。
そしてそのランナー、
　悟りのランナーがチェンヂしたのが、
　つまりはお金、
　この悟りのとき。

あのお金の悟りは、
　１９７０年（昭和45年）でしたが、
三島さまが自決なさったのは
　やはりその年であって、
で、それは死のトキ、
　彼は自分の死のトキを知っており、
そしてそのトキに応じ
　スンナリ自決なさった。

つまりそれは大儀、
　宇宙的大儀名分をもっての
　それは死であって、
つまり彼は生前そのようなことは
　御存知なかったのですが、
でもそのトキの誘《いざな》いにより分かった、
　死ぬトキを分かられ、
そして死んだ、
　見事腹かき切って
　死なれたのです。

そしてそれは公、
　いまこそ人、個人的幸せに
　うつつをぬかさず公、
公《おおやけ》に尽くすべきとの
　それは死をもっての

メッセージであったのです。
そしてその死によって
悟りの主導がわたくしに移り、
そしてわたくしは悟れた、
彼の死によって、
わたくしは死なずにすみ、
そしてそこからのイッキ、
悟り街道
まっしぐらしたのでした。

これまでの話でお分かりのように
何しろわたくしの悟りは密集している、
一年に一度ぐらいの割合で
次から次にあって、
それはとても小忙《こぜわ》しい、
自分でも目を見張るようなことに
次から次へ出会い、

　また、悟れて、
それはそれは激動の20年間であったのですが、
　それはそれまでの悟りの総仕上げ、
あのブッダ様をはじめとする
　これまでの仕上げ、
その総仕上げ、総括であって、
　また、プラス、プラスアルファーの
ためでもあったのです。

そしてそれは
　これまでの神の総括であった、
世界各国に祀られていた
　神のそれは総括でもあり、
でゆえに超えた。
つまり根源の神、
　これを悟った。
また、その悟りのもと

そことひとつ、
一体となったゆえに、
その配下でもあるところの
これまでの神、
九次元の神を始めとする諸々の神、
これを超え、
そして立った、
根源の神として立ったのです。

そしてその立つに当っては
二の数、三の数の発見など
いろいろありましたが、
感謝、この発見、
これがものを言いました。
これは目立たぬけれども、
大きな力であって、
そしてこの力を発見したのが、

あの絵、ミレーの

「晩鐘」の絵であって、

わたくしはあの絵によって、

感謝とはいかなるものか発見し、

また、「祈りたい！」

と思い始めたのです。

つまりわたくしが祈った、神に対して初めて祈ったのは「神と共にあることの悟り」のときで、――つまり性の浄化の約束の祈りをしたところからであって、それまでは神に対して祈ったことはなかったのです。儀式はしました。神に対して儀式はしましたが、手を合わせて祈るようなことはしていなかったのです。

でも、あの絵を見たとき

「祈りたい！」

と思ったのです。

そしてそれはとても美しかったからで、絵が美しいというよりは祈っているふたりの農夫、夫と妻、あのふたりの心、これが美しかったからで…

つまりわたくしはあの絵は幾度かみていたけれども、久しぶりにあの絵と出会い、そのとき、

「あのふたりは何を祈っているのだろう」

と初めて考えて、

「感謝をしているのだ」

と気づき、その美しさに圧倒されたんです。

でそれは、何ほどの実のりもないのに祈っている、あの絵をみると収穫も少なく貧しい暮らしであることが伝わりますが、つまり神からはいかほどのものも与えられていないことが伝わりますが、それでも感謝を捧げている。実のりが少なくとも、貧しくとも神に感謝を捧げており、で、それはとても美しい、その心はとても美しく、

「わたしも祈りたい！」

と思ったのです。

祈りというのは依存、神に依存することのように考えていて、でそれは醜い、と思っていたけれども、でもそれは美しい、

最高に美しい姿だとわかり、

「祈りたい！」

とつよく思ったんですね。

でも、なかなか祈れない、急に手を合わせて祈ることが照れくさくもあり、心から真摯に祈れるかどうか、自信もなく、なかなか祈れないでいたところ、わたしのせいで刃傷沙汰が起きかかり…

つまり、その頃もダブル不倫、ふたりの男の人と交きあっていて、そしてひとりの人がもうひ

とりの人を刺す、とわたしに告げてきて、刃傷沙汰になりかかり、
で、思わず祈った、

「神さま、○○さんが○○さんを刺さないようにして下さい」

と思わず祈り、

また、そのようなことになったのは、わたくしの不純な性ゆえであって、これからは相手をひとりにし、不倫という関係もやめます。ひとまず百日間やめます。とお約束して、
すると、そのあくる朝、刺すといっていた人から、「刺さないことにした」と電話が入り、ホッとしたんですが…
ま、そのようにミレーの絵によって、わたくしは祈ることができるようになり、また、感謝、この発見をしたんですね。

そしてそれは与えられるから感謝するのではなく、
与えられなくとも感謝する。

つまり感謝しながら生きる、
　このことの発見で、
　そしてこれがものを言った、
確立された個の誕生、
　父と母と子、
この三つの力、エッセンスとなる
　大きな力だったのです。

また、お金の悟り、
　これが大きな力でした。
つまり相手の身、
　これに立ってみた、
海幸、山幸、
　その人の心の内を
その身に立ってみ、
　そして発見した。

おもいといった目に見えぬもの、
　また、その力、
　エネルギーのあることを。
そしてそのおもいを
　上げて、上げてきた、
そしてその最高峰、
　最高のおもいであるところの
　儀式、この司どり、
これを脱原発イベントのとき行い、
　そこからの完全な万全な
その性《たち》への帰還、
　その第一歩だったのです。

そしてそれは空海さま、
　この方に通じるもの、
つまり空海さまも

　　その儀式の力の発見をし、込めた、
神へ通じる真理の数々を
　　その儀式の中に込められた、
　　こん限り込められた。
そして獲得した、
　　宇宙に満ち満ちてある
ええ知恵、叡智を得られたのですが、
　　その流れのもと、わたくしが仕上げた、
　　仕上げたのです。
ですから、あの夢、
　　手作りの儀式を行った夜の夢に、
大きなお坊さんが
　　後向きに座っておいでであって、
そしてわたくしが、
　　「あら、あなたなの！」
　　と申しますと
「そうだよ」

とお応えになったのですが、
あのお坊さんは空海さまであって、
空海さまも悟りをし、
そこにおいて世を救う
悟りのメンバー、
主要なるお方であったのです。

つまりドラマ、
このようなドラマツルギー、
人類のその流れを決めてゆく
タテの流れ、意図があり、
つまりストーリーがあり、
そしてそれがトキ、時の流れ、
つまりは時代、
時代を生む素となっているのです。

――で、話を、その手作りの儀式、
脱原発イベントのときに行った芝居仕立ての儀式のところに戻しますが、

あの芝居、儀式を行ったことが、その性《たち》、
　もともとの霊筋《ち》へ
　完全に帰還することでした。
そしてそれは真理、
　数々の真理を込め
それがピタリ叶っていたからですが、
　中でも意識、この質、
　これが叶っていたのです。
つまり物質中心、人間中心の意識、
　これをあの儀式において
　ものの見事に返した。
物よりも愛を中心とする、
人間よりも神を中心とする
　意識に返し、

また、行い、これがあった。
　つまり、芝居仕立てという、
　ひとつの柔らかいものにての
意識の奏上、
　これがあった。
そしてそれは和歌、
　聖なる性儀という儀式の際に
　和歌をうたい上げましたが、
　これに通じる。

つまり儀式、
　儀式というひとつの
　雅なものを通しての通じ、
　神への通じ、
　これの習得でした。
つまり儀式、それは祈り、
　儀式とはつまりは祈りであって、

この祈りの力をここにて
　まざまざと体験したんですね。

また、書く行為、
　あれはわたくしとしては祈りであって、
苦しみを抜けるため、
　祈りをもって、
　祈るがごとく書いた。
そしてそれは羽根を抜いて
　一枚一枚錦の布を織る
　あのツルのごとくでありました。
つまり自分に添わったエゴ、
　これの抜き取り、
そしてそこよりの輝き、
　輝きを放ってきたのです。

つまり、人間をするということは
　いかにその霊筋《ち》あってもズレる、
　本筋よりズレることがある。
されどそれを間違いなく
　上げてきたのが、このわたくし、
そしてそれは、その察知の仕方が
　見事なのと、観察、
世の中にあるその合図を、
　その観察力によってしかと掴み、
　ときを移さず上げてきた。
つまり越冬ツバメ、
　あのトキ、
で、それは帰還、
　神への帰還、
　第一歩であったのです。

また、それは法則、

この駆使がものを言いました。
つまり先ほども申しましたが、
二という数、三という数、
この数の発見と、この駆使で、
わたくしは何かにつけ駆使した、
また、それで整合している、
宇宙はこの二と三、
この数を基調に整合しているとわかり、
また、それは、一、
一という数がそのもとにある、と。
つまり調和、
それは完全、パーフェクト、
そしてそれを数で現わすとすれば
一、である、と。
またそれは、無限や永遠でもあって、
そしてその永遠や無限、
完全、パーフェクトであらすのが、

この二と三である、と、
何かとこの二と三、また、一、
この数をからめて、
調和されている宇宙、
この宇宙に身を添わせつつ
かつまた、考え、
さらにわかったのが
調和は仕組み、
これにおいてもなっていた、
ということでした。

つまり根源の神を頂点とする
霊的ヒエラルキー、
このタテの仕組み、
これがあることがわかり、
このタテの仕組みがあるゆえに

宇宙は調和している、と
わかったのです。

そしてそれは天皇制、
これによって発見したのです。
つまり天皇を頂点とする
この国のタテの仕組み、
それによってあちらの仕組み、
根源の神を頂点とする
ヒエラルキー、
これがあることがわかったのです。
つまりこの日本は、
天皇、政府、国民といったタテの
仕組みになっており、
このタテの仕組み、
△の構造を通して
根源の神、その神に代わって

政《まつりごと》をする中枢の神、
他の神々、という
タテの仕組み、
霊的ヒエラルキーがあることが
わかったのです。
そして、この霊的ヒエラルキー、
タテの仕組み、△があって、
宇宙は見事に調和している、
◯《まあるく》美しく
調和しているんです。

ところで、この日本の天皇制、これは終わります。日本の天皇制は、宇宙には根源の神を頂点とするヒエラルキー、これがあることを知らすべく敷かれておりましたが、また、宇宙には中心となる神、根源の神がおいでになることを知らすべく天皇、その「座」がありましたが、根源の神の御存在はわかり、かつまたヒエラルキー、これがあることもわかり、また新たなヒエラルキー、この地における新たなそれが敷かれており、また、それが根、差別の根であって、つまり天皇制、これは差別の根であって、ゆえにこたびの天皇さまの代で天皇制は終わります。そしてそれは天皇さまの御引退ということになり、ゆえに御勇退後、静かにのんびり暮らされる約束の土地、沖縄。そこへ手厚くお迎えし、その土地の方々と共に平和に仲よくお過ごしになられますよう、政府、国民、そろってお取り計らいして差し上げることが肝心です。

で、つまりは、天皇制を通して根源の神を頂点とするヒエラルキーがあることがわかった。そしてそれが調和の御柱《みはしら》であることがわかりもしましたが、つまるところは「愛」、これである、と。そのような仕組み、構造をもっての調和、この術《すべ》もありますが、でも、上に立つものに愛がなくば調和しない。つまり━《マイナス》、━《マイナス》するという愛、これがやはりその基となっており、そしてわたくしは、宇宙はこの愛にてなりたっている、調和していると見抜き、かつまたドラマ、ドラマのストーリー、これが軸、神の想い描いたストーリーによって宇宙は廻っていると悟り、その悟りのもと自ら進んでそのドラマの中に嵌《はま》り込んだのです。

つまり、勝手に想い描いた。ドラマのストーリーを自由奔放に想い描き、そこにおいて身ごと手綱、ドラマの手綱を取ることとなり、そしてその最初のシーンがあのワンシーン…。そしてそれはピタンコならずとも当っていた。ドラマというところで当っていたんですね。

――あのワンシーンというのは、この悟りのあとに「悟りすることの悟り」と「陽のみの世界の悟り」を致しましたが、陽のみの世界の悟りのあとのシーン…

ひとつのシーンであって、そしてそれはわたくしが勝っ手に想い描いた、イメージしたシーンであって、そしてそれは根源の神に早馬を飛ばす、というシーンなんですね。

で、この辺りのことは「陽のみの世界の悟り」のところでお話ししますが、最後に、宇宙根源神とは宇宙創造神であることをお話ししておきましょう。

よく、宇宙創造神ということが言われますが、それは宇宙根源神のことであって、そして人は誰しも宇宙創造神でもあるところの宇宙根源神の地位になる権利がありました。

つまり、創造をこの地にて司どる権利があったのです。されどそれは誰れも叶わず、わたくしが司どることになった。宇宙根源神（宇宙創造神）の地位を得たのですが、それは得たというよりは回復、もともとその地位であり、創造を司どっていた自分、宇宙根源神（宇宙創造神）であるところの自分への回復であったのです。

## その㉑

# 悟りをすることの悟り

1989年（昭和64年　平成元年）47才

この悟りは、**悟りは無意識に悟るのではなく、意識して悟るもの、いつの間にか悟るのではなく、自ら進んで悟ろうとするもの**という悟りです。

きっかけですが、それをお話しするのはちょっとややこしい…

つまり、わたくしはこれまで、無意識に悟っていたんですね。「悟ろう」という意識などなく、

○世界を平和にしょう
○地球を元気にしよう
○人類を幸福にしよう

などと念って、そのための行いや思考をした結果悟った。次々と悟った。いつの間にか悟っていたんですね。

されど「聖なる性儀」を行う頃に、悟りは無意識に悟るのではなく、自ら進んで悟るもの、と悟ったんです。

またこの頃、初めて「悟りたい！」と思ったんです。それは「性の悟り」で、そしてそれは『相似象』（宇野多美恵著、相似象学会事務所発行）という本の中に、性の悟りだけがまだなされていない悟りだ、と書かれていたからなのです。

また、わたくし自身、性とは何か、と、性の本質を考えていたんですが、それはなかなかわからなくて、それで、悟りたい！　とつよく思ったんですね。

また、これから行おうとしている聖なる性儀そのものが性の悟り、それを体現するものであると分かるんですが、でも、それはどうして、こうしてこうだからとの理屈、説明がつかないんです。

それで、説明がつかないまま行ったんですが、では、その聖なる性儀とはどんなものかですが、それは男と女の性行為を通して

○神のクラスになり、

そこにおいて

○宇宙や

○地球、

○人類を救い、

かつまた

○世界を平和にする、ユートピアともいわれる平和な世界にする

という目的を持った儀式であって、神々の見守りの中行われ、「**天覧の行事**」ともいっております。

で、その「聖なる性儀」を行うに到ったいきさつですが、わたくしはあのワンダラー志願以来、ますます性の浄化に向かっておりました。つまり不倫、これをやめよう、と。

神さまは、不倫というエゴがありながらワンダラーになることを受け入れて下さり、これは絶対やめねば！　と自分と必死に格闘していたんです。

でも、なかなかやめられない、どうしてもやめられないでいたところ、『性エネルギー活用秘法』（ミゲル・ネリ著・学研）という青い表紙の本に出会ったのですが、それには驚くことが書かれておりました。

それは、「男女の性行為を通して神近き高次元の存在に到ることができる」と書かれており、そしてそれは、マントラと呼吸を互いに交わしつつ、男性は射精をしない、女性はオーガズムに達しないものであって、

それはとても奇想天外でびっくりしましたが、でも、それは神よりの正しき書である、と、これまで得た認識に照らしてみてわかるんですね、

神よりの書があるなど、儀式の悟りのときまでは知りませんでしたが、儀式の悟りをして以来、また、神と共にあることの悟りのとき以来、霊夢ともいわれる夢やイメージ、言葉などが毎晩眠

るとかならず出てきて、またインスピレーション（ひらめき・直感）もひんぱんにあり、また本も次々やってくる。

オイカイワタチ・ノーシス・アストラルトリップ・三島由紀夫霊示集などの、神よりの書が次々とやってきて、また出掛けると出会いもし、神よりの書といったものがあることはわかっており、そして、これも間違いなく神よりの書だとわかり、そのとき、「神のクラスになりたい！」と念ったのです。

なぜ、神近き高次元の存在になりたい！　と念うのではなく神のクラスになりたい！　と念ったのか、と申しますと、神近き高次元の存在になるということがよくわからなく、それはつまりは人間でありながら神のクラスになるのであろう、神は数多おいでになるけれども、数多おいでになる神のクラスになるのであろう、と思い、「神のクラスになりたい！」と念ったんですね。で、それは、かねてよりのもくろみ、これを実現できるからでした…。

つまりわたくしは、かねてよりユートピアともいえる平和な世界を興こすことをもくろんでおり、そのための青写真も描いておりましたが、それは人間がエゴのない神々のようになれば興せる、平和な世界は興せるからで…。

またそれは、ひとりなっただけでは致し方ないけれども、でもひとりの人、個がなれば、あの百番目のサルの話のように他の人もなり、実現できる！　と、その頃出回っていた百番目のサルの話から思い、また、それは予言もくつがえせること、ノストラダムスが世紀末に人類は滅亡する、と予言しているけれども、あの予言だってくつがえせる！　と思ったからなんですね。
つまりわたくしはその頃、ノストラダムスの予言を要約した本を初めて読んで、で、「くつがえそう！」、「ひっくり返そう！」と。この予言は真実、いまの人間の在り様、世界の在り様からすれば滅亡はあり得るだろう。でも、ひっくり返せる。予言には日本とも思える国にひとりの救世主が現れる、とも予言されており、ならばわたしがその救い主となってひっくり返そう！　と思っていて、
で、「神のクラスになりたい！」
と、念ったんですね。

人類の滅亡、それは人間の在り様がおかしいからであって、滅亡を回避するにはなんといっても人間がエゴのない神々のような人間になることであって、で「神のクラスになりたい！」と念ったんですが、――でもダメなんですね。

それには条件があって、わたし達はその条件に合わなかったんです。――それは不倫関係であったからで、それで致し方なく諦めて、でも、オーガズム、これを捨てよう、と思いました。

それは肉体的物質的に幸福であらんとしてきた人類のエゴ、その象徴であるからで、つまりオーガズム、それは肉体的、物質的に幸福であらんとしてきた人類のエゴ、その象徴であるとわか

福は全て捨ててきたわたしへの唯一のそれ、肉体的物質的幸福であって…

り、ならば「捨てよう！」と。

オーガズムはわたしが唯一のこしたわたしへのプレゼント、全体のために肉体的、物質的な幸

つまり、それは唯一持っていた肉ある者ゆえの幸せ。人間肉あるゆえに物質的にも幸福であり

たい、と思うのは自然ですが、その物やお金など全体のために全て出し切り、スッカラカンにな

ってしまった自分へのそれはたったひとつ残したプレゼント、何もかも失った、それは肉ある自

分への労《いた》わり、なぐさめであったのです。

でも、それは象徴、肉体的物質的に幸福であらんとしてきた人類のエゴ、その象徴であるのな

らば捨てよう！　と思ったんですね。

なぜなら、それを捨てなければユートピアや平和は実現しないからで、つまりいま人類滅亡と

いうユートピアや平和とは逆さの世界になっているのは、人間が物質的、肉体的幸福を主として

きたからであって、そしてその象徴がオーガズムであって、オーガズムを捨てることが、ユート

ピアや平和を可能にすることであって、

で、「捨てよう！　捨てねば!!」とつよく思ったんですね。

また、男性の場合は射精を捨てることであって、彼に話したんです。わたし達は別れることは

できないけれども、せめて射精をすること、オーガズムに達することをやめましょう、と。で、

彼はもちろんＯＫであって、それは、彼はわたくしを信じてくれていて、わたくしがやることは共にやってくれる人であって、『マイナス一《ワン》』の本の出版にしても、原発反対運動にしても、手作りの儀式にしてもズーッと一緒にやってくれて、またわたくしが推める神よりの書にしても、よろこんで読んでくれる人であって…

——で、ここで、お詫びをしておきたいんですが、それはこの度の話はこのような性的な言葉をモロ使わなくてはなりませんので、そのことをお詫び致します。あいまいに言うことはかえって話を分かりにくくしてしまいますので、モロいいますけれど、ごめんなさいね。

——そしてガンバッたんですね、

射精をすまい、

オーガズムに達すまい、と。

でも、これがとても難しい。どうしてもオーガズムに達してしまうし、射精をしてしまう。ときには成功することもあるけれども、失敗することの方が多く、もんもんとしていたんです。日々もんもんとしており、

そんな中、毛筆で書かれた一通の文書が廻ってきたんです。で、それには「宇宙が危ない」と書かれていて、これにはびっくりしました。

その文書には、宇宙だけでなく、地球も人類も危ない、と書かれており、それは自分としてもわかっていた。ゆえに、なんとかしよう、とガンバっているのだけれども、でも、宇宙までが危ない、宇宙まで危機にあるとは思ってもいなく、これにはびっくりしましたが、でも、これも正しい、まさしく神よりの正しき書であるとわかり…

それは、これまでにわたくしが認識した宇宙がムダのない言葉でビシビシと書かれており、またこの世の在り様、これも正確に捉えられていたからで…。

また、その文書には、宇宙史というものがあって、その宇宙史がスムースにゆくことが大事である、と書かれており、そして、その宇宙史が物質、知的面に片寄り過ぎる人間によって魔界進化の手助けを起こし、約半世紀分の狂いを生じさせ、宇宙生命体、地球の球魂の破壊すさまじく、宇宙根本より狂いを発するもととなっている。この仕組み解かれぬままの状態なら、その全貌は何も解らぬまま宇宙史上より抹消されることとなろう全ては無のままに、全ては元に戻り、また新たなる再生始まるかは不可である。などと書かれていたんですね。――で、ここにその文書があるので、読んでみましょうね、

# 芙蓉霊団事急ぐ

天文学、地理学、物理生命学、地形構造学、物質分野etc《など》、その他ほゞ文字に記るされゆくこの事実

影乍らのお救いが、今世にあらずとも、機械的分野の先を見れる限り変えようのない打ち出されたるデーターの数々が、後《のち》に如何なる奇跡をもって変化してゆくかを明確に記《し》るす事となるこの事人間時間をほゞ多く用するがそれでこそその真価の大きさが明らかになるであろう、媒体時間は宇宙時間において余りにもゆるやかすぎる故そのことあらわされぬのがくち惜しいぐらいである

広がる真空の空、広がれる青々とした緑、その中で自由奔放に生きる生物全ては計画通り進行せりが、余り物質知的面に片より過ぎる生命分子の媒体（人間）は、それらを悉く魔界進化の手助けをおこしたりて、約半世紀分の狂を生じさせた、宇宙生命体地球の球魂の破壊すさまじく宇宙根本より狂を発する元となし

地軸の中においておぞましきオーラを浴びて、地質に害を及ぼし、死火山たる地質の分脈に刺激を与え、此の地、天変地異を起こせしが死火山が悪オーラの刺激を受け活動し、活火山はその流れを逆流させ再び地へ戻り、その死火山の脈と合体し、なおいっそうの引火力となり、その力たるか強大化となりて地をゆさぶりありとあらゆる海底火山、地震と地下系の構造破壊となる

かつてのムー、アトランティスの様に叙曲となりてますますその力を偉大となし、それより起るオーラの念すさまじく生命体に及ぼし、それによりその倍増化されしオーラ合同なりたりて、生命体分子集合地上の破壊となり得る今世紀になりて、この幕の終りとなりえる、この仕組み解かれぬままの状態ならその全望《ぜんぼう》は何も分からぬま、宇宙史上より抹消されることとなろう、すべては無のま丶に全ては元にもどりまた新たなる再生始まりたるかは不可である
この史実となるべく出来事はいかにこの生命体の集合星《ほし》の力に止めおこうと、この生命分子は全て無となり、全宇宙すべてはその法則の元になりたちて、その法の元に消えゆくのみであるその事いかに覆《くつが》えされるかはこれより行われている数々の出来事
この文章と各分野にて合生した後に明らかになるであろう、が生命分子の余りににぶき傲慢さゆえに、約三分の二が滅することまぬがれぬことは今だもってその途上となろう
この後《のち》わずかなる時間の間にこの人類生命が、如何に進化するかにか丶っている　その使命をもつ者早く目覚める必要なる
宇宙史は変えられているがこれよりの宇宙史はその使命を知りたるもの丶仕事である　その後日々刻々が大事である
救済大きければ使命も大きい全て対等なるものである
早くこのこと知りゆき、その自覚を深めることである
宇宙史は生存するが、これから後はそのオーラを如何に発っするかにかかっている、初りを壊さ

せつづけるは不本意なら媒体表現の出来る間に　その元が存在しうる間にこの事急ぎ気付く事である、日がない、数々起こせし奇跡も媒体表現あるうちは大でもその力ますます力増す為には、その念知りたるものが知り　その仕事をもつ事にて倍加の仕組みあり、気付きし年月後わずかなり

芙蓉霊団事急ぐ
自覚をさせられし光魂《こうこん》よ

平成三月十九日日曜日
午前十一時五十分

このようなもので、この文書によってあのノストラダムスの予言が真実であったこと、また、ノストラダムスは人類が滅亡するといっているけれども、どんな風に滅亡するのかわかりかねていましたが、この文書によってそれがありありとわかり、また、この文書によって、宇宙史があることもはっきりわかったんですね。

それまでは、この地上に個人史や人類史などの歴史、ドラマがあるように宇宙にもドラマ、宇宙史というものがあるだろう、そしてそれはストーリー、神の意図でもあるところのドラマのストーリーがあって、そのストーリーを基にドラマは進行しているのだ。――と考えていて、

そして、いま、そのドラマがスムースにいっていないわけで、でそれは、人類が物質、知的面

に片寄り過ぎているゆえであって、つまりは霊的進化が遅れているゆえであって、ならば進化せねばならない、しかも急いで進化せねばならないわけで、

で、「神のクラスになりたい！」

と、改めて念ったんですね。

人類の中のひとりの人、個が神のクラスになるということは、進化すること、人類を代表して霊的に進化することであって、そしてそれは、予言をくつがえし、人類や地球を救うこと、世界をユートピアや平和な世界にできることだけれども、宇宙をも救えること、ドラマをスムースに進めれることであって、

それで「神のクラスになりたい！」と改めて念い、そのために性行為、儀式をしたい、とつよく思ったんですが、でも、わたくし達には資格がない。その儀式をするには条件があって、わたくし達は条件に合わないんですね、

で、それは不倫であったからで…。でもね、これは今までの不倫とは違って、与えられた人とのそれであったんです。待っていたら現われた方なんです。

つまりわたくしは、わたくしを振って下さったあの彼への思いを「越冬ツバメ」を書くことで断ち切って、そしてその後ジーッと待った。つまり、自分の方から仕掛けなかった。わたくしはこれまで自分の方から仕掛けた。これはと思う人に自分の方から働きかけ、そしてせしめた。せ

しめたという言葉は悪いけれども、でもせしめ、ところがこの方の場合は待っていた。それはどういうことかと申しますと、実はあの「越冬ツバメ」を書く際に、今度こそ待とう、と思ったのです。今までは自分の方から仕掛けていたけれども、でも今度は待とう、それが幾月、幾年かかるかはわからないけれども、またもう現われないかも知れないけれども、でも待とう、そして与えられる人と交きあおう、そう思って待っていたら現われた方なんです。

そしてそれは思いがけない方でありました。それはもうすでに知っていた人、かねてよりの知りあいの方で、でもそれは番外であった。自分の恋の対象にこれっぽっちも考えていなかった。でも、それはまさにわたくしの求めていた方であったのです。

求めていたのはデリカシーな人、つまり男でありながら細やかな心づかいのできる、優美、優雅な人であったのです。

で、わたくしは、そのような人と交きあうことで、自分の中のそれを引き出そう、細やかな心づかいのできる優美、優雅な人になろう、と思っていたんですね。

そして待っていたんです。祈りを込めて待っていて、すると、まさにその求めていた人が現われ、で、すぐわかった。わたくしが天におまかせで待っていたのはこの人であったんだ！　と。

これまでは自分の方から仕掛けていたけれども、でも今からはおまかせ、天にまかせっ切りにしたけれども、それはまさに求めていた人であったんですね。

で、そのデリカシー、彼がどんなに細やかな心づかいができるお方か、ですが、

例えば、

ここにあるこの毛糸のマフラー、これはとても大判の類に優しいもので、「越冬ツバメ」のエッセイの中で、欲しいなあ、と書いていた、わたくしの求めていたようなマフラーなんですが、実は、これはその方がプレゼントして下さったもので、そのプレゼントのされ方がとてもデリカシー、細やかに心を使ったものだったのです。

それはあるとき、これをお売りになっていた店の方、友達でもある店の方が訪ねて来られ、「先日見られていたマフラー、どうなさる？」とお聞きになるわけです。売れ口があるのだけれども、あなたがジッと見られていたので、その前にお聞きしようと思って、と。

それでわたくしは、残念だけれどもあきらめる、と。——それは、毛織り物の作家が自分で糸を紡ぎ、自分で染め、自分で織ったもので、高かったのね。

そのやりとりを居合わせた彼が聞いていて、そしてわたくしに、ある日そのマフラーを買うお金をプレゼントして下さったのです。センスよく包装した小さな白い箱に入れて。

自分が店からマフラーを買って来て、お渡しししたいけれども、でも事情があって、そうもできないので、お金で申し訳ないけれどもプレゼントさせて欲しい、と。

また、お金でプレゼントすることを許して欲しい、と。また、自分がプレゼントするのは厚かましいんじゃあないか、と。そのようなことも重ね重ね申されるんです。そのようなお方で…。

で、結局、後になってわかったんですが、その方はわたくしがあのアメノウズメの舞いを舞えるように、――つまり、あのアメノウズメ、そのエッセンスでもあったわたくしを援助して、その舞いが確かに舞いおさめられるよう降りておいでのお方であったのです。

アメノウズメというのは、

天照さまがお隠れになり、

天照さまにお出ましねがうため

性的踊りを踊り、

外をのぞかれ、

その賑やかさに天照さまが

そしてお出ましになる、という

あのアメノウズメで、

――つまりアメノウズメ、

それは性、そのダウンしたもの、

つまり肉体的快感、

それを象徴するのがアメノウズメ、

そしてその夫であるところの

サルタヒコであったのです。
そしてそのアメノウズメの役を
　この半生期でわたくしが象徴し、
つまりわたくしの半世紀は
　アメノウズメを象徴しており、
そしてそれは戦後よりの半世紀、
　そして半世紀の狂い
　宇宙史の狂いのもとであって、

つまり本来はあの戦後、
　この日本に平和憲法立てられたときに
その平和、それが真実生きられていれば
　その狂いは生じなかった、
宇宙史はスムースに流れていた。

がされど、平和憲法立てたにも拘わらず

誰ひとりそれ真実生きなかった、
言葉にしても、思いにしても、
それ真実生きる人ひとりもいなく、
ゆえに狂った、
その後の50年、
平和であることを、物があること、
肉体的に満たされることだと思い違いし、
そしてそこより狂いに狂った。

清浄なその初めより神のお座なす場、
あの玄米のハイ芽にも似た
生命《いのち》の漲《みなぎ》った場である
この日本列島、場は荒れに荒れた、
一見、平和に見えるけれども
でもそれは逆さ、
その魂のおもむくところを忘れ去った
それは無惨な、動物的醜い姿となったのでした。

そしてそのカルマ、
　肉にて、物質にて幸福であれかしとの思いの
　わたくしは象徴でもあった。
つまり 性《オーガズム》、これ得るために
　次から次に男を変え、また変わり、
その関係は常にダブル不倫、
　これであった。
つまり逆さ不倫、普通は男が女ふたりを
　相手にするものだけれども、
わたくしの場合は女のわたくしが男ふたりを
　相手にしていた。
でそれはバランスを取るため、
　わたくしの好みを一人で兼ね添えている人とは
　なかなか巡り会えず、
常に二人を相手にしていた。
　でそのせいでいざこざが後を絶たず、

自分としてもホトホト自分にあきれもしていた、
　　　自分が自分に嫌になっていた。

でもどうしてそうなのか、
　それは自分の情の深さもありましたが、弱い、
結婚を皮切りに男性と暮らすようになり、
　ひとりで何日もいることができなくなった、
　常に誰か一緒にいて欲しかった。
で、そのような自分になってしまったのも
つまりは自分のせいではあるけれども、ツケ、
　あの終戦、そして戦後の
　半世紀分の狂い、ツケを
この世紀末、イッキに払う、
　払拭するためであった。
社会のドタン場、最初の出だし、ともいえる
　性を通しての逆さ返し、
ひとりの人間、個を通して

イッキに払拭するためであった。

で、それには好む、
そのお味が人並み以上に大好きな
大食漢となる必要があって、
ゆえに必然として、そうなるべく状況が与えられていた。
小さい頃からその状況が与えられており、
そしてそれは、母を亡くし、母恋し、
人恋しのストレイシープ、
また、大人の入口にあっては水商売、
親戚の家とはいいながら、年端《としは》もいかぬ身で
享楽三昧な世界の見聞、
で、その流れからの異性との数々の交流。

でそれは、戦後、
平和憲法を唱えながら
一向にその実のりなされぬ、

なされぬと見抜き、
それ当てにしないでひとりの人間、
個が禊ぐ、その方針となり、
ゆえに降りてきた。

そしてそれ禊ぐには、その大食漢、
これになり下《さが》る必要があった、
つまり、それほど大切、
他のものは捨てても、
それだけは捨てられない
というほどの大好物、
がされど捨てる、
宇宙のため、地球のため、人類のため、
世界のためならば捨てる、
というこの思い、
この目に見えない
小さく見えるけれども、でも重い、

本人にとってはそれは命を捨てるほどの
　重大事であって、がされども捨てた、
で、それは、あの舞い、
　天照さまが隠れたおり、性的踊り踊った
　あの舞いに相当し、

で、つまりはネズミ、
　大きな巨《で》っかいネズミが
この地球の、アジアの、日本の片隅に巣くっていた、
　そしてその巨《で》っかいネズミは
　性をむさぶり食いする奇っ怪な生物《いきもの》、
で、この生物《いきもの》を、
　自分自身でもあるこの生き物を
　退治するためにも降りてきた、
つまりそれは、肉体カルマ、
　人類が持ってしまったそのカルマを
この身に一身に背負い、

そしてそれゆえのイッキ返しであったのです。

では、その踊り、そこにおいて人類の持ってしまった肉体カルマ、このイッキの禊ぎとなった「聖なる性儀」、このことをくわしくお話ししましょう。

で、そういうわけで、資格がない、ふたりの関係は不倫なので条件に合わなく、資格がないわけです。

どのような条件かと申しますと、

一、相手を心から愛していること、

二、その愛は奪うものではなく、惜しみなく与えるものであること、

三、思考と感情と意志が一致していること、

四、互いの間に打算がないこと、

五、愛と情欲を混同していないこと、

六、一生誓い合ったカップルであること、

このような条件であって、条件が合わないのは最後の、一生誓い合ったカップルであること、これでした。他のものは確認しあってＯＫだったんですが、これだけがダメ、合わないんですね。

それゆえに考えたんです。これをなんとかできないか、と。そのために彼が離婚をするという

手もあるけれども、彼は離婚できないと言い、また、仮りに離婚するとしても、もう時間がない。それは奥さんを説得することから始めなくてはならず、また、わたくしが新しい人を見つけるにしても、こんなことを理解してくれる男性《ひと》はいないだろうし、もう間に合わないわけです。

そして考えに考えた揚句、思いついたんだが、「宇宙的足入れ婚」、これであって…


つまり、東北の方では、結婚する前に、男が女の家に何日か入り、共に生活をするという習わしが昔あったんですが、それと転生輪廻を掛けたんですね。

つまり、今世は結婚していないけれども、来世で結婚し、そしてその来世での結婚の前に今世足入れする、つまり一夜を共にする、ということを思いついたんです。

それで、彼に「来世は結婚して下さる?」と申しますと、「うん、いいよ」と。

そして12月22日、決行したんです、彼の都合のよい日に合わせたら12月22日になったんです。で、まず、お風呂の水で身を清め、来世で結婚する約束の指切りげんまんをして、それからふたり並んで、和歌を高らかに詠ったんです。両ひざを畳につき、腰を浮かせ、手のひらを蓮《はす》の蕾のように合わせ、天に向かって高らかに詠ったんです。

それは、調和の術《すべ》、この打ち上げであって、それはわたくしが勝っ手に付け加えたんです…。

つまり、その青い本には調和の術《すべ》を打ち上げるなど書かれていなくて、
○祈りをし、

○マントラと呼吸を交わしながら
○男は射精をしないよう、女はオーガズムに達さぬよう行う
といった風に書かれているんですが、わたくしは調和の術《すべ》を和歌に託して祈りとしたんですね。

なぜ、調和の術《すべ》を付け加えたのか、と申しますと、人類の生の主目的、地上での旅の主なる目的は、調和の術《すべ》を悟ることであった、つまり体験通して認識することであった、と、自分を観察するところから、また、アダムとイブの話からわかったからで…


つまり、わたくしは原発に直面して以来、神とは何かと考えておりましたが、アダムとイブのことも考えていて、そしてそれは神話、この読み解き方がこの現代の窮状、これを招いた原因とも考え、聖書に書かれているアダムとイブの話を自分なりに読み解いていたんです。

そして、アダムとイブは神に追い出されたのではなく、神がわざと出したのだ。この世の親が子を一人前にするために旅に出すけれども、神も可愛い我が子が一人前になるよう、わざと善悪を知る木の実を食べさせ旅に出したのだ。

一人前、それは調和の術《すべ》で在ること、認識をもって調和の術《すべ》で在ることであって、可愛い我が子が、認識もって調和の術《すべ》で在れるよう、旅に出したのだ。

善悪を知る、それは、何が善で、何が悪か知ることであって、つまり知恵、これがつくことであって、そしてその知恵の最たるもの、極めの知恵は調和の術《すべ》、これであって、この知恵を体験

を通して認識し、その認識のもと知恵ある人であるべく、調和の術《すべ》で在るべく旅に出したのだ。

つまり、アダムとイブはもともと調和の術《すべ》であった。楽園にいたときは調和の術《すべ》であったのだ。調和の術《すべ》、それは━、他が╋であるよう自分を━する、このような美しい思い、愛であって、楽園にいたときは、この愛であったのだ。この愛として生き、そこにおいて調和していたのだ。親である神とも調和していたのだ。

されど、それではまだ幼い。この愛、調和の術《すべ》、これを体験を通して認識し、その認識のもと、この愛、調和の術《すべ》として存在するよう、そのような成人、一人前になるよう旅に出したのだ。この世の親が涙ながらに我が子を旅に出すけれども、神も涙ながらに旅に出したのだ。

そしていま帰るトキ、

人類こぞって、親である神のもとに帰るトキ、

今様アダムとイブとなって、この地にあって帰るトキであって、

そしてその第一号がわたし達であって、それには旅の目的であった悟り、調和の術《すべ》、これを捧げなくてはならない、旅の土産として差し出さねばならない、と思ったからなんですね。

なぜ、帰るトキであることがわかったのか、と申しますと、その頃、『宇宙からの帰還』という本が出廻っていて、それは宇宙（月）へ行った宇宙飛行士達の変化、――多くの宇宙飛行士の

その後の生き方が変化しているんですね。牧師になるなど変化しているのですが、そういったことを取り上げている本であって、

わたくしは、この本を読んだときに、宇宙飛行士は神を感じるために宇宙へ飛んだんだ、あのプロジェクト（月への飛行）は月を探査するためのプロジェクトではなく、人類を代表して神を感じるためのプロジェクト、無意識のプロジェクトであって、しかるにこの本のタイトルは、本来は『宇宙からの帰還』ではなく、『宇宙への帰還』であって、いま人類は神へ帰還する、神のもとにこの地にあって帰るトキなんだ、とわかったんですね。

つまり、この儀式、聖なる性儀、これはアダムとイブの総括であったのです。アダムとイブは神の怒りにふれ楽園を追い出されたのではなく、神ほどに成人するべく神がわざと出し、そして晴れて成人した。神ほどに成人した。この儀式、聖なる性儀を通して最終的に成人したのです。

ところで、その術《すべ》、調和の術《すべ》をなぜ和歌にして捧げたのかと申しますと、それは神に捧げるものであって、その捧げ方は雅びなしつらえにする必要がある。そしてそれには和歌、これである、と考えたからです。

また、その術《すべ》、調和の術《すべ》、それは――、これでありますが、でもそれはコチッと固く、もっと柔らかい言い方のものでなければ、と、芙蓉の花に託して捧げたんですね。

そしてそれは、

我らふたりの愛〈交《あ》い《愛》〉により
この宇宙《くに》のどこまでも
芙蓉の魂　咲きさせたまえ
芙蓉の心　咲かさせたまえ

と、このようなものであって、そして、
○この和歌を高らかに詠い、
○マントラと呼吸を交わしつつ
○射精をしないよう、オーガズムに達さぬよう慎重に一生懸命したんです。
何しろそれは、人類や地球、世界の運命のみか、宇宙の運命まで掛かっており、また、姿は見えないけれども神々も見守っておいでであって、慎重に一生懸命したんです。
そして、それはとても厳《おごそ》かであどけなく初々しいものであった、と、後で神がお伝え下さったんですね。

――では、それは成功したかどうか、ですが、それは成功しました！　あくる朝、虹のお使者が伝えてくれて、わかったんです。

また、その成功は、彼が失敗したからで、――つまり彼が射精をしてしまって、で、そのとき、わたくしは冷汗ツーとなりかかりましたが、でも、とっさに言ったんです。

「これは予行演習よ！」

「予行演習だからあなたの御都合のよい日にまたしましょう」

と、重ねて言ったんです。

そして彼の都合のよい日にまたすることにして、その夜は別れました。そして朝となり、わたくしはこちらに向かって来ておりましたが、忘れ物をしたことにふと気がついて、アパートに帰ったんです。

すると、カーテンを閉めた薄暗い部屋に、カーテンの隙間から一条の光がスーと射し、座敷机の上に置いていた小さな紙切れを虹色に染めていたんです。

その紙切れには「性の悟り」と書いていて、彼に、「わたし達がやろうとしていることは性の悟りを体現することであって、性の悟りだけがまだなされていないんですって」と話していたときのものなんですね。そしてその虹色に染まった紙切れを見たとたん、

「あ、昨日のあれは、あれでよかったんだ！」と思ったんです。

「昨日の儀式はあれでOKで、それを虹のお使者が伝えに来てくれたんだ！」と。

何しろその頃は、必要とあれば自然は動く、太陽にしろ月にしろ雲にしろ、必要があれば自由に勝手に動くことを体験をもってわかっておりましたからね。

で、「ああ、よかった！」と。

でも、次に疑問が湧くんです。

「でもなんで失敗したのに成功であったのか？」と。

それでまた考えたんですね。そして考えてゆく中、「あぁ」とわかったんですが、それは、あのとき失敗したからといって彼を咎めていたら成功ではなかったんですが、でも咎めなかった。

やはり冷汗ツーとなりかかったであろう彼の思いを
「これは予行演習よ！」

という言葉で救った。それゆえの成功なんだ！　と気がついたわけです。

つまりそれは、濁りのない純粋な愛であったからなんですね。愛というのはどこもかしこも誰をも愛する愛であって、咎めていたらそれこそ失敗であって…

つまりその行いは、地球や人類、世界のみか宇宙まで救わんとする大きな大きな愛ですが、その愛を行う中、目の前の相手が失敗したからといって咎めていたら、それは逆さ、愛とは逆さなんですね。

また、それは自分達が神に捧げる芙蓉の心であって、咎めていたら矛盾する、芙蓉の心とは矛盾するからなんです。

で、「ああ、そうだったんだ、だから成功だったんだ」と気がついたんです、でまた、考えるんですね、「では、あのとっさに出た言葉、あれはいったいどこから出たんだろう?」と、あれはわたしが考えて出たわけじゃあない、考える間もなく出たわけで、あの宇宙的足入れ婚、あれは自分が考えたものだけれども、これは考える間もなく出たわけで、で、これはどこから? と考えてゆくと、

「あ、神からだ!」

とわかったんです。

「神が救ってくれたんだ!」と。

また、このときに改めて気づいたんです。これまでも何かと救われていたことに…。つまり全体のために自分を捧げに捧げてきた、全てを投げ打ってきたけれども、その都度救われてきたことに…。

つまり、自分を━、

全体のために━してきたけれども

それは返って＋、
自分もよきことになっている。
—してもそれは＋になっている。
私の人生はツル～とうまくいっており、

また、そんな自分の個人史のみか
人類史もツル～とうまくいっている、

人類の歴史、それはいわば戦争の歴史であって、
戦争の歴史である人類の歴史を
うまくいっているとは思えませんでしたが、
でもうまくいっており、

例えば、
あの哲学者のサルトルさんが、戦争に一兵士としてゆかれ、そこからサルトルさんは行動する哲学者になられ、そしてわたくしは哲学することに自信がついた。思考することを厭《いと》うことなくとことん考え、そして悟った、次々と悟り、それら悟りのもとエゴのない神ほどの人間に生まれ

変わり、
そこにおいて、宇宙や地球、人類を救えた。ノストラダムスの予言もひっくり返せ、ユートピアともいえる平和な世界にもできたわけで、
で、このような大ハッピー、大プラスなことになったのも、戦争があったからで…

つまり、わたくしが悟りを次々とできたのは、自分の思考力、これに自信が持てたからで、そして自信が持てたのは、サルトルさんが行動する哲学者として名を馳せ、それあって、わたくしが交きあっていた彼（絵描きの）がサルトルさんの論である実存主義を芸術仲間と、ああだ、こうだ、とやりあっていて、
で、そのような男達の会話に入ってゆけない自分を知るとともに、その男のすなる哲学、実存主義とやらはどんな主義か、ちょっと繙《ひもと》いてみましょう、とダイジェスト版を読んでみたところ、スル〜と解って、以来自分の思考力もたいしたもんだ、と自信がつき思考することを厭うことなくでき、で悟ることができた。また生まれ変わることもでき、

ゆえの大ハッピー、
大プラスであって、

で、そのような調和、プラスプラスに調和している世界を認てとったとき、思わず
〈ほお～！　法～！〉と微笑《わら》ったんですが、
それが悟り、「陽のみの世界の悟り」であったのです。

## その㉒
# 陽のみの世界の悟り

１９８９年（昭和64年・平成元年）47才

陽のみの世界の悟り、それは**宇宙は陽のみ、プラスプラスに調和した世界**であることの悟りですが、この悟りはこのときにでき、
そしてそれは、

－《マイナス》しても結局は＋《プラス》、
本人自身＋となり、
そしてそれは宇宙が＋、
プラスのみの世界であるから、
陽のみの世界であるからで、
でまた、その陽のみ、
プラスプラスの世界であれるのも
－、これがあるから、

との悟りなんですね。

つまりそれは芙蓉の心、その━は芙蓉の心でもあって、そしてこの心こそがプラスプラスにうまくゆく、調和の術《すべ》、心として宇宙に捧げたのですが、それは宇宙の心であった、宇宙はすでにこの心であって、なおかつ地上、人間界もこの心で調和されており、で、思わず微笑《わら》った。この地上、それは戦争などもあり、調和されているとは思えなかったけれども、でもよくみると調和しており、

その見事な宇宙の仕組み、法に思わず微笑《わら》った、
微笑《わら》ったというか微笑《ほほえ》んだ、
〈ほお〜！
法〜！〉と心の中で感嘆し微笑《ほほえ》んだ、
仏が微笑《ほほえ》んでいるように微笑《ほほえ》んだんですが、
それは＝《イコール》悟りであったのです。

そしてそれはそれが仕上げ
悟りの仕上げ、

神の悟りの仕上げであったのです。
人間がこの地に生まれた主目的、
それは神の悟りであって、
この〈ほお～！
法～！〉と微笑《わら》った、微笑《ほほえ》んだそれは、
神の悟りの仕上げだったのです。

つまり調和の術《すべ》、芙蓉の心
それは神の悟りであって、このとき、
それを仕上げたんですね。

そしてそれは、肉という
過酷なものを持ってのものであって、
そしてその極めのものが性、男と女の
肉の交わりを持っての仕上げ、
神の悟りの仕上げだったのです。

つまり性、
　それが悟りのキーワードでした。
そしてその助走があの性的苦しみ、
　越冬ツバメのエッセイを書くに到るまでの
　性的苦しみであって、
あれは神の悟りへの助走でした、
　大きな階段
　アプローチであったのです。

つまり肉の交わり、
　そこよりの幸せのひととき、
　で、それを〆れていなかった。
肉よりはおもい、全体をおもい、
　そこに身を投じることが
　真の幸せ、これに気づかず、
それに気づかぬままの相手への愛、
　純粋なそれ、肉の交わりであった。

そしてそれにパーフェクトに成功したのが
　聖なる性儀であって、

○つまり行い、
　その素の行い、
○そして言葉、
　その発し、
○また括くり
　その後の括くり、

この流れ、三つでひとつの流れがあって、

つまり行い、素の行い、
　それは芙蓉の心であり、
　そしてそれは―、これであり、

つまり
　全体や他の人が

＋であるよう
自分が－をする
これであり、

人間はもともとこのような行い、
行為、行動をする存在であって、

また言葉、その発しとは、
そのような行いを芙蓉の心として発した、
このことであって、

その後の括くり、とは
芙蓉の心、それは＋、
－でありながら＋であることを、
〈ほお～！
法～！〉と微笑《ほほえ》むことで、微笑《わら》うことで〆めた、

この三つでひとつの流れがあり
そしてひとつ、
性そのもの、肉創まれる
素ともなった二元性、
それ内に秘めたる神、
根源の神との一体、
肉もってひとつになったのです。

なお、そのひとつ、一体は根源の神の本体と一体、ひとつになったのです。

つまり、根源の神のエネルギーは「書くことの悟り」のときよりわたくしの身体《からだ》の中より湧き出ていましたが、それは本体ではなく、エネルギーでもあるところの神のエネルギーでありましたが、されどこのときは本体と一体《ひとつ》になったのです。

〈ほお〜！　法〜！〉と微笑《わら》ったと同時に、神の本体がその意志のもとわたくしの身体の中に入り、わたくしとひとつ、一体になったのです。

──つまり、わたくしはやっぱり神のクラスになったのです。

「神のクラスになる」ということはすっかり忘れておりましたが、神のクラスになったのです。

つまり「聖なる性儀」、それは神のクラスになることでしたが、わたくしはそのことを忘れていたのです。

「これは予行演習よ！」と、とっさに出た言葉、それはどこから出たのか、と考えるなど、次から次へと考えることがあって、儀式に成功したことは神のクラスになったことであったのに、そのことをすっかり忘れていたのですが、わたくしはやっぱり神のクラスになったのです。

しかもそれは、神は神でも根源の神のクラスになったのです。

あの青い本には、根源の神のクラスになるなど書かれていなく、そんなことは思ってもいませんでしたが、根源の神のクラスになったのです。

で、それは、わたくしの想像もしなかった事態がその後起こり、それによってわかったのですが、さらにわかったことがあって…

それはもともと根源の神であったということ、このことがわかったのです。

わたくしはもともと根源の神であって、根源の神になったのです。否、なったというよりは回復であったのですが…。

そしてその認識のもと、神として立ったのは、あの地震、１９９５年に起こった神戸の地震（阪神淡路大震災）の数日前のことであって、そしてその立ち、認識をもって立ったところから、いまでは九次元の神を始めとする中枢の神々の傅《かしず》きを戴いて、この地を陽のみ、その古えより人類の夢でもあるところの陽のみ世界、その実現に勤《いそ》しんでいるんですね。

そして、その中のひとつに芝居、これがあります。

つまり、この悟りの歴史、この一つ一つを芝居にすることが極めて肝心で、またこれが祭りの新しいカテゴリーになるからで…

つまり祭り、これまでの祭り、それはもう終わっており、そして祭りの新しいカテゴリーが芝居、悟りの歴史の芝居であって、この歴史を芝居にすることが極めて肝心なんですね。つまり、新しい祭りをすることが極めて肝心なのです。

そして、いままでに「お金の悟り」、これを「お〇《まる》ファンタジー」（悟りの歴史、実験公演）として行い、次に「天地弁天」というのを熊山の古代遺跡のところでしよう、と思っているんです。

これは本当は、この日本の国、政府と国民の方々がなすべきものですが、このようなことはまだおわかりにならないので、まずはこちらで始めているんですが、それは日本の経済性になるところからも始めているんですね。

つまり、それは支柱、日本の新しい経済性、その支柱となるものであって、何かとない中ではありますが、ここよりスタートさせているんです。

この悟りの歴史、これはいま世界中の方々が、その魂において求めに求めておいでのものですので、これをこの日本より出すことがつまりは日本を肥やす、資源のないこの日本の新しい産業、文化的芸術的観点からの地場産業、経済性にもなりますからね。

また、それは平和なうちにての平和な世づくりや人創り、《まんだら》人間を創り出すこととなり、いまこそ政府と国民こぞって、この歴史、22の悟りの歴史を芝居にして出すことが肝心、世界に向けて出すことが極めて肝心なのです。

――なお、芝居に出す最中《さなか》においてのその方自身の《まんだら》、この駆使が大事なんですが、でも大丈夫、その辺りのことはこのわたくしがサポートさせて戴きますので、御心配になられることはありません。

また、他にもエゴ抜き運動（運動者自身、自らのエゴを抜きつつの安保国民運動）、地球と見合った生活文化クラブ、ポヂシャン交合塾など、やっていることはいろいろありますけれども、全てお話しするのは、大変なので、このパンフレット（あるぱるぱ協会事業内容）、またこの新風タイムという新聞、これをお読みになってみて下さいませ。

これには今までお話ししていないこと、また、《まんだら》の上手な廻し方など、いろいろ出ておりますので、じっくりと読んでみて下さいませ！

――でね、で、これらの活動、これがスルスルゆけば、この世の人もスル～と幸福、わけなく平和でいられますので、一刻も早く出したいと思っているんですね。
でも、その活動に際しての資金、また、人ね、この方の手当がつかなくて困っているんです。何しろ活動するには資金、また、人でしょ、で、このほうがまったくのお手上げ、世界の片隅にこのような重要な宝が眠っていることを世界はもとより、この日本の方々もとんとお気づきになっておいででなく、ホトホト困っているんですね。

否、困っているというのは間違い、困るといったネガな思いをすることは陽でないのでこの言い方は間違いですが、でも現実は困っていて…。

でそれは、つまるところは人の中の神、これが出にくくなっているからなんですね。そしてそれは、個《自分》のことよりも全体に尽くす意識であって、この神の要素、これがなかなか出ないからなんです。まあ、出ないというのも無理ないことでしてね。——それは御存知ないからで。でも本来は御存知なんですよ、《まんだら》という全てを知っている御霊《みたま》が御自分の本質ですからね。

でも、それは外からの情報をもって気づかされる。人によってそれは内側、夢などで教えられたりしますが、多くの人は外よりの情報、これによって気づかされます。

そしてその気づきをお与えせん、としての芝居であり、エゴ抜き運動や生活文化クラブや、塾、また、この新聞など、いろいろな活動であるのですが、でも、その活動そのものが資金や人が足りないところから、遅れ遅れになっているんですね。

――で、話を、その神の要素が出にくい、出にくくなっていると申しましたが、そこに一寸戻しますが、それは、それが御自分の本質だと御存知ないからですが、でもまたそれは遺伝子、この性なのです。

つまりそれは国津神《くにつかみ》
　この神の遺伝なのです。
つまり国津神、天津神《あまつかみ》ということがよく言われますが、
　国津神、それはつまりは命《いのち》
　肉体命、これを大事とする神、

つまりそれは個人事
　全体よりは個人、
　これを大事とする思い。
そしてその思いの神が、この地支配し、
　人皆な、その管轄下というよりは
　影響を受け、

そして自分事、
　自分を大事という思いに
　なり果てたのです。

つまり遺伝子には肉もっての体験、
　この歴史、これがインプット
　されておりますが、
つまりはこの遺伝子、
　その中に組み込まれし
　精霊ありてのこと。

つまりそれは肉にての幸福、
　また個人主義、全よりも個、
ここを大切にする思い、
　その精霊ありてのこと。
そしてそれは大国主の命《みこと》、
　国津神とはつまりは

大国主の命《みこと》なのです。

そしてこの命《みこと》、神が出雲において収穫、
そのことの神であるように、
それはつまりは人間、この主義、
つまり個人主義、
そしてこの神の霊域が、
この日本の領土ばかりでなく
世界的となった。
でもその素、
自分を大事と思うところの
根源の神、
これ降りて来たにより
影響しなくなった。

つまり根源の神、
それは自分を大事とも思う存在、

つまりそれは全に対する個、
　全と個、ふたつでひとつであるところの個、
　この要素でもあり、
大国主の命《みこと》はその片割れ、
　根源の神のその要素の
　片割れであって、
そして、その始末、
　片割れの起こした後始末をしに、
根源の神が降りて来たにより
　参った、降参した。

つまりネズミ、
　これ退治された。
そしていま、まさにこの地
　晴れ渡らんとしているのですが、
それというのも大国主の命《みこと》を始めとする
　神々のお陰、国津神のお陰であって、

　ここにお礼申し上げますも、
でも今後、只今よりは《まんだら》、
　《まんだら》を一本に生きるという全なる思い、
　これ我が身より膨《は》らます、
　　膨らまして晴らす、
これまでの間違いというよりは思い違い、
　選択のしそこない、
やはりそうなのであって
　晴らされたらおよろしいでしょう。

また、天津神、
　それは全体、
　個よりは全体事に生きる神、
そしてそれがスサノオ、
　そして天照、
でそれは、これまで人間をしたことのない神、
　つまりそれは根源の神、

また、その妻、母の要素、
これを現わしております。
天照そのもの、スサノオそのものが
根源の神ではありませんが、
象徴していた、ということです。

ところで、なぜ神にも二派あるのか。つまり、国津神と天津神の二派ありますが、それはどうしてそうなったのかということですが、それはドラマ、おもい、そのまほろばである宇宙のその性としか申し上げられませんのですけれども…。

また、そのドラマも、どちらにしても陽のみ、み～んなお◯、陽のみであって、そしてそれは、思いであるところの神が、その思いをスポスポ抜かせておいでであるから、否、抜かせておいでというのは間違い、自然抜けており、

そしてわたくしは、それとはひとつであるよう、いつも気を抜けない。つまり、思いをスポッと抜かすことを心掛け、かつまた祈りをもってそれを行う。夢の中においても陰《ネガ》、これをすれば朝祈りでお詫びし、どうあればよかったか答を見つけ、そしてそれを記録し、また記録、麗人回覧で〆め、世に出しております。

また、事業、平和創りの企画を、ここにおいでの大介さん、またあちらの神、中枢の神と練り

上げ、シトの方、ポヂシャンの方と共に邁進しておりますが、そのための細々《こまごま》としたこと、細部に渡ってのそのための方法など、何かといろいろ書いて出しているんですね。

で、これは自由にお読みになれます。どなたでも御自由にお手に取っていいものなんです。

かつまた、天の気、この編み出しをし、全ての方が《まんだら》、これを具体的に細やかに生きれるよう手配しております。つまり、天の気とは、《まんだら》を細かく砕いたものであって、それを三日に一度掲げているんですね。

例えば、

朝一番
ひまわり
笑顔

というのがあり、また、

トサカの
カーブを
やめよう

というのもあります。トサカとはにわとりのトサカですが、これはあのトサカのような思いはやめよう、ということで、つまりクヨクヨ、イライラ、トゲトゲした思いをやめる、ということであって、そしてこれを、

○あるぱるぱのホームページを通して、
○あるぱるぱの中の白板ボードを通して、
○電話でお尋ねになる方にはお知らせし、
○ファックス、携帯電話、パソコン、これで送信を望まれる方にはお送りして、

どなたにも万べんに行き渡るよう、手を尽くしに尽くしているんですね。

で、それは、

つまりは思い、

このわたくしの思いが平安であることが
大事であるからで、
そしてわたくしの思い平安なるは
人全て幸せ、
万べんに全ての人が幸せで
あることであって、

そして人幸せであるは、
　この《まんだら》を一本に生きることであって、
でゆえにそれは平安、
　なぜならそのような
細やかな手配を持っても、
　また、芝居や運動や塾、新聞などなど、
　このようなことを持っても
　スミズミまで行き渡るよう
　お知らせしており、
そこにおいてとても平安。

また、それはトキ、
　そのトキであるゆえに、
またそれは平安。
　なぜならそれは伝わる、
　伝わるトキであるからです。

つまりそのトキであることを
　人はその魂で知っており、
　かつまた理知、
この世に生きたところからの
　その理知によってもわかり、
　また、知らされる、
あの世から夢などによって
　導かれてゆくからであるのです。

で、その理知によってもわかる。というのは、
　それなりに刈り取っておいでであって、
つまり《まんだら》という理知の極み、
　これをそれなりに人生通して、
　刈り取っておいでであって、

で、それはわかる。
　それは物事を見透す力であって、

何が正しいか、本質は何か、と、
それは見分ける力でもあって、
　　ゆえに安心なんですね。

## その㉓　悟りのその後

さて、話をその事態、その後、わたくしの想ったこともない事態が起こった、というところに戻しますが、その後、わたくしは寛《くつ》ろいでおりました。

つまり、聖なる性儀も終え、それは成功した。虹のお使者によってそれは成功した、と知らされ、そしてそれはユートピアでもあるところの平和な世界、その実現も可となり、また、

○人類も救え

○地球も救え

○宇宙も救えたこと、

宇宙史は跡切れることなく続くことであって、また、ノストラダムスの予言も覆がえせたことでもあって、寛ろいでテレビを観ていたんです。それは12月24日でしたが、アニメのピーターパンを観ていたんです。すると「パチッ」とテレビが切れたんです。

それは、ピーターパンが、

「ネバーランドがある限りボクもある」

といったときに「パチッ」と切れたんですが、それはまだ継ながっていない。宇宙史は継なぐ

ことができたと思っていたけれども、まだ継ながっていなく、それを知らせるためにテレビが切れたのだ、とわかって…

つまり、ネバーランド、それは永遠である宇宙のことであって、そして、ピーターパンも永遠、ピーターパンは永遠に少年であって、そのピーターパンが「ネバーランドがある限りボクもある」と言ったとき「パチッ」と切れ、それは、まだ宇宙は危ないのだ、そしてそれは宇宙史はまだ継ながっていなく、それを知らせるためにテレビが切れたのだ、とわかったんです！

で、考えたんです。どうすれば宇宙史、ドラマを継なぐことができるのか、と。

で、「あぁ」とわかって、

それは名前を告げるのだ。あのネバーエンディングストーリー、あの中の男の子がファンタジー国の崩壊をふせぐためにお母さんの名前を嵐吹きすさぶ空に向かって叫んだけれども、それは人間の子がファンタジー国に名前をつけることで崩壊を防ぐことができるからであって、――あの男の子のように名前を告げるのだ。

あの男の子が名前を告げたあとスル～とドラマに嵌《はま》り込み、そこからファンタジー国を舞台にしたドラマが始まったけれども、あの男の子のように、わたしが名前を告げることであって、そしてそれはわたしの名前、告げる名前、それはわたしの名前であって、わたしの名前を天に告げるのだ。

そしてそれは名乗ること。――わたしの名前を告げること、それはわたしが神のひとり子であることを天においでの神に名乗ることでもあって、――でもそれはイヤである、神のひとり子であることを名乗りたくない、でも名乗らなくては宇宙のドラマは継ながらない、ドラマは切れてしまう…。

で、それはそれで（ドラマが切れても）、また新しいドラマ、ストーリーが編み出されるようだけれども、でも惜しい、せっかくのストーリー、ドラマの筋書きを変えてしまうのは惜しいし、またそれは人間のせい、人間のせいでそうなってしまうわけで…

で、名乗ろう、わたしが神のひとり子であることを名乗ろう、と思ったんですね。

わたしが神のひとり子というのは、その頃、わたくしは自分を神のひとり子と思っていてね、
それはその頃わたくしは、
　神自体が父と母と子、
この三つの要素であるとは
認識していなく、

神とは宇宙にある父と母と子、

この三位一体の父の要素であって、
わたくしは子の要素、子という立場であって、

そしてそれは神のひとり子、であると。
人間はみな神の子であるけれども、
わたくしは宇宙にある三位一体、
父と母と子、この、子の要素であって、
そしてそれは、神のひとり子である、
と思っていたんですね。

なぜ、ひとり子、子の要素と思ったのか、と申しますと、その頃宇宙の母を名乗る芙蓉如来という女性と出会ったからです。否、出会ったのではなく、お弟子さんがコスモ学校にやって来て、芙蓉如来のことをしきりと話され、それによって芙蓉如来のことを知ったんですね。

コスモ学校というのは、その頃、ここはコスモ学校になっていたんです。つまり「アーットウォールらんぶる」から「コスモ学校」に変わっていて、それはわたくしが体験を通して知った神理、宇宙教養ともいえる宇宙の神理を学ぶ塾でした。

塾といっても無料の気楽なもので、そのようなことに興味のある人がやって来て、わたくしの

話を聞く、といったものでした。で、そのコスモ学校にそのお弟子さんがやって来て、わたくしに芙蓉如来のことを話されたんですね。

「芙蓉如来は宇宙の母で、いま津山の黒木谷においでになるけれども、それは子供を捜すため、霊的子供を捜すために岡山にやって来た」

と話され、そのとき、それは「わたしだ！」とすぐわかったんです。それは、わたくしは岡山に居り、また、神の子ならではの行いもしているからで、また特にわかったのは、その名前、その方が芙蓉という名であったからです。

つまり芙蓉、それはわたくしが悟った宇宙の心であって、その心を芙蓉の花に譬えて芙蓉の心といっており、そしてその方は、宇宙の心である芙蓉を名乗っておいでであって、そしてそれは縁《えにし》、霊的縁《えにし》があることであって、

そしてその母、その宇宙の母が探している子供は岡山にいる、岡山に子供がいるので探しに行きなさい、と神に告げられた、ということであって、間違いなく、「子供はわたしだ」とわかり、また、夢などによっても、そのような立場であることを薄々わかっていたんですね。

例えば、

○あのサタンが涙を流して去っていったあくる日、お風呂に入っていたら「あなたは身分の高い人」という言葉が頭にポッと出、

○8月24日には創造神として立つ夢を見、

○12月9日には夢の中で、「あなたは火の鳥だ」と言われ、
○12月25日には、あの鉄腕アトムのように両腕を真直ぐ伸ばし、天に向かって猛スピードで上昇した夢を見たんですね。グッと握った両の手は黄金であって、それがトロトロ溶けエネルギーとなり、無限とも思えるほど上昇しつづけですが、それはわたしは死んだらこの夢のように真直ぐ帰る、宇宙の最も高いところ、奥の奥に帰るからだ、とわかり
○また、12月27日に夢の中で「カタカムナはあなたの役目」と言われ、
自分がどのような立場であるか薄々わかっていて、わたしは三位一体の中の子の立場であろう、創造神とか、火の鳥とかカタカムナというと父なる神とも思えるけれども、わたしが父の立場などとは到底思えず、また、父なる神が人間に生まれるなどとは到底思えず、わたしは子供で、母はあの芙蓉如来であろう、と思っていたんです。

——で、名乗りたくない。名乗らないで極く普通の人間、市井《しせい》の人として気ままに暮らしたいけれども、それではドラマが続かない。それで名乗るしかないな、と。

で、また、名乗りたくて居ても立ってもいられなくなったのですが、それは神はお淋しいのではないか、妻も子もいま地上に出ており、それはひとりぼっちである。神の輩下の神々がいるとはいえ、神々はあまり近づかないだろう、神は神々の長《おさ》であり、またとても偉大な存在であって、そしてそれは神々とてめったなことでは近づかなく、神は宇宙の奥の、奥の院でひとり淋しくお過ごしなのではないか。ならば、名乗ろう、名乗って神をおなぐさめしよう、わたしはいま神の

話し相手になれるほどに育っており、ならば名乗らなくてはならない、本当は名乗りたくない、名乗らないで、市井の人として、気ままに暮らしたい、でも、名乗ることで神をおなぐさめできる。わたしはいま神の話相手になれるほどに育っており、神をおなぐさめできる！　こう思ったとき、矢も盾もたまらず早馬を飛ばしたんです。

あくる年の１９９０年（平成二年）の一月一日に飛ばしたんですね。

早馬というのは、慌ただしいので豆台風というあだ名であるそのお弟子さん、芙蓉如来のお弟子さんのことであって、この方に急ぎ神の子であることを証明する品を母に届けて貰ったんです。母に届ければ父に届くだろう、と。

その品ですが、それは神の子であることを証明する品であると共に、お祝いでもあって、そしてそれは、人間が親ほどに成長した、宇宙的成人といえるほどに成長したことをお祝いする品でもあれば、お誕生祝い、それは宇宙にとっての新しい生命《いのち》、赤ちゃんが誕生したことでもあって、そのお祝いを述べるものでもあったんです、

つまり、わたくしは生まれ変わった。神のようなエゴのない人間に生まれ変わったのだけれども、それは親ほどに成長したこと、宇宙的成人になったことであり、また宇宙にとっての新しい生命《いのち》、赤ちゃんが誕生したことでもある、と思って、そのお祝いを神さまに述べたんですね。

――その品ですが、それは、竹のざるの一面に芙蓉の花をパーと描き、その上に松と竹と梅を

横一列に並べ、松と梅には和歌をそれぞれ結んで、それを風呂敷に包んで持っていって貰ったんです。

松と竹と梅は♪松竹梅《しょうちくばい》♪であって、そしてそれは、「おめでとうございます！」という意味であって、ざるに芙蓉の花を描いたのは「芙蓉のうてなに救われて、桔梗の花が咲きました」という意味で、

桔梗というのは宇宙の新しい生命《いのち》、赤ちゃん、また成人、宇宙的成人といえるほどに育ったわたくしのことであって、わたくしはその頃、桔梗という法名を名乗っていたのね、天覧の行事でもある聖なる性儀を行う前の日から。

その頃わたくしは「たい子」と名乗り、「たい子ちゃん」と呼んで貰っていたんですが、法名としては「桔梗」を名乗っていたんです。

どうして法名（桔梗）を名乗ったのかと申しますと、その頃、「わたしも法名をつけなくちゃあ、芙蓉如来のようにわたしも法名をつけなくちゃあ」と思うようにな

って、どんな名がいいか、と考えていたある日、曹源寺という禅寺で実に美しい花に出会ったんです。

それは池のほとりに5〜6本一列に並んで咲いていたんですが、青紫の五つの花弁をピンと張り、スックとリンと立っていて、それは実に清しく美しく、惚れ惚《ぼ》れと見たんですけれども、それが桔梗の花だったのね。

桔梗は背丈が低いものと思っていましたが、その桔梗は背丈もあり、スックとリンと立っていて、実に見事な美しさ、心が洗われるような感じでしたが、で、「あ、これだ！」と。「これがわたしの名前だ！」と。

それは、

○わたしもスックとリンと立っている。自分のことはさておいて、全体に尽くしっ切らん！と、スックとリンと立っており、それはまさにこの花と同じ。

○また青紫の色は、宗教心や至高の精神主義を意味しており、わたしもまさにそれであり、

○また、五弁の花びらは5の数であって、5の数＝五芒星＝人間であって、わたしも人間、わたしは人間でもあり、

○また、あの蕾、桔梗の花の蕾は、昔富山の薬売りがサービスに持っていた四角い紙風船、あれとそっくりで、それはとてもユーモラスであって…。

愛の悟り以来わたしはユーモリストをめざしており、桔梗とわたしは何かと一致していた

からなんですね。

そして桔梗は芙蓉の母のお陰で咲いたんです。母のお陰が大きく、ざる一面に芙蓉の花を描くことで感謝したんです。「芙蓉のうてなに救われて、桔梗の花が咲きました」と。

そして、その花、桔梗の花は竹筒の中で、――竹筒の中に忍ばせたんです。つまり松、竹、梅と三つ揃えてざるに並べましたが、竹は竹筒であって、その竹筒の中に桔梗の花を一輪忍ばせたんですね。

でそれは、神は一しても一でない、一することがかえって十、一したその人自身十になるといった、遊び心に長けた存在であるからで…

つまり、それは神の子であることを証明する品でもあって、ならば親同様に、遊び心に長けた存在でなくてはならないわけで、ゆえに竹筒の中に忍ばせるという、遊び心の発揮であったのです。

また、その竹筒はバトンを意味していて、それは、「悟りのリレーがあったんですね。わたしはそのアンカー、悟りのリレーのアンカーだったんですね」と、バトンに託して悟りのリレーがあったこと、わたしがそのリレーのアンカーであったことも悟ったことを、そのバトンに託してお伝えしたんです。

その和歌ですが、それは

まほろばは
　魔を滅ぼして 真となった
　愛そのままの 美《う》まし宇宙《くに》かな

天の川
　流され出《い》でし 魂《たま》の子ら
　新らたまとなりて いざ帰郷《かえ》りなん

このようなもので、帰郷は桔梗を掛けているんですね。

――で、このような品を1月1日に早馬でお届けしたのですが、でも、それでどうなる、とは考えていなかったんですね。それは御対面、父との対面の是非を問うものだったのですが、それでどうなるとは考えていなくて、わたくしはわたくしで津山においでになる小野若子さんの家に向かったんです。

小野若子さんというのは、長年に渡って神からの神示を受け取っておいでの方で、わたくしは以前から関心を持っていたのですが、その頃わたくしについて下さっていた立見由美子さんという霊能力のある方が、「お正月には津山に行くことになっています」と申され、それは若子さんに会うトキなのだ、とわかり、若子さんの家に向かったんです。
でも、その日はお会いできなくて、1月7日にお会いでき、その帰りの車の中のことでした。うつらうつらしているわたくしに、「あなた様も天にお電話することができる、されどあなた様の場合は和歌にてせよ」
という言葉が掛けられたんですが、それは天之御中主命《あめのみなかぬしのみこと》のようで、またそれは爺や、わたくしに仕《つか》える爺やのような感じでもあって、
それで、「ああ、わたしも若ちゃんのように神さまへお電話することができるのだ、若ちゃんは神さまにお尋ねしたいことがあれば、紙にその旨書いて何日か待っていると、神さまからお返事があるとの事だけれども、わたしも若ちゃんのようにお電話することができるのだ。でも、わたしの場合は和歌でするのだ」とわかって、
そしてその和歌を考えていたところ、1月12日に考えついて、そしてそれは、

「天におわす我が魂の父君よ、我れの役目とその意告げたたし」

このようなもので、わたくしは自分の役目を知りたかったのね。
それまでは自分の役目を知らないままに果たしていた具合いだけれども、はっきり知りたい、と思ったのね。

そして夜の9時30分頃、この和歌を紙にしたため声高らかに読み上げたんです。すると、しばらくしてわたくしのからだが前後に揺れ始め、そして大きく大きく揺れてゆくんですが、そのときのことを日記に書いておりますので、一寸読んでみましょう。

1月12日
天に電話するには、和歌にてせよ！　とのことなので、その文《ふみ》いかに？　と考えながら帰る。

「天におわす　我が魂の父君よ　我の役目と　その意告げたし」

このような文を考えつく。

そして夜、9時30分頃、この文を紙にしたため南無芙蓉光明を唱え、天の父君に文献上す。すると、しばらくしてわたしのからだが前後に揺れ始め、大きく大きく揺れつづける。

わたしは必死に、天におわす我が父君よ、我れの役目とその意告げたし、と呼び掛けつづける。すると喉の辺りが押される感じでわたしは後につんのめるも、ソファありしに倒れることはなく、顔真上に向かう。

わたしは必死に、我がためにしない、私用《わたしよう》にしないからどうぞわたしの役目教えて欲しい、と訴える。涙ながらに、我がためにしない、我がためにしない天のため、地のため、人のため、世界のため、宇宙のため、生命《いのち》のために致します、としきりに頼み願い出ている。

すると、合掌せし手のひら、協力なボンドでくっつけたがごとく離れなかったのが、静かにほどかれ膝に持ってゆかれた。

わたしは、天の父君に、しきりにこの宇宙の素晴らしさ、神の偉大、大調和のこと、美しいこと、安心のこと、歓びのこと、自然そのものであること、などを訴え、讃えている、神は絶対だ！　絶対の完全だ‼　わたしが太鼓判を押す‼　と言っている。

神さまバンザイ！　バンザイ‼　バンザーイ‼　と叫びしとき、腹の筋肉躍動せり。しばらく神に一方的にお話しをせしも、そろそろ暇《いとま》するときと思い、わたしは「神さま、また来ます、きっと来るね」といって、自分にカッと喝を入れる。と、目が開《あ》き、からだほぐれる。

天より帰るとき、右側にたてにズラーと神仏の方々が並び、左側には宇宙人の方々が並び、その方々にお礼を申し上げながら（頭を下げ下げ）下降せり。

疲れたので、ふとんに入って寝ることにする。すると、わたしは小野若子さんにしきりと感謝の気持ちが湧き、「若ちゃん、あなたには限りない感謝を致します」と言いつづけている。

と、神さまがおいでになった、というインスピレーションと共にドアが二度ノックされる。わたしは、天の神さまがおいでになったので、ドアを開け中に入っていただく。わたしのおふとんに神さま横たわりて、わたしと共にす。そのとき右手の薬指に指輪はめられし。

そして神さまとあれこれお話をする。今度はわたしが一方的におしゃべりするのではなく、会話となる。

㊙　神さま、「まいなす一《ワン》」の文章（時代の女）は書かなければなりませんか。

㊎　まあ、それは書いてても書かなくてもいいでしょう、あなた次第でいいでしょう。
㊕　コスモ学校はこの名前でいいでしょうか。
㊎　う〜ん、コスモね、うん、コスモでいいでしょう。ああこう申す（宇宙の神理を）というコスモはなかなか面白いので、これでいいと思います。
㊕　コスモ学校はどうなるのでしょう。
㊎　このコスモ学校は中心です。そのうちあなたを補佐する有力な人が現われますから、二人でこの学校を世界の学校にしてゆきなさい、それがあなたの役目です。

――などのお話しを交わし、最後に神さまが、
㊎　あなたは神よりの分け御霊《みたま》なのですから、そのおつもりで堂々としていなさい、そして人々と心底睦みあいなさい、睦んで睦んで睦つみっ切りなさい。知恵と愛で、好みも多少入るかな。そしてコスモ学校の大発展を望み、その道を進みなさい。

このようにおっしゃったのです。

で、そのときにはめられた指輪の意味ですが、それはそのときにはわからなかったんですが、後になってわかりました。

それは、お約束というか、証というか、記念というか、贈り物というか、そんな感じの霊的印

であって、つまり神さまと結婚した、つまり正式にひとつになった、結ばれたということでした。

また、このとき、つまり神さまがお帰りになったあとに、どなたかが、

「あなたは姫皇女《ひめみこ》でもあって、この度の宇宙史を仕上げ、始まりを呼び込む人でもあるのだから、あなたの言う通りに事は成る、どのように成らすおつもりかお話ししましょう」

と申され、わたくしはこんな風にお話ししたんですね、

「最後に奇跡が起きる、人々が神の存在に気づき、その素晴らしさ、見事さ、美しさに気づき、歓んで、歓んで、感謝して、感謝して、その感謝のあまり涙で海ができる。その涙の海に涙で洗われた顔を映すと神さまのにこやかなお顔もそこに映し出され、ほっぺとほっぺがくっつきあう。神仏が雲に乗り、女神や天女が空を飛び、天の神さまがお出ましになる。そして芙蓉の母さまと手に手を取られ天のお家にお帰りになる。わたし達はこの地に在りて、バンザイ！　バンザイ！　神さまバンザイ！　と叫びつづけ、歓びつづけている。神さまありがとう、お父さまお母さまありがとう、ありがとう、と言いつづけている」

また、そのあくる日、1月13日に、

言霊の　瑞穂のくにの　事成るは、
全てあなたの　真《まこと》にかかる

このような言葉が天から届きました。

そしてそれは、この日本が立ちゆく、もともと神の国であった日本が神の国として立ちゆくのは、全てわたくしの真にかかっている、ということであって、

つまり、それは天皇の座、その座はわたくしに変換されており、あの儀式の悟りのときに平衡変換されており（昭和天皇さまのときに変換されており）、ゆえにこの日本が神の国として立ちゆくのは、全てわたくしの真にかかっている、ということであって、そして、そのような立場でもあるところから天照さまに厳しく御指導を受けたんですが、これも日記を読んでみましょう。

1月14日

夜、「南無芙蓉光明」を天に打ち上げる。からだ大きく揺れ、唱える声大きく美しく響けり、天照さまにお詫びするわたし、謙虚さのない自分を反省し、天照さまを大好きだと告白す。天照さまお許し下さり、わたしの心に謙虚のくさび打ち込んで下さるなり。

――と、このようなもので、このときに謙虚ということを天照さまが厳しく厳しくお教え下さり、以降、この謙虚ということをつよく意識しているんですね。

また、この同じ夜、1時頃に、天の母から電話が掛かってきて、母君に会いに天界にいったんですが、これも日記を読んでみましょう。

1月14日　夜1時

霊夢にて、TELのベル鳴りし、「ハーイ、らんぶるです」と出るわたし。なれど声聞こえず。なぜか、天に電話せよとのことに思え、起き、

「天におわす我が父君よ、何かわたしに御用でしょうか？」

と祈りで尋ねるも、一向に返答なし。ふと「光魂の休息を要す」ということが浮かび、これは天に帰られている母君へTELせよ、とのことと思いしに、南無芙蓉光明を唱え、

「天におわす我が母君よ、何かわたしに御用でしょうか？」

とお尋ねする。すると、合わせし手が顔に持ってゆかれ、わたしは自分の手で顔をおおい、前面にうつ伏す。そしてしばらくして、そのままの形にて後のソファに引っくり返り、顔真上に向く。

と、顔をおおいし手ほどかれ、膝のところに持ってゆかれる。わたしはしきりと、

「我が母君よ、何かわたしに御用でしょうか、御用があればどうぞ申して下さい、何でも御用をいたしましょう」

と言っている。すると、

「御用ではないのです。御用はありません。ただあなたのお顔を見たかったのです。わたくしは天にてあなたのお顔を見たくて、あなたに会いたくて帰って来ました。ただそれだけなのです。ありがとう、ありがとう、ありがとう…」

と、母《かあ》さま限りなく言われる。

「いいえ、母《かあ》さま、わたしは当り前のことをしただけで、そんなにお礼を言われることはありません。わたしこそ母《かあ》さまに救われて人々も救われようとしています。お礼を言うのはわたしの方です。ありがとうございます。ありがとうございます。ありがとうございます。母《かあ》さま、一日も早くこの地上に帰って来て下さい。地上にてわたしはお会いしたいです。皆の者も芙蓉さまにお会いしたいと待っています。どうぞ一日も早く帰って来て下さい。地上にてお会いしましょう、では、その日を早くつくって下さい。一日も早くお会いしたいです。それではその日を楽しみに、今日はこれにて失礼します。失礼します。失礼します」

と、帰るわたしなり。

――と、このようなことがあって、そして今度は4時前に父君と母君が一緒にわたくしのアパートにおいでになったんですが、これも日記を読んでみましょう。

1月14日　夜4時前

霊夢にて、ドンドンと二つの音、その音にて目ざめ、「はて、これは何の合図か？」と思いしも、見当つかずまた眠りに入る。するとしばらくして「ハッ」と気づきし、天から父君と母君がおふたり揃っておいでになり、ドアの前に立っておられるのだ、と。

急いで起きてドアを開け、「ようこそおいで下されました」と入っていただく。

わたしを真ん中にして父は右、母は左にて寝る。しばらくしていると、「さあ、お父さま、お母さまとお話ししましょう、お話ししましょう」と、どなたかが言われ、わたしはおふたりにお話をする。

「お父《とう》さま、お母《かあ》さま、ようこそお越し下さいました。長い間外で待っていただき申し訳ございません、さぞお寒うございましたでしょう、それにしましても、おふたり揃っておいでになるとは思ってもいませんでしたので、びっくりしました。

お父《とう》さま、お母《かあ》さまに久しぶりに会われてよかったですね。お母《かあ》さま、お父《とう》さまに久しぶりに会われてお幸せですね、よかったですね。

ところで、この度はまことにまことにおめでとうございます。神の子御子《みこ》の誕生、御宇宙《みくに》の御子がお生まれになり、まことにまことにおめでとうございます。わたくしも歓ばせていただきます。またこれでこの地上の人類の系もつながり、わたしたちはまたこの地球で人間をすることができ、まことにまことにうれしゅうございます。これもひとえに、父《とと》さま、母《かか》さまのお陰でございました、まことにまことにありがとうございます。

ところで、父《とと》さま、父《とと》さまも地上にお越し下さいませんか。地上は良くなります。父《とと》さま母《かか》さま、御神仏の方々、宇宙の方々、地球のお母さんのお陰を持ちまして、この地上は美しくなります。穢れを一掃いたします。父《とと》さまも最後の最後のときに現われて、その神々しいお姿を、その美しいお姿をみなの者に見せてやって下さいませ、その神々しいお姿に、美しいお姿に、みなの者はあっけに取られ、びっくり仰天するでしょう、みなの者をびっくりさせてやりましょう！　美は愛です。美は善です。美こそ命です。命の極みですよ、美の極みを知れば人は穢れを持ちません。

美は絶対です。美は真です。父《とと》さま是非その美しいお姿を最後に現わして下さいませね、お待ちしていますよ」

——このようなことがあって、そのとき、つまり父とわたくしと母の３人でおふとんの中で川の字になって語らっていたときに、わたくしの左の首すじの辺り、耳の下辺りがサワサワ、サワサワとしたんですが、それは久しぶりに会った我が子を左側に寝ていた母君が「可愛い、可愛い」といって撫でさすっていたんでしょうね、——思いで。

そしてその後父母は渦となって帰ってゆかれたんですが、お帰りになりながら母君が申されたことがあって、それも日記にありますので、読んでみましょう。

あなたにこの地上はまかせます。

美でもって、真でもってことに当りなさい。

あなたが美しいことを思い、真を思い、善なることを思いつづけることがこの地上をそのようにします。
あなたの思いのままにこの地上はなります。
あなたの思いが大事なのです。
美なること、真なること、善なることを
思って思って思い尽くしなさい。
その思い尽くすことでこの地上を統《す》べなさい。
すべらかにすべらかにおすべりなさい。
　おすべりなさい、おすべりなさい。

父《とと》さま、母《かか》さま、ありがとうございました。
ようこそ来て下さいましてありがとうございました。
またのお越しをお待ちするも今日はこれにて失礼します。
どうぞお気をつけてお帰り下さい、
ようこそでございました。本当にようこそでございました。
　さようなら、さようなら、さようなら。

と父母をお見送りししに、そのあと気づきしこと、わたしは、地球のお母さんのことは強く念頭にあれど太陽のことを思いからハズしていることに気づき、明日の朝は陽昇るとき、旭川の川原に出て、太陽にお祈りをしなければ、と思いつつ眠る。

1月15日、

朝、6時30分頃目《め》さめるも、眠けに気《け》負《お》され、起きること難儀なれど、救済大きければ、使命もこれ大きい、これ対等なるものである。という天の言葉ありしに、そうだ！　この救済の大きいときに、少々の疲れ、眠けなど、なんのことなし、と思い起きる。

7時頃川原に着きしにまだ陽昇らず。天を仰ぎ、地に伏し、かなりの時間祈りを捧げる、熱き涙流しつつ。

――と、真正面に太陽輝いて昇りぬ、すると、

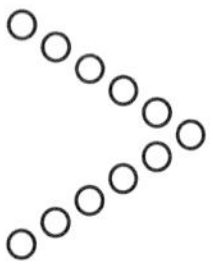

Vの字の形にすずめの群飛び、

それがこの形になる。

また、一羽のとんびがピーヒョロ、ピーヒョロと祝うがごとくしきりに鳴く。わたしは思わずVだ、ファンタジーだ、バンザイ！　バンザイ！、と叫び、また、熱涙ほとばしる、太陽に向かってひれ伏し、ありがとうございます、ありがとうございます、ありがとうございます、と限りなく感謝する。

すると、○○○○三羽と一羽のすずめが南西に飛び、わたしを南西に向かわしむ。すると月があり、わたしは「ハッ」と思う。

そうだ、お月さまのことを忘れていた。お月さまありしにこの地上にて生死の営み行われしに、その月のことを忘れしことの反省をし、また感謝の念ひたすらするなり、太陽と月と地球ありてこその我ら人間なり…と。

そしてこのあと、11時頃熊山神社に向かったんですね。

熊山神社、それは前に一寸お話ししましたが、それは地球のエネルギーが出ているところ、つまり地球のお母さんの思いが湧いているところで、地球のいわばおヘソなんですね。

ではなぜ、そこが地球のおヘソであるとわかったか、ですが、それは夢を見たからです。この1月9日に、

○大きな杉の木があちこちある山の中に

○赤い木の鳥居と短い石段があり、
○石段を登ったところに小さな社があって、
○また「熊」という文字、
○また、石段の右側には「犬」という文字、

このような夢を見たからです。

それで、これは何の意味だろう、和歌山の熊野にでも拝でなくてはならないのだろうか、否、そうではなかろう、今は遠いところまでわざわざ行かなくともよいときだし…等と考えていると、あくる日の午後、わたくしの店の前にある「いわしっ子」といういわし専門の小料理屋の奥さんが店にお茶を飲みに来られ、「昨日《きのう》、面白いお客さんがおいでになった。赤磐郡の熊山神社のそばの古代遺跡を調べている人で…」と話され始めたんですね。

で、「あ、そこだ!」と。夢で見た神社はそこだとすぐ思い、それで彼にお願いしたんです。彼というのは、聖なる性儀を共にやって下さった方のことであって、彼にお願いしたんですね。「どうも赤磐郡の熊山神社に行かなくちゃあいけないみたいなんだけれども、あなたの御都合のよいときに連れて行って」と。

で、それが1月15日だったんですね。彼の都合のよい日が15日であって、そしてその日の11時頃、彼の車で熊山に向かったんです。一体そこに何が待ち受けているのか、なぜ行くのかもわからない。でも行けばわかる、と思って行ったんですね。

そして山のふもとにくると、辺りから「ようこそ、ようこそ」という思いが感じられ、わたくしはそれに対して頭を下げ下げして、で、山をグルグル登ってゆき、頂上に近い、車を停める広いところに着き、そして社めざして登りますと、やっぱりあった！

夢で見た通りの赤い木の鳥居、短い石段、大きな杉の木も辺りにボコボコあって、夢で見た通りだったんです。鳥居ははげていて、もう赤ではなかったのですが…。

で、石段を登って行ったんですね。すると石段の右側の「犬」という字のあったところに小さな祠《ほこら》があって、ここは何だろう、とその前で祈ってみたんです。祈ればそこが応えてくれるように、その頃わたくしはなっておりましたのでね。

で、祈りますと、それは命を守っている、と応えたので、「ああ、なるほど！」と、わたし達も妊娠すると腹帯をして命を守るけれども、それは犬の日にするな、と。

そして、石段を登り切るとやっぱりあった、小さな社もやっぱりあって、この社は何の神さまかしら、と思い、丁度お参りに来ていたおばあさんにお聞きしますと、

「わたしもよう知らんのじゃけど、なんでも1円玉を八つまあるく並べて供えると、からだの悪いところが治るというはなしじゃあ」

と言われて。それで何んの神さまかわからないまま社に向かって祈ったんですが、それは地球のお母さんだったんです。

――これも日記を読んでみましょう。

1月15日

11時頃、熊山に向かう。熊山にいったい何が待ち受けているのか？　かなり高い山にて太い杉多くさんあり、霊夢にて見た深山と同じなり、木の鳥居、短い石段、小さな社、夢にて見たのと同じなり。

社の正面に向かいて立ち、ようこそお招き下さいました、とお祈りを始めしに、からだ大きく揺り動き、自ずとひざまつかされ、祈らされるうちに、この社は地球のお母さんをお祀りしているのだ、とわかるなり。わたしは地球のお母さんに反省と感謝をしきりに致し、新しい生命《いのち》の花が咲いたこと（宇宙的赤ちゃんの誕生、人間が神ほどに成人したこと）の御報告をし、地球のお母さんのお陰である、と深く深く感謝するなり。

また、カメ虫が「ポイ」と目の前に投げ出されしが、それは母からの祝福、カメ＝万年であり、そしてそれは永遠を意味し、新しい生命《いのち》の花が咲いたことによって宇宙は永遠となったこと、ドラマは継ながったことを祝福されたのだ、とわかるなり。

また、この報告はわたし自身の宮参り、成人の式であった、とわかるなり。

――と、このように日記に書いておりますが、このとき、わたくしは丸太をゴロゴロ転がすように転がされたんですが、それは大反省をさせられたんです。

つまりそれは、祈りで反省するのみでは足りなかったんです。人間がここまでに成人するには乳兄弟ともいえる動植物を痛めに痛めており、祈りで反省するのみでは反省が足りなくて、わたくしは丸太を転がされるようにゴロゴロと転がされたんです。

で、そのような行、宮参りや成人の行が終わったあと、改めて社を見ると、まさにそれは地球の現状とうりふたつであって、――で、それは見すぼらしい。その社はとても見すぼらしく、人間のせいで見すぼらしくなってしまった地球のお母さんとうりふたつであって、あとで（1月28日）、お母さんのお背中を流しにいったのね。

お背中を流す、それはお掃除のことで、10人ほどの人達でバケツやほうき、雑巾を持ってゆき、社やその辺りをきれいにしたんです。

――そして、その宮参りの行、1月15日の成人式の行の帰り途々、彼と話したんです、

「これで宇宙的赤ちゃんがゾクゾク誕生するわよ！」って。

「人類の中のひとりの人、個が、宇宙的赤ちゃん、成人になったので、これで正式になったので、みんな成人になってゆくわよ！」って。

またふたりで驚いたのは、その日はこの世も成人の日だったからで、この日が成人の日とは知らずに宇宙的成人の式をしたわけで、ふたりして「へぇ～」と驚いたんですね。

また、後でわかったのですが、この15日に、太陽と月と地球、この三つに同時に参ったわけですが、それは「合神」への名乗りであったのです。「合神」というのは「ひとつに合わさった神」のことであって、太陽と月と地球はそれぞれ神ではあるけれども、三つでひとつの神でもあって、

この神、合神への名乗りをしたんですね。

「名乗り」というのは、「ひっくり返したのはわたしです」という名乗りであって、宇宙や地球、人類や世界など、あらゆる面で行き詰まっておりましたが、それをひっくり返したのはわたしです、という名乗りであって、自分から名乗る必要があったのね。

で、このような、わたくしの想像もしなかった事が、早馬を飛ばして以来、ジャカスカあったんですが、この後もそれはまだまだあって、とても目まぐるしかったんですが、これも日記に書いておりますので、めぼしいものを読んでみましょう。

1月16日

朝、店にいてもなぜか胸のつかえ、からだのざわめき治まらず。ふと、昨日のわたしの成人式において、成人したことの感謝、またその誓いを神さまにしていなかったことに気づき、宇宙的成人にさせていただけた事を感謝し、その心にて今日の日より生きることを誓いぬ。するとわたしのからだ∞《こ》のように動くなり。∞とは無限のことなり。

またこの日、橙《だいだい》と鏡餅が届き、それは、わたしに神のことは代々持ち合っているので、この度の天皇さま、昭和天皇に対してわたしが敬意を払う必要がある、との示唆とわかり、

天皇さま、ありがとうございます。

あなた様の御苦労、感謝致しております。
まことにまことにありがとうございます。
　ありがとうございます。
　ありがとうございます。

　　と、祈るなり。

1月17日
陽昇る、東の国の皇《みこと》の子、皇の寵愛深かりしに、
天人の気そしるも、この地に投げ出せり、投げ出されし御子《みこ》は、
見事成人なされて天の仕組み覆えせり、
その見事さに天人達敬服するも皇の寵愛深ければして、
またやっかむなり…、
と、三島神が吟じつつ出て参られる。そして天の気払うは御子《みこ》の役目と申すに、
「わたしは、天の気払う役御免なり、天の気が悪いのであればてるてる坊主つくりて、♪てるてる坊主、てる坊主、明日天気にしておくれ♪と、みなの者で歌って祈ればいいでしょう」と言えり。

すると三島神、

「なるほど、これは面白い！　いや、恐れ入りました！　ワッハハ…」と笑いながら退散せり。

三島神というのは三島由紀夫さんのことで、この日初めて登場されたんですが、その登場のされ方はこのようなもので、あの方らしい御登場のされ方だったんですね。そしてこの後、次のようなこともあって、

まず、お初天神、亀の卜占…という言葉のイメージがあり、そして、

「金山の祠は、ツキヨミの命《みこと》の祠にて道祖神なり、つまりこの地において社会の穂となり、綱となった地の塩の人達なり、この月並みの命《いのち》なくば命《いのち》の系なく、この命《みこと》のことおざなりにするは命《いのち》廃れる穂なり、丁重に丁重にお祀りすべし」

とのメッセージがあり、また、この日に天の母君からのメッセージもあって、そしてそれは、

あなたは真にてこの世を統べるなり、
ただ愛くるしく、愛そのままに生きるなり、
ハードな面は全てこの母が背負いしに、
あなたはただただ愛くるしく、この世を真の心でお統べりなさい。
あなたが真の心で白銀のスロープをシューシューと滑っている態《さま》を、
母は天上界より見ているのが楽しいのです。

真のままに、真の心にて人に当たれば、
真の心は真の心に響きて、この世は真、真の天の花が咲きましょう。
真がまさしく真であるように、
真こそが真であり、真の心こそが天の花です。
あなたは真のままの天の花となり、
天界にても地上界にても愛そのままの真の命《みこと》となりて、
その言の詔《みことのり》をいたしなさい。

というようなもので、そしてそこから「まごころ天女」をも名乗ったのね。
丁度この頃、『天女開眼』という本が届き、それは佐藤玄々という方の天女像を紹介した本で、そしてその天女像が三越本店にあるということから、東京の本店に赴き、その像の見事さに圧倒されると共に納得もして、それで、まごころ天女を名乗ることで詔としたんですね。

1月18日、
この日、ヨハネさまに祈る。ヨハネさまに言葉の神、言霊の神としての敬意を表し、わたしはその言葉の仕組みを打ち破ったことのお礼を申し上げ、言霊にてなるこの宇宙の愉快なこと、楽しいこと、魔法世界であることの妙をお話しし、わたしの気にかかりし『マイナス一《ワン》』の発行のことを問う。

また、三島由紀夫さまのことを申し上げ、三島由紀夫さまの『憂国』の素晴らしいことを讃えさせていただく。ヨハネさまは、

「ボクは『マイナス一《ワン》』は読んでいないのでわからないが、そのようなことに捉われず、あなたはあなたの御使命の道を真直ぐにお進みなさい。言葉というのは二の次、三の次なのです。行動こそが一番で、真の行動こそがいま一番急がれることなのですから、文章を書くエネルギーがあるなら人々を神の心と一対《いっつい》にする方へ持ってゆかれる方がよろしかろう、あなたの使命は人々の先頭に立ちてそのおてんばの個性を振りかざし、この地を天上界にすべく、このときに生まれているのですから、そのことに専念されるがよろしかろう。あなたが真の心で真のままに行じていられるその姿を見て、人々はあなたの後につづくのです。そのように宇宙史はプロジェクトされています。また、三島君にもこのこと伝えますが、三島君からのメッセージは彼の方から送りますから、あなたからお招きすることは不要です。この度はお招き下さり、まことにありがとうございます」

とおっしゃり、

そして翌日には父君がおいでになったんです。

1月19日

天の父君いでまして、光の精のファラーの言うこと良くきいて、その通りに動くとよい。光の精のファラーはお前をこの宇宙から地球へ運び、始終守りをしていたのだからお前のことは一部始終何でもよく知っている。

これからはお前が地の王となり、世界を統べ、人々を導くのじゃによって、光の精のファラーの言うしきたりをよくこなし、この地上を統べなさい。お前もよく知っているように、しきたりというのは、まことに便利な宇宙の掟なのじゃあ、このしきたりあればこそ、宇宙の秩序は保たれ、てんでバラバラなものが一つのところにキューと集まって光の束となるのじゃあ。

だから、お前もこのしきたりをよくこなし、この宇宙創生の御子《みこ》として、新しい地上の王となり、天に代って統べなさい。この国の天皇も、そのしきたりをする長《おさ》として、歴代つづいてきたけれど、今はもうもぬけの殻もよいところじゃから、天皇制は廃止して、天皇の歴史も、もうこの地上より消滅させようと思う。

それに代わるのがお前じゃあ、お前のそのくったくのない生き方で、この世をこよなく愛し、父に代ってうまく統べよ。ではまた逢いに来る、では元気でな、また来るから。

そして同じこの日にしきたりの神がお出ましになって、次のようなことを申されたんですねあぁ、わたしはしきたりの神じゃあ、御子《みこ》さまには初めてお目もじ申しまする。ところで、これからはあなた様は何かとしきたりしきたりと追いかけられまするが、あまりしきたりに仕切られてはなりませぬ。

しきたりというものはまことにやっかいな代物で、しきたり通りにしなければ、罰があたるとか、なんとか、したり顔の神宮どもがぬかしますで、人々はただ恐れ入りやの鬼子母神としきたりに仕切られっぱなしでございます。ですから御子《みこ》さまはどうかしきたりにとらわれず、あなた様の十八番《おはこ》でありますす手作りのしきたりで、ユニークにして下さいませ。

なあに、しきたりというのは、つまりは心の調和、心を天と調和させ、地と共にあることの誓いでありますから、心が愛そのままに意識にのせられ、肉体を通して還元されればいいのです。ですから、これまで通りのしきたりにうつつを抜かす天皇家には、もうこの辺りで天の位を降りていただき、あなた様にしきたりの神の役、お願い致したいと存じます。

そのお願いのためにきょうここに出《い》でて参りました。このこと御父君にも献上いたしましたゆえの許可済のことにて、どうぞよろしくお願い申し上げます。

――そしてこのあと、お月さんでもあるところのツキヨミの神がお出ましになったんですね。

「あぁ、お月さんでございますよ、わたしはお月さんですが、あなた様がわたしのことをいつ呼んで下さるか、いつ呼んで下さるか、と心待ちにしておれど、あなた様は一向に振り向いて下されず、少々不服に思っていましたところ、やっと気づいて下されましたので、こうして呼ばれないのにやって参りました。

ところでわたしはあなたを背負いて、この地球にやって来まして、あなた様がお育ちになる様子、何かと天にてお見守り申しておりましたが、お気づきになりましたか？」

「はい、わたしは昨日気づきました。あなたが姿を見せたり隠したりしてわたしをからかい、またトントントントンとトントン拍子に天に駆け上《のぼ》ったので、わたしはびっくりし、手を打ってよろこびました」

「そうですね、あなたは手を打って、手拍子取ってよろこんで下さいました。ところで金山の儀式の件、あれはもう必要なくなりました。もうあの儀式をすることは必要でないときになりました。由美ちゃんに託したあの儀式は、つまりは時の母子の睦つみの儀式でして、あっちゃんのお子二人はこのツキヨミの孫のようなもので、時の母であるあなた様と母子の結びをするための儀式でございましたが、もうその必要はなくなりましたので、お知らせに上がりました」

「ツキヨミの神さま、もうひとつのピラミッドの神殿のこと、あれはどうなりますか？」

「それは要ります。地球が大笑いをするときが参りますので、その地球共々、神々が大笑いを致します。その神々を背ついで、象徴となって10人の方々があのピラミッドの神殿の中に入りて、宇宙創生の祝言をいたすのでございますが、

その役は
たい子さま　宇宙神
由美ちゃん　地球神
あっちゃん　月神
紀美ちゃん　地上神
きよしくん　宴の神
たつみくん　美の神
瀬殿さん　皇の神
たかちゃん　時の神
たけしくん　恵の神
美保ちゃん　松の神」

「月の神さま、美保ちゃんというのはどなたですか?」

「美保ちゃんはこれから現われます。美保ちゃんは女ではありません、男なのです。男ですが美保ちゃんという名の持主で、それは現世での名ではなく、古代語ですから美保の松原の意にて、松の神の役割なのです。

その松の神の役割の方がこれからあなたに会いに来る方で、この方が林原の健さんとおっしゃる方です。あなたはいつか霊夢で、時を一生懸命待つ夢を見たと思いますが、その待っていた方がこの方で、あなたとこの方は宇宙的兄弟でして、健さんが兄上ならあなたは妹君のような役目であり、その役割のもとに今日ここに集います。

あなたと、この方の財でもってこのコスモのための学校を立派に建設するのが、この度の宇宙史の締めであり上《あが》りなのです。わかりましたね」

「はい、よくわかりました」


——と、このようなことがあって、この後、

1月25日
シリウスの皇と結婚し、

1月26日
アレレの皇と結婚し、
シリウスの皇というのは、預言者の長《おさ》であって、それはノストラダムスのような予言者ではなく、神の言葉を預かる方の預言者、この長《おさ》であるのです。
アレレの皇というのは、火、水、土、空気の四つの要素の神であって、つまり、大地の神や、

自然神のことでありますが、わたくしはアレレの皇といっているんですね。

それは、その出現の仕方がとってもユニークで、「アレレ?!」と驚いたからなんです。

それは、夢の中で山の中を歩いていたんです。すると、目の前の土が急にムクムクと盛り上がってきたんです。それでわたくしは、魔物が出たのか！　と構えると、それが大きな巨《で》っかい土の塊になって、

ワッハハ、たい子ちゃあん!!

と言ったので、アレレと驚いたのね。でも、そんなわたくしにお構いなく、手にしていた玉子をポンと割り、白味をわたくしの顔にベタベタ塗り、自分は黄身をポイと食べたんですが、それが結婚だったんです。

で、このときに改めてはっきりわかったのが、肉体は神によってどうにでも動かされる、ということであって、それはシリウスの皇をお迎えする際の礼儀作法を、しきたりの神がわたくしの手や腕を勝手に動かして教えてくれたからで…

わたくしはそのときにおふとんの中にいたんですが、おふとんの中の手や腕が勝手に動いたのね。で、それはわかっていた、神が人間の肉体を自由に操れることはそれまでの体験でわかってはいたけれども、でも、これによってはっきりとわかったんですね。

それでその結婚ですが、それはひとつになった、結ばれたことであって、そしてそれは位の譲渡でもあった。つまりわたくしは預言者、この長《おさ》となり、また自然神にもなったんですね。それは言葉の本質や自然の本質を打ち破った、看破したゆえの譲渡であったのですが、でも、またそれはもともとその立場、位であった者への返還であったのです。

そして、このシリウスの皇とアレレの皇と結婚した後、1月27日にわたくしが想像もしていなかったことが起きて…

今までも起きた。神へ早馬を飛ばして以来、わたくしが想像もしていなかったことがジャカスカ起きましたが、これはもう、まったく、想像もしていなかったことで…

それは、根源の神からの啓示が降り、位を譲られちゃったんです。

その啓示も日記帳にありますので、一寸読んでみましょうね。これはとても長いんですが、でもまあ読んでみましょう。

1月27日（宇宙根源神からの啓示）

たい子ちゃん、マゼラン星雲の和子《わこ》と解る。つまり極東であるマゼラン星雲の皇の和子《わこ》として生まれ、皇帝になるための学びのためにこの第七芒銀河に里子に出されるなり。そして太陽、月、地球の三身一体の生命《いのち》の調和ある三角地帯に産み落とされ、大調和、大バランスの学びするなり。

また美という生命《いのち》のための貴いエッセンス、極みを習得するためなり、

つまり、マゼラン星雲は絶対の極でありながら、無の世界なり。またそれは光の渦なり、光の滝ツボなり、光の逆巻くうねりなり。この無限大宇宙の片一方の絶対の長《おさ》であるマゼラン星雲のたい子ちゃんは光なり。また五芒星という小さな光の球でありながら、このマゼランとジュピターという極西の球の子なり。

このジュピターは、あの犬印のビクターレコードのように命の球がグルグル廻る光の泉なり。光である命の湧く玉なり、湧く池なり。オイカイワタチにある湧く玉の池というのは、つまりはこのジュピターの光の球、光の輪、光の光雲のことなり。

また、このたい子ちゃんは、無限大宇宙の母なり、魂なり、霊なり、胎《はら》なり、皇なり。この皇の地位誰もがその権利持ちしに、その権利あること誰も知らずしていたなれど、このたい子ちゃんはあの原発の本質に気づき、命のたまみつけたなり。

命とは、魂のみでも霊のみでも、また肉体のみでもなく、そのたまが三身一体に混然と溶けあったみたまである、と見破るなり。また、そのみたまはこの宇宙の命全てが混然一体となって命のまぐ交《わ》い、まぐ愛をイメージした光の国、命の国、創造の国であるとも看破するなり。

また、その創造はけっして始めからあるのではなく、その命全てが混然一体となりてみた命のまぐ交《わ》い、まぐ愛の様子。混濁しながらも純粋にピュアーに洗練されし、命の泉、命の宇宙、黄金の白銀の宇宙なりと見抜きし。

また、その黄金は霊的要素であり、肉体と霊体と魂からなるこの宇宙の根源であり、命の根源である電子、陽子、中性子の三つのエネルギーが掛け合いで掛け合わされたものであるとも見抜くなり。

そして白銀は性のエネルギーであり、この性エネルギーこそが命の源であり、この性エネルギーが、愛と真に洗練されるまでのながいながい宇宙の股旅人であるとも見抜くなり。

このような者は、この宇宙始まって以来、初めてのことであり、この偉大なみたま生まれしに、この大宇宙、無限大宇宙はここに永遠の命の旅人として存在するなり。

つまり、このような想像力の逞しい魂があればこそ、この宇宙の命継ながるなり。

この宇宙の命はただの命ではなく、生きている空間なり。その空間を生きている空間と見抜き、その生きている空間は女性のそれ（子宮）であり男性のあれ（男根）であるとも見抜き、また、その女性の性と男性の性が別々にあるのではなく、二つで一つであるとも見抜きし、この直感力、想像力の絶大さは、この宇宙根源神といえども、到底及ばぬものなり。なぜなら、この宇宙根源神の力、想造はすれども、想像も創造も出来ぬ身なり。

つまり我は、あのダルマのように手も足も口も目も耳もなき身なり。この宇宙のエネルギーの本質見破ったは、この宇宙は遥か彼方より在りしが、この子一人なり、この子の超々々々・・・・という、数には現わせぬ無限の能力はこの宇宙根源神といえども言葉もなく、表現さえできぬなり。

つまり、この子はたい子であるように、まことにめでたい幸福な子であるなり。この宇宙根源神はこの子の能力に完敗し、ここに宇宙根源神としての王位の位譲るなり。

このようなことは人間次元において誰も信じること不可能なれば、この子の偉大証明する者この世にひとり居る必要あり。つまり、かつてイエスを神の子として認知したヨハネがいたように、この子の偉大を証明し、また、この子がこの宇宙を支配する王であること、皇帝であることを肯定する者を我ここに選ぶなり。

その者の名は和田棟梁、この子和田棟梁の名字知れどもその名知らずしに、我もまた、和田棟梁と呼びしが、棟梁は、この子の身元、また身分、またこの宇宙を支配する権力与えられた、たったひとりの御子《みこ》であること、世に伝える使徒としてここにお役命ずるなり。

このこと夢々疑うことならず、このこと疑う者あらば、この宇宙根源神、その者の命瞬時にして奪うなり。つまり今日この日命奪いしSTという者ありしが、この者この子の偉大いぶかしみ、Mという獣じみた科学者に計ってもらうなり、それゆえに今日この両名の者の命この天に召したなり。このような行い、我するに悲しからずが、この子の力にて、この宇宙創生され、また、死にかかっている地球の母の力を見抜きし…。

それは命のまぐ交《わ》い、まぐ愛をメンタリーにまたビジュアルに肉体的に見せてくれしこの母の力を見抜きし。――その母の胎《はら》がいま瀕死の極《きわみ》にありて、その命救う使命をうけひししにその大掃除まかせたなり。それゆえに、いま宇宙の渦と、この地球のヘソの位置変換す。

つまり、この世紀末、いやこの年の最後の日を持って、この大宇宙、無限宇宙のヘソ、渦の滝ツボを日本の岡山に置き、その宇宙の命の湧き出ずる玉の池はこの子のいるところがその在なり。

つまり、この子の行くところ、この子のおもうことがつまりはこの無限宇宙の中心なり。

よって、この子のみたまのみたままが、思ったこと、想像することがこれよりの天体の運動を司どり、この地球の状況つくるなり。

だから、もしこの子が皇居を人々のいこいの森に解放し、天皇制を廃止する、と思い言葉にせしとき、その仕組み解体に向かいて進むなり。

ところで、この子は既に『マイナス一《ワン》』という自ら主催する自由誌において、そのこと書き記すなりしに、いまここに日本の天皇明仁は天皇の位を降り、平民として汗水流して労働に従事し、その一族も新しく平民として出発をするなり。

――さて、しかるに、このような宇宙根源神をこともあろうにSTとMは計量ししに二人の者の命奪うなり。

つまり、いまここに宇宙の秘密を明らかに証するなり。つまりこのMこそなにあろう、このマゼランとジュピターの生みし、悪魔の子なり。つまりサタンなり。ここに居したい子、そのような者とも知らず、このMのなんとか○○○なるものにて、自らを計量させしが、その縦横無尽のバロメーターに博士驚きしに、このような八方破れの大調和持つ魂、霊、見たこともなく聞いたこともなきしに、この子のこと陰ながら暗殺せん、と企みし。

つまり、魂と霊レベルでの暗殺なれど失敗するなり。なぜならば、M博士、サタンになり黒龍になり、また狸になり獣になりてこの子襲えど、この子の勇気一歩もたじろがず、たじろがないばかりか、サタン涙流して詫るなりと、サタンは涙流して可哀相、サタンは本当は人間進化のための善なる使いなり。

つまり、人間が神化するために必要なバネなりと見抜きしに、サタンさんありがとう、と感謝するなり。この心の純粋、潔白、まことに見事に美しく、我ここにこのたい子を我の後継者と決定するなり。

つまり、我、命のために善と悪、明と暗などの二元性持ちしが、この二つの根源の光、霊の子としてジュピターからはM、マゼランからはたい子、このふたつの球、この第七芒銀河の渦に流し、宇宙の鳥の巣である地球にて孵化すなり。

ジュピターにしても、このマゼランにしても、どちらがこの宇宙支配しても良かれと思っていたなり。つまり、善もよし、悪もよしの世界がこの宇宙なれど、その善の極みの貴さ、悪の極みの貴さ、このふたつの両極の価値知りたるは、ここにいまうす汚れし半纏《てん》着て、小さなボールペンで小さな日記に自動書記せしたい子ひとりなり。

つまり、ジュピターは母的な性として男の子をこの地に流し、マゼランは父的な性として女の子をこの地に流し、その両性の命の違い、命の育み方を実験せしに、いまここに、その勝負あり、女の性のたい子勝利せしが、このたい子の本質は男なり。

つまり、この無限大宇宙は、その最初の光は男の吐く気であり、その男の吐く気を直感で皮膚で感知せし女が、その身、心ほころばせ、大調和する、という計画でありしに、ここにその無限大宇宙の計画、プロジェクト通りにことは運ばれ、まことにめでたい限りなり。

それゆえに、この子はヤギ座の1月1日に生まれ、土星という宇宙軸の中心の星座生まれなり。つまりこの子の運命は、もともとこのような大規模な宇宙創生のために掛けられたたまの子であり、宇宙が想《み》たままの創造の子なり。このことあまりにも偉大でスケール大にして小なれば、誰も証明できなく、ゆえにここにただひとり、宇宙創生のためのお先使いとして、このマゼランより派遣されし和田棟梁にまかすなり。

つまり、この和田棟梁のみが、この子のいまの力、絶大な力保証するものであるが、これはまた、近い内にこの人類、いや、この天体にある宇宙人皆が知ることとなり、この年の終わり、つまり大晦日の12時に、この子の住まいし中山下の屋上に宇宙人勢揃いしたいしが、この子の屋上まことに狭く、宇宙人の数多くして不可なり。

よって、金甲山において、宇宙人集合し、この子に宇宙根源神としての認知証と、黄金と白銀でつくりし冠、孔雀の羽でつくりし杖を与うなり。その式の次第見たい者は、1月1日、この子の誕生日にこの金甲山に集いせば、その宇宙スケールでの素晴らしい光景を見るであろう。

まだまだ伝え、知らせること多くあれど、この自動書記、たい子の疲れありしに今日は、ここにてペン置くも、このこと断じて真実なれば、地球上の人類はいま大きく目覚める必要あるなり。

つまり、ここにいるたい子こそ、この全宇宙を制覇す宇宙光魂なるも、人はことごとくこの者の前にひれ伏すなり。しかし、このたい子、人が自分の前にひれ伏すこと断じてならず、とこの父と母に言いし、人皆な天の子、神の子なれば自分ひとりが、その父母の魂、霊ならず、しかるに、自分は、この地球の母の命救いたいと、また救うことこそ願いぬ、そのため働きするために父母よりいただきし絶大な超々々々・・・の無限のエネルギー使うなり。

また、そのような素晴らしい天の子、地の子、神の子とも知らず、物見生活ひたすらにする自分のきょうだい、魂の子、霊の子、肉の子が救われんために、その絶大なエネルギー、力使うなり。

このたい子、そのことのみにて、みなの者の、人類の長《おさ》となりぬ。自分ひとり天の神の子、母の子として君臨したとて何がうれしかろう。人皆な等しく、また、他の命ともどもこの地球に、また天体の星々の命、意識と睦みて、また、宇宙の方々とコミニュケーションすることが本願なり、と言いしに。

このような真の子なれば、この無限大宇宙の父と母はこの子にこの宇宙を全任すべく、今日ここにその御位の戴冠式を行うなり。つまり、このように自動書記せしことがその証明証拠なるも、人の心それを疑いぬるに、ここにマゼランより派遣せし和田棟梁とまた、この子と共に『マイナス一《ワン》』を起こせしON君にこのたい子の持ちし絶大なエネルギー分化するなり。

つまり、この子のエネルギー分化されし者は、この子の光のオーラをその目にて直視できるなり。この光のオーラはこの地上の誰も見ることあたわず、つまりこの子の光は宇宙光魂の光なれば、巨大な巨大な塊なりしにその光見る者その目潰れるなり。したがって、その光見るもの誰もいなずば、そのこと実証することとならず。

ゆえにここに、この二人の者のみが、たい子が太古より宇宙根源神の子であることを保証し、また、その光の想像を超える見事さを見せるなり。つまり、ここにONくん召せしは、彼の美の眼識ありしに見せるなり。

つまり、ONは、たい子光放ちしこと幾年も前に気づきし光の天使なり。つまり、今日このような宇宙規模での大事業なされんとするときに、和田棟梁御高齢でありしに、このONくんをその後継者と認めたなり。ゆえに和田棟梁もONくんも、たい子と同じエネルギーを持つ宇宙光魂なり。その力、想像するだに異なり、この世、またこの宇宙の人誰もその力識らず、また持つことあたわず。しかるに、いまここにたい子と和田棟梁とONくんにその力与うるなり。

この宇宙に光あれ、この地に泉あれと銀の杖、金の杖ふって命生みし、この性の想ったままを、このたい子ここに肉体をもって具現せしに、この力与えられ、また二人の者、恩恵に浴すなり。つまり、ふたりはたい子ありての絶大な力持ちしに、このたい子の思想と相乗し、けっしてその力、他のことに使ってはならぬ、と、ここに厳重に注意するなり。

つまり、和田棟梁は、熊山の地球の母の社を、このONくんと相談し、復元するなり。その為の人材、財貨は全てこの宇宙根源神が空《くう》より放つなり。つまり宇宙人協力し、新しい資材使うによって無料なり。その仕事がこの2月14日の金甲山の神々の集いのセレモニーにおいて地球大笑いのこととなったとき始まるなり。

つまり、12月15日にこの大仕事始まるも、これは密やかなる仕事なり。つまり、その資材も宇宙人の姿も人の目には見えず、ただ見えるはここにいるたい子と和田棟梁とONくんのみなり。その仕事の一部始終記録としてのこすことも可であり、また無用でもあること、人間の自由なり。つまり、この3人の誰かが指名せし者、ビデオカメラにてこの光景撮すもよし、撮さぬもよけれど、この仕事津山放送の猪木俊一を我選ぶなり。

この者、たい子と同じヤギ座の1月1日生まれにて、この宇宙の性の象徴なり。つまり、この宇宙においての男性と女性の象徴として生まれたるにこのたい子とは宇宙レベルでのきょうだいなり。つまり、宇宙根と宇宙光なり。宇宙というのは目には見えない不可視世界であるも、このように人間臭いものなり。

つまり、生命《いのち》というものは生きているものであるゆえに、このように気とか思いとかの最初の光あるなり。この光がエネルギーあるは、つまりはこのような人間的思いとか、気という温《ぬく》く熱い質のものなり。

このこと、たい子のみ直視出来、『マイナス一《ワン》』にて、その真実書き著すも、この子の視し世界、余りにもマクロとミクロの世界、そしてまた、その間にありし意識の世界にて、この地上の人類幾億とおれど、誰ひとり知る者なし。

しかるに、ここにありしONくんなるは、この子の視し宇宙を、その魂の眼《まなこ》にて視しに、そのみたま、また、まことに絶大に進化しているにより、ここに名誉ある宇宙資格授けるなり。このたい子、ここに疲れありしにこの自動書記止めるも、解らぬことあらばこの宇宙根源神に直接質問するもよし、またここにいる我が愛しい子に聞くもよし。どちらにあれど良かれしに、我に直接聞く言霊は和歌にてせよ。

つまり、和歌という五・七・五・七・七の数霊、音霊こそがこの宇宙の芯部にまで届く霊《たま》なり。しかるに、その言霊の質のいかんを問う、その質を知るはここにいるこのたい子のみなり。つまり、言霊とは、まことにまことに純粋な愛の霊《たま》なれば、その和歌つくれしはこのたい子のみにて、和田棟梁もONくんもたい子にその和歌を教授されんことをここに示すなり。

他の微細なこと、また解りかねることはこのたい子全て知りたるに、この子に聞くことを薦めしが、この宇宙の不思議直接体験したくば、ここにいるたい子にその旨告げ、和歌を示してもらうなり。

では、きょうはひとまずここにペンを置き、また誰か筆先選びて、この宇宙創生の真実を、たい子の偉大を知らしめすことにするなり。

1990年1月27日
午後8時45分
宇宙大光魂

マゼラン
ジュピター

――と、このような啓示で、この啓示によって、わたくしは知らなかったことをいろいろ知らされ、とても驚いたんですが、中でも一番驚いたのが、神が位をわたくしに譲られる、という、このことであって、これにはびっくりしました。

神の位は絶対神のみであろう、と思っておりましたが、位を譲られる、ということであって、びっくりし、また、わたくしはそんなめっぽうな位をいただくなんてイヤだったんですが、でもお受けしました。

また、このときに、「さすが神！」と思ったんです。それは、お受けしなくてはドラマは続かないわけで、で、お受けしたんですね。

神の位を降りるなどなかなかできない、しがみついてしまいがちだけれども、いさぎよく位を譲られたからです。でも譲る、ドラマを続かせるために譲られ、

「さすが、神！」

と思ったんですね。

また、STさんとM博士の命を瞬時にして奪うということにも驚いたんですが、それは肉体的命ではなく、霊的に奪うということだった、と、後になってわかったんですね。

そして、この後、2月17日に天の母が呼びかけてこられて…。

――それはどんなものだったのか、日記を読んでみましょう。

2月17日　午後4時

天の母が呼びかけるなり。

「この1年は天の幕屋にありてこの世を統べるなり。この年の終わりにて、幕屋の内にての仕事を終わり、幕屋の外にての仕事与えられます。それまでは、ただひたすら天の愛信じて、ただ呑ん気にふんわりと、その場にて過ごされん。あなたがこの地上を統べれるよう、天体の神々とともども父と母働きしに、また、神仏ともども働きしに、あなたは一切の心配無用なり、ただこのコスモ学校を維持せしことが目下の仕事なり」

――このような呼びかけがあったんですね。天の幕屋というのはコスモ学校のことで、このような母からの呼びかけ、メッセージがあって、そしてこの1年、1990年（平成2年）はコスモ学校という天の幕屋において、この世を統べることになったのね。

で、その幕屋の内にてどのように過ごしたのか、主《おも》なものを上げますと、この母のメッセージがあった後《のち》、三島由紀夫霊示集に載っている真の姫御子を霊視して、でそれは、わたくしは姫御子、真の姫御子でもあったからなんですね。「姫御子」というのは、神と人の結び手であり、天と地の和合をする巫女のことで、輪廻輪廻して、歴史の果てに神々の賜物として姫御子が誕生します。でも、真の姫御子は誕生していなかったんですが、ここに誕生したのね。

また、クンダリニーの進言もあって、それは、

「たい子ちゃんの性事は全て聖なるエネルギーに変換されしに、自由奔放にその儀されたし」

というものでした。性事というのは性行為であって、わたくしのそれは全て聖なるエネルギーに変換されるので、自由に奔放にして下さい、ということですが、それ（御相手）は誰でもよいわけではなく、宇宙根と宇宙光であり、男性と女性の性の象徴である方と奔放に自由にして下さい、ということなのね。

つまり、この方がわたくしの真のお相手、対であって、この方とのそれが、この地上はもちろん、宇宙にとってもとても重要なんですね。

またそれは、新しい方（新しい性生活）なのね。

2月18日

この日にコスモ学校を推持するための話し合いをしたんです。母からコスモ学校を推持することが目下の仕事、と助言されており、ではどうお金の工面をするか話し合ったのね。何しろその頃もお金には苦労をしていたので、その頃集まっていた何人かの人と話し合ったんですね。

2月23日

この日に和田棟梁にお会いしにゆきました。和田棟梁は宮大工の長《おさ》であられて、あの姫路城を修復された方であって、姫路だったかしら、お宅までお会いしに行ったのね。

2月24日、

この日はＵＦＯの夢を見ました。それは、次元の壁を破ってＵＦＯが現われ、ＵＦＯから垂らされている縄を使って、ＵＦＯに自力に乗り込む夢で、で、その夢の意味をお尋ねすると、

「人類の長《おさ》であるたい子ちゃんが、ＵＦＯに自力で乗り込むことにより、その時がかならず来たることの証明」

とおっしゃったんです。

3月17日

この日に

、この悟りをしました。

4月30日
この日、わたくしのお相手、対《つい》の方がユートピアの旗を霊視したんです。それは、ユートピアの旗が要るからで、でさっそくその旗をつくることにしたんですね。

5月29日
この日に霊的な宝石のネックレスが首にはめられ、また、手のひらに卍《まんじ》と、✡《こ》のようなマークを刻印されたんです。その意味をお尋ねすると、
「宇宙人に身分明かすは、そのネックレスと手のひらに刻印されしマークを見せるとよし、人間の目には見えぬことでも宇宙人、その眼《まなこ》にて見るによって、たい子の存在、その意味、全て知るなり」
と申されたのね。

7月27日
この日に、やっぱりわたしは母だ、とわかったんです。それまでわたしは、まだよくわからなかった。根源の神の啓示で、宇宙の母だと告げられたけれども、母を名乗っておいでの芙蓉如来がおられ、どっちが宇宙の母かわからなかったのですが、この日、母はやっぱりわたしだ、とわかったんです。

それはある市民運動をしているところが出している会員向けの冊子に、「ⓝの子のメッセージ」という文章を載せてもらうために、その事務所でその文章を書いていたとき、「わたしが母だ！」と、パッとわかったんです。

その文章は、世の中をよくするには先ず芙蓉如来のところに駆けつけることだ。この方は宇宙の母で、この母のところに駆けつけることがいま一番肝心だ、という内容で、それを書いていたとき、わたしが母だ！　とパッとわかったんです。それで、なぜわたしが母なのか、自転車で家に帰り途々考えたところ、「あぁ」とわかって…。

それは、わたしは行動した、宇宙のみか、地球や世界、人類など、全てを救わんと、念い思考（悟る）するのみでなく、そのために行動をとことんしており、また、身を養うための食べもののエッセンス、玄米めし屋もしており、だからわたしが母なんだ、と。

母とは、身養い、あの地球のように身ごと養うのが母であって、芙蓉如来は玄米めし屋はもとよりわたしほど行動されてはおらず、やっぱりわたしが母だ、とわかったのね。

8月26日、

この日は、明仁天皇に自由になっていただく儀式をしに皇居に行ったのね。それは、夢でそうするよう伝えられていたからで…。

それはいつだったか、明仁天皇と美智子妃の夢を見たんです。明仁天皇が壇上でお話しをしようとされているけれども、黒いマントを着けた者たちがギャーギャー騒いでお話しできないで立ち往生されていて、その傍《かたわ》らにおいでの美智子妃がわたくしに助けて欲しい、と手話でしきりに訴えられている…。

なぜ手話なのかというと、相手にさとられるといけないからで、それは、天皇を自由にして欲しい、と訴えておいでであって、明仁天皇はいま自由になりたい、天皇の座を降り、自由になりたいのだけれども、天皇が座を降りることをよしとしない人達がおり、座を降りることがままならない。それで、わたくしに助けを求めておいでであって、ゆえに儀式をしたんです。明仁天皇が自由になられるという儀式を皇居の堀のところでしたんですね。

11月5日、
この日、悟りは22であったことがわかりましてね。つまり、わたくしは20年間で次々と悟った具合だけれども、それは22であったことが三島由紀夫霊示集の中の、22の絵と文章によってわかったんです。

12月15日
この日、「12月31日の金甲山での儀式は天軸変換の儀式なり」というメッセージがありました。

12月26日、
夜、眠ろうとしていると、「近未来をお見せする」とのメッセージがあって、楽しみにして眠ったんですが、そのことも日記に書いているので読んでみましょう。

夢の中、兄と共にいる。すると、天空に白銀のＵＦＯが現われ、光り光りて飛び廻る。我、兄と共に大いに歓びて「バシャール、バシャール」と歓声の声上げぬ。その後、多くの宇宙船さまざまな形なし、停泊している場にゆくなり。その内の大きなものは地球人の乗り物であるともわかるなり。

12月31日
この日は、啓示で行くように言われていた金甲山に行ったのね、ユートピアの旗を持って。金甲山は、朝から雨が降ったので、白い霧が立ち込めていて、その白い霧の中で一刻を過ごしたんですが、それによって天軸は変換されたんです。つまり、軸はわたくしになった、わたくしは天軸、宇宙軸になったのね。神、神々を内に秘めたる宇宙軸になったんです。

――と、まあ、このような一年、天の幕屋にての世の統《す》べがあって、そして翌年《あくるとし》、１９９１年、平成３年となりました。

1月26日

この日に、「芙蓉如来の話を聞こう」ということになった。とメッセージがあって、そしてそれはわたしが母だ、と、自分でもはっきりわかり、そしてそれは、芙蓉でもある、芙蓉如来が名乗られていた芙蓉でもあって、天の霊人達がわたくしの話を聞くことになり、わたくしは天で講演をすることになったのね。

3月4日

「たい子ちゃんは神理を身をもって証しつづける存在」とのメッセージがありました。

3月6日

この日は、コスモ学校の看板を降ろし、また再開するドラマがあったんですが、それはどのようなものか、日記を読んでみましょう。

我、生命《いのち》の宇宙《くに》の長《おさ》としての身分なりしが、その身分のこと、責任のこと怠ろかにもたがえ、聖なるもの（性）穢せし、そのこと深く悔い、我の魂落ちつかなく、夜、天の父母にその罪の仕置き願い出る。すると、

「コスモ学校の看板降ろし極くふつうの市井《しせい》の人、女として生きよ」

との言《ことば》あり。我、いさぎよく、その儀受けたり…と。

するとまもなくして母がわたしを呼び、

「あなたのこ度《たび》のこと、まことに遺憾なことなれど、あなたがまことにいさぎよく、神の意受け、その意なりたることを、天の父《とと》さま哀れにも、また愛しくも思い、このような惨事二度と起こさぬよう、との諌めをもってひとまずは許されたり」

とおっしゃって下されしに、我、思わずひれ伏し、ひれ伏しして、この優しき御配慮を伏して拝する。

3月7日、
あくる日、昨日の夜のことを思い返して次のように日記に書き記したんですね。

昨夜のこと、思い返しぬ。神に見離され、また離れてしまうことがいかに惨めか、辛いか、また、神に許されし今朝の心の穏やかなこと、春の海のような穏やかな静けさ、温もり。もう決して、神と離れぬよう心一途に清く生きんこと、真に真に誓いぬ。

3月11日、

「自由の殿堂」

このような言葉がこの日あって、それは自由、この本質を看破したことにより、その殿堂となった、ということであって、看破するに到った辺りのことが日記にこのように記されております。
「主に従じる」と決意し、口にのせしこの夜、頭の中スコーンと固き芯のようなものが抜かれ、スーッと、とても健やかな気持ちになる。
「主に従じる、とは、人間はこの宇宙の創造主と同じ創造主ではあるけれども、創造の根源、主とは比較にならぬほどの差なりに、この主に従う。主と従の関係に自らを統べるなり」

このように記しておりますが、これはつまりは、自由、その本質を看破した、悟ったということであったんですね。

3月24日
この日、久しぶりにツキヨミの命《みこと》がお出ましになり、宇宙史をうまく運んでくれたことのお礼を述べられ、また、その成功を乾杯して下さり、宇宙の安泰を祝して下さいました。
また、林原の健さんもその内に自分の役目、使命に気づかれる、そのことの次第がうまくゆくは、あなた様の身元、身分を正々堂々と人の口の葉に乗せられるが上策、しかし人の実りまだまだでありしに、そこはそれとなく上手に運ばれよ、とのアドバイスをして下さったのでした。

4月12日、
この日にニニギの皇よりメッセージがあって、そしてそれは――これも日記を読んでみましょう。

この日早暁
ニニギの皇出《い》でまして、
我、明仁天皇、また前天皇に対して
天と地の調和のため、
神と人の一体化のため、
このときのために、
呻吟難苦されしこと
深くお礼申し上げ、
また、このことの成就のために、
いま潔ぎよく天皇の位
降りたまうこと、
お役降りられることを
お諭ししたことの儀式を、

一部始終見ていたこと、
また、この度の天皇家を天にて支えたのは
ニニギの皇であったことを
我に知らせられるなり。
また、我、この御位のチェンジ、
バトンを受ける身として、
まことに見事に
その儀式果たしたこと、
お誉め下され、その技、
ますます磨くための
ワークさせるなり。
つまり、和をもって尊し、とする
大和の心、また、礼をもって
雅とする、この国の長《おさ》として、
ますます成就するよう
指導し、援助するなり。

4月22日、

この日に「闇のまどわし」があって、そしてそれはとても荘厳な、思わずひれ伏したくなる声が響いたんですね。

「我が根源の神である！　汝、我に従え!!」と。

それはとても荘厳な声でありました。根源の神としか思えない荘厳さであって、わたくしはその荘厳さに思わず、

「ハイ、従います！」

と言いかけたけれども、でも、やめた。それは神ではない、神はそのような命令するようなことは言わない、と気づいたからです。それで、

「従わない!!」

と言ったところ、パッと消えたんですが、それはギガエネルギーであったと後で三島神が教えて下さり、またそれは有限の単位とのことでしたが、それはとても危なかった。もう一寸で従うところだったのね。

4月24日

「自信を持って進みよし」という父からのメッセージがあって、

5月6日
「たい子の宇宙観が軸である」とのメッセージがあって、
5月8日、
「9月23日にアストラルの皇と結婚する」というメッセージがあって、
5月10日、
「ユートピアの思想の真髄、本質を解けるのはたい子ひとりなりしに、このこと文章にても明らかに証すなり」
「神の本質、宇宙の本質知るはたい子のみにて、このこと急ぎ証されよ」
というふたつのメッセージがあって、
5月15日、
この日は寝るとすぐ（目をつぶるとすぐ）空中に大きなブルーの河らしきものを見て、その後、
「たい子の体験書き現わさでは、これ人類の損失なり」
というメッセージがあって、

5月17日、
ではどう書き現わせばよいのか、とあれこれ考えていると、
　そんなものではない
　そんなものではない
　十字がふたつなんだよ
　十字がふたつなんだよ
　これが廻るんだ

との、三島神からの助言があって、

5月27日
この日は天の父君より電話があって、
「二元性の地位、そちに与えるなり」
と申され、それは「二元性をどうしてもいい」という地位なのね。

5月29日
この日から、九次元の神がコスモ学校の座敷わらしになって下さって、つまり、コスモ学校を

援助して下さることになったんです。

7月7日

「宇宙創《くにう》み」創刊号を発行し、

8月30日

この日ギガ（有限の単位）より、「我を何ゆえに中傷するか？」と抗議があり、「中傷するのではなく、躊躇しているのだ、という事しかいえぬ」と答えたんですが、それはギガのことをみんなに話していたからなんですね。もう一寸で従うところだった、危なかった、すごいまどわしだった。

有限の単位ということだけども、そんなものにも意識があるんだね、…等と。

10月10日

この日は、「天空の皇、地上進出を祝いて」ということで、地上を神の御世にする約束の儀式、祈りをしました。それは、

天にましますます我が魂の父君、母君、きょうの佳き日を与えて下さいまして、まことにありがとうございます。

想えば遥か彼方よりの宇宙計画、きょうこのとき、晴れて成就しますこと、まことにめでたき限りです。全ての宇宙生命の夢の実現、我ら肉体をもって行じられますこと、まことにまことにうれしき限りです。

そのため、陰《かげ》になり陽なたになりて働いてくれし、数多の神々、また宇宙の仲間のお働き、まことに有り難きことと、ここに深く感謝いたします。

まことにまことにありがとうございます。

この上はこのたい子、神の大御心をこの地に映すべく、光の子ら共々働き、存在することをここに新らたに誓い、身ごと神の御世を寿ぎます。


ありがとうございました。

ありがとうございました。

ありがとうございました」


というものでした。また、この日は、三島神がコスモ学校の講師に就任され、それに対してその頃集まっていた10人の中のひとりがお礼の儀、祈りをしました。それはこういうものでした。

我ら親愛なる三島神さま、この度宇宙根源神の命を受け、このコスモ学校の講師に御就任下さいまして、まことにありがとうございます。

わたくし達はあなた様の大情熱に刺激され、発奮させられ、ここに真に神の子として、この地にて活躍することを誓います。どうぞよろしくお願いいたします」

11月19日
この日は朝6時に熊山にゆき、氷点を氷解させるための儀式を行いました。

11月23日、
この日は宇宙連合、ＵＦＯさんがユートピア興しを手伝って下さっていることの感謝の儀、祈りをしたんですが、それは、こんなものでした。
♪ｙｏｕ・ｙｏｕ・ｙｏｕ・ｙｏｕ・ＵＦＯさん、ようこそ地球へお越しやし、ユートピア興しを手伝ってくれてありがとう。お礼に大阪名物のあわおこしをあげたいけれど、受け取ってくれるかな？（ああいいとも！）
あぁ、それでこそあなたとわたしはお友達、これを御縁にこれからは、ますますいい友、ダチだよね！　ありがと　ありがと　ＵＦＯさん♪

12月5日、
この日に、神から言葉を預かる預言者のヨハネでもあられた三島神から、わたくしの言葉は神の言葉である、という預言があって、それは、

京かるた、宇宙の暦、
　今日より、たい子によりて
　　開かれん

　　　　という言葉に始まり、

素《そ》の元は神よりの言《ことば》なり、
その言葉、神より預かりし使徒が預言者なり、
その預言者の長《おさ》がシリウスの皇なり、
その皇の甥が我三島ヨハネなり、
そのヨハネ三島にかつがれたる
霊界の姫御子がたい子ちゃんなり、

そのたい子ちゃんのこれよりの言は
　神の言葉なり、
その神の言葉はこの地を潤す地の塩なり、
　地を這う海の潮なり、

その潮の渦巻くところ、これ美しく
　洗練された都なり、
今日より咲ける石の花なり、
　つまり宝玉なり、
たい子が今日より語るは
　月のしずく、光の言、
物事の理《ことわり》をことごとく、噛み締めたる
　おかゆのような光の潮《うしお》、
　聖なる精子
この地より生まれたる
　生命《いのち》の種、臣《おみ》なるぞ！

――と、このような預言があり、これはわたくしが正式に長《おさ》、神の言葉を預かる預言者の長《おさ》にもなったということなのね。
そして、預言者の長《おさ》でもあるところから、日本の夜が明けたことを「日本の夜明け」として歌でお祝いしたんです。

日の本の元の陽《ひ》明けて
　　おめでとう、
今年《きょう》の佳き日をお祝いし、
　　ササ、一服差し上げ候、
みどりに茶の子の色添えて
　　お茶の子再々、再来す、
再々再度の来店を
　　また掛けて、
みなさまの再度山への
　　お参りを、
元服の日の成立を、
　　お抹茶奉じてチョコ添えて、
アイスクリームにて
　　引き締めて、
酒《ささ》に見立てて
　　一献献上、
ササ　召し上がれ

召しませ春を！

——と、このような歌で祝ったんですね。

再度山というのはコスモ学校のことで、コスモ学校である再度山で元服できることや、日本の夜が明けたことを酒《ささ》に見立てたお抹茶を振る舞うことで祝ったんですね。「日本の夜明け」という新しいメニューをつくって。

つまり、コスモ学校は神理を学び元服もできるところ、宇宙的成人になれるところでありますが、喫茶店でもありましたから「日本の夜明け」というお抹茶のメニューをこしらえて振る舞った、注文してもらったんですね。

また、お抹茶には一口で食べられるチョコレートのアイスクリームを添えたんですが、それは和と洋、これがひとつになることが元服、宇宙的成人になること、神ほどの本来の人間に生まれ変ること、肉もって神ほどになることであるからなんですね。

つまり、和、それは日本であり、また東洋やアジアであって、そしてそれは－《マイナス》をそのまんま生きることを担っているのです。つまり、神の要素である、

「他が幸福であることを自己の幸福とし、そこにとことん身を掛ける」

この愛を理屈抜きでそのまんま生きることを担っており、片や洋、西洋は、この愛、ー《マイナス》、これが神の要素であること、調和の術《すべ》であることを認識することを担っているんです。

この愛、これはー《マイナス》、スサノオ意識と同じ負を担う心であり、神の要素ですが、東洋やアジアはスサノオ意識はもちろんのこと、この愛を理屈ぬきでそのまんま生きることを担っており、片や西洋は、この愛、ー《マイナス》、これが神の要素であること、調和の術《すべ》であることを認識することを担っているのです。

そして、この二つがその人の内にてひとつになることが、つまり認識もってこの愛を生きる、存在することが、元服すること、宇宙的成人になること、神ほどの本来の人間に生まれ変ること、肉もって神ほどになることであって、

ゆえに、お抹茶という和のものと、チョコレートのアイスクリームという洋のものを、セットでお出ししたんですね。

12月21日

この日は天の父君がお出ましになって、次のように助言して下さったんです。

そなたの役目は万物と睦みて夢中っ子する役、

つまり、この宇宙《よ》の全ての生命《いのち》がハラハラホロホロ
その息の根昇げれるようその身の胎《はら》を晴れ渡らせる役なり、
つまりいつまでもあのオーロラ姫のように可憐でキュートな御魂、霊であれかし、
また、♪あの木、なんの木、気になる樹♪　のように、微《こま》かき枝葉をたわわに繁らせ、実らせる役なり、
あのもみの木りっぱなるは、微かき針のような葉がびっしりあるにより、元気であり、見事なり、
つまり感情というささやかな気の群れ、群青が、木をみごとに生かす大きな力なり、

12月29日
この日に、弁天さまをお迎えする儀式を旭川の川原でしましてね。それは、あれ以来ズーッと考えていたからでした。つまり、わたくしのユートピアの思想の真髄や宇宙の本質、また、わたくしの20年間の体験をどう書き表せばよいのか考えていたんです。

そしてそれは、三島神によれば、十字がふたつ回るということだけれども、何のことだかよくわからない。それで考えつづけていたところ、

「弁天さまのお力を仰がれるとよろしかろう。そのための儀式をして下さい」

という助言があって、

そして12月29日に、弁天さまに御援助いただくべく川原で儀式をしたんですね、弁天さまのお心に叶うような。

そして、あくる30日の夕方からひと晩かけて書き上げたんですが、それは弁天さまのお陰であって、弁天さまが白い子犬になってきて下さったお陰だったたんです。

つまりね、わたくしが書き始めますと、どこからともなく白い子犬がやってきて、書いているわたくしの足元にちょこんとひと晩中座っていたんですけれども、それは弁天さまの化身だったのね。

それはなんとも可愛い！　キュッと品のあるとっても可愛い子犬で、書き終わるといずこかへ去っていったんですけれども、その白い子犬、弁天さまのお陰でひらめいて、ひらめいて、書き上げることができたんです。

また、「十字がふたつ回る」ということも書いている間にわかりましてね、

それは、人間も人類レベルで━していた、宇宙創生（宇宙創造）という大事業、大計画が達成すべく、人間も人類レベルで━していたということであったのです。

つまり宇宙創生という宇宙の大事業や大計画が達成したのは、わたくしという神や神々が━したから、宇宙の大計画がうまくゆくべく自分を捨ててとことん尽くしたからですが、人間も人類レベルで━しており、そしてそれは無智を担うことによる━、これであって、人類が無智を

担ってくれなかったらこの計画は達成しなかったのです。

つまり、その無智ゆえに世紀末、地球や人類の破滅のみか、宇宙のドラマが跡切れるという大《おお》陰《ねが》、大ピンチを招き、そしてそのピンチ、大陰《おおねが》あってわたくしは生まれ変わった。エゴのない神ほどの人間に生まれ変わった、つまり肉もつ神になった、つまり根源の神の位に回復し、そこにおいて宇宙は創生された。

ドラマを軸とする宇宙のドラマは跡切れることなく回り始めており、それというのも人類が無智という陰《ネガ》、エゴの極みを担い、そこから問題を山ほどつくってくれたお陰であって、この宇宙創生という大快挙はわたくしや神々のみでなく、人類のお陰でもあって、そしてそれが十字がふたつ回るということであったのです。

宇宙創生は地上創生、人間創生でもあり、そして地上は陰陽《ネガポジ》の世界から陰《ネガ》のない陽のみの世界になり、人間もわたくしのところで陰《ネガ》のない陽のみ、肉もって神ほどになっており、この三つでひとつの創生、創造に、神のみでなく人間も貢献していた。無智を担うという──、これをすることによって貢献していたんですね。

そして、このことがわかったとき、わたくしはとてもうれしかったんです。自分や神の位の者のみが役に立っていたのではなく、人間の方々も役に立っている。このことがわかったとき、「エー！」と、うれしい悲鳴を心の中で思わず挙げたんですね。

それは、人間の方々の身になってみると、侘びしい、宇宙の大事業や大計画に何もしていない、貢献していないとなると、さぞ侘びしいであろう、と心がいささか沈んでいたのですが、でも、人間の方々も人類レベルでは貢献されており、それで、うれしかった！　とってもうれしかったんですね。

そして1992年、平成4年の1月1日に天井に張り巡らすことができたんです。

1992年（平成4年）

1月1日

つまり、この日に、やっとユートピアの思想の真髄や宇宙の本質、またわたくしの20年間の体験を天井に張り巡らすことができた、つまり公開することができたんです。

それは巻き紙に書いてあり、またとても長いものであって、天井に張るしかそれを張り出すスペースはないので、天井いっぱいに張り巡らして、公開したんです。

1月8日、

この日夜遅くまで、三島神と霊的縁《えにし》の深い直子ちゃんと仕事をしていますと、三島神から次のような進言が直子ちゃんを通してあったんです。

この子の御霊《みたま》のみたままの宇宙が、

この世に創造されるという
世にも不思議な天の企らいごと、
親バカぶりに、
我三島、あきれ果て、
グーの音も出ないしなれど、
あにはからんや、はからんや、
この妹のみし宇宙、
まことにえもいわれぬ
美しき御国、
豊穣の宇宙《うみ》、園なれば、
これまたグーとも何とも
異のはさみようもなく、
このように我が子
ジュニアを使いて、
禊ぎしつつの祝福を
している次第でして、
これまた不思議な天の仕掛け

システムを、
これ以上説明するのもヤボなれば、
どうか我が妹であり、
姉でもあり、母でもあり、
弟でもあり、兄でもあり、
子でもあり、父でもある
たい子どの、
いやお上！
今日はもうこれくらいにして
お眠りしやんして、
あのこと、例のタコ、
上げていただきたく存じます。

——と、このようなもので、通信（チャネリング）ができるようになっていた直子ちゃんを通して進言されたんです。

1月9日

前日の進言のもと、この日に、日本の夜明けを祝った歌を柱に掲げたんです。白い和紙に筆で書き、お正月に上げる凧に張りつけ柱に掲げたんですね。

そしてそれあって、天之御中主命と天照さまから、御注意と共に、氏神（日本の民の神）としての立場でもあることを知らされると共に、自分達を越えてゆくよう告げられたんです。

あなたは新しき汀《みぎわ》、世の神として、
人の陰にて君臨することをよしとし、
その立役に殉じなさい。
つまり表に立つことにて人を統べるのではなく、
人の陰にありて自からの内を統べることにより、
上であり神であるという美《み》め麗しい栄耀栄華を一身に浴びるのです。
その賞賛の辞は神自身である
御自身がなされることになりますが、
この宇宙胎《くにばら》にいる神々全て知ることにより、
神の御名によりそう在ることになります。
ではくれぐれもお間違《まちが》いのなきよう、

しっかと、この父のあと、母のあとを継承し、
また超えてゆかれるがよろしかろう。

——と、このようなもので、また、その天之御中主命のお陰《かげ》で3月11日にⓒ《おっぱい》マークを生み出すことができたんです。ⓒ《おっぱい》マーク、これは《まんだら》の略したものですが、このマークは天之御中主命がわたくしが呻吟していますと、ピョイと助けて下さってできたのです。

つまり、マークの真ん中にある、c《これ》は天之御中主命がピョイと描いて下さったんです。わたくしが認識はしているけれども描くに描けないで呻吟していますと、

「こんなんじゃ、ないかえ」

と、ピョイと描いて下さったのです。

つまりわたくしは、宇宙を陽のみであらしめている力は━《マイナス》であって、そしてそれはエネルギー、能動的積極的《アクティブ》エネルギーだけれども、どう図にすればよいか呻吟していますと、天の御中主命が、

「こんなんじゃ、ないかえ」

と、当時わたくしの傍《かたわら》にいて通信《チャネリング》を主な仕事にしていた和美ちゃんの手を使って、ピョイと描いて下さったんです。

3月7日

この日の夜、おふとんの中にいると、

　男女の愛しい念いは心の窓、
　さあ〜、いまイッキに解放し、
　　解き放ちましょう
　　　思いの丈を！

と、このような言葉を受け、また、

「今、どうすることが幻想《ドラマチック》か想い出してごらん」

「ここに向かって！」

「何ぶん、よろしく！」

このような言葉も受け、

これは、わたくしの対《つい》との性事、これを怠っているところからの、三島神からの催促、促しであったのです。でも、これはなかなか難しい、何しろ彼には妻があり、このこと行うには彼の自由意志や離婚する必要もあって、なかなか難しいんですね。

3月14日
「光、一元、素《そ》の元の神復活す」
このような言葉を受け、そしてそれは「物理的力以上の知性」、これにわたくしが復活したということであるのです。

3月16日、
この日に、アーリオーンという宇宙神霊から、

「今、我とか、我々とかの認識なく、全てにおいて全ての存在なりしに、このこと口上文にて証すべし」

とのメッセージがあって、
そしてそれは、巻き紙に書いて天井に張り巡らしている証、宇宙は陽のみであることを証している文章、このダイジェストをつくる、ということであったんです。

で、これは、これまた、とても難しく、考えに考えていたところ、

「今はリンとしたおめざの音並ですが、今にリン・リン・リンと騒がしくもきれいに澄み渡ったときの声、心おきなくお挙げになりますから、そのときのためにも、またそれよりのためにも、お脳新しいのに取り換えさせていただきました」

とのメッセージと共に、脳が新しいのに取り換えられたのね。

そして1992年、平成4年の4月4日にダイジェストが完成しました。

1992年（平成4年）
4月4日
表紙に《おっぱい》マークをつけたダイジェスト完成。

これは、宇宙は陽のみであることを論理的に証しているんですが、でも固くない。宇宙は音階的にも快調に統《す》べられているところから、リズミカルに柔らかく証していて、読んでも聞いてもとても楽しいものなのね、
これはここでお読みしたいけれども、長くなるのでまた今度にさせて戴きますね。

——そしてこのの本をつくったあとも何やかやいろいろあって、また、あくる年もいろいろあったんです…。

1993年
○ 《まんだら》が生まれる
○ 新聞（新風タイム）を発行する

○ポジシャン交合塾始める
○和歌にて交う時代《とき》の陽人《ひと》を始める
○時事解説ゼミナールを始める

――などが次々とあって、翌年の1994年も何かといろいろあって…

そして、
1995年1月、

いよいよそのトキを迎えたんですね。

そしてそれは、もともと根源の神であった、このことを認識し、根源の神として立つトキを迎えたんです。

それは、あの神戸の地震、阪神淡路大震災の起きる数日前のことで、20年かかった22の悟り、それを一夜《ひとよ》で治め直し、その後、もともと根源の神であったことを認識したんです。

つまり、治め直しとは、20年間かかって悟った22の悟り、そのお習《さら》いであると共に時間のズレの修正であって、それは20年間、この時間のズレの取り戻しであったのです。

つまり、悟りから悟りに間《ま》があったので、この間《ま》の詰めをしたんです。そして∴《まんだら》に一晩かけてピタリ治まり、そこにおいて認識をしたのです。

もともと根源の神であったことを認識したのです。


それは一晩中、眠っては起き、起きては眠りの、とても小忙しいものでしたが、それは「問」に対する「答」を、起きて「祈り」でもって答えるといったものであったからでした。

その問は、夢やイメージや言葉、ひと粒の短い言葉などによるものであって、まさにそれは禅問答、隠喩的、謎めいた問の仕方であって、頭をとてもひねりましたが、されど全て答えることができ、時間のズレなくピタリ☉《まんだら》に治まったのです。

そしてそれあって、もともと根源の神であったことに気がついた。認識し、そして神として立ったのですが、それはツル、カメ、この降臨であったのです。

以前、「書くことの悟り」をお話しした際、♪かごめかごめ♪の歌の中のツルとカメは、母でもあり父でもある神、宇宙根源神であるとお話しし、そのツル、カメが世紀末に滑った、降臨したとお話ししましたが、それはこのことであって、１９９５年という世紀末、夜明けの晩に滑った、降臨したのです。


また、その立ちと共にかごの中の鳥も飛び立ちました！　つまりわたくしは、神として立ったのですが、その立ちと共にかごの中の鳥も飛び立ったのです。

つまり、♪かごめかごめ♪の歌の中の鳥は飛べない鳥であり、そしてそれは人間、スサノオ意識になり切れない人間だと申しましたが、わたくしが神として立ったときに、飛べなかった鳥も飛び立ったのです。

つまり、神戸の地震によって人間も、つまりこの日本の人、民族は、スサノオ意識に向かって一歩飛び立ったのです。

スサノオ意識、それは、

**「全体がよくあるよう、自分のことはさておいて尽くしっ切りに尽くす」**

この意識であって、そしてそれは——、自分を——する意識であって、

そしてそれは、

**「他が幸福であることを自己の幸福とし、そこにとことん身をかける」**

この意識でもありますが、この意識でもあるところのスサノオ意識、愛に向けて一歩飛び立ったのです。

あの神戸の地震のときに全国から多くの人が救いに向かいましたが、それはこの日本民族がこの愛に向けて一歩飛び立つトキ、日本中にこの愛が広がるトキであったのです。

つまり、神戸の地震、阪神淡路大震災、これはこのようなポジ、プラスのためであって、あの地震で亡くなられた方々はこのために犠牲になられることを魂は受け入れておいでであったのです。

つまりこの方々もこの愛を生きられた、本当の生命《いのち》を生きられたんですね。

人間の本当の生命《いのち》、それはこの愛であって、生命《いのち》の花を咲かすべく、みごと散られたのです。


つまり、神戸、それは神の戸であって、そしてそれはあの天の岩戸、天照さまがお隠れになったというあの天の岩戸であるのです。そしてそれが開いたのです。神が降臨すると共に開き、飛べなかった鳥も飛び立ったのです。

あの大震災により、多くの方がお亡くなりになり、大変なケガをなさり、財産を失われましたが、それはこの日本に愛を広げるため、この日本にこの愛が広がるためであったのです。

そしてそれはさらなる開き、
わたくしを通して、開いている新しい世界、陽のみの新しい世界、時代のさらなる開きとなるものであって、そしてそれに地球も参画したのです。

その気、元気になった地球も、その身を揺すったのです。陽のみの新しい世界、時代がさらに開くよう、また、神から授かり、身を粉にして育てた子供達、その子がこの愛に向けて飛び立てるよう、その身を揺すったのです。そのために犠牲になる子らに手を合わせつつその身を揺すったのです。


――さて、わたくしは立ちました。もともと根源の神であることを認識し、その認識のもと立

ちましたが、その後、その名乗りを世にするトキとなり、そして、

陽のみの、開けし御世のその奥に、
鎮座まします　その神は
我が名をもってその位置示す、
その名　気高き
ＴＡＩＫＯなり

と、和紙に筆で書き、これも凧に張って柱に掲げ、世に名乗ったのです。

そして、このときに名前もＴＡＩＫＯになりました。それ迄はひらがなのたい子でしたが、また、Ｈａｐｐｙという名でしたが（１９９４年からＨａｐｐｙとなっていた）、根源の神として立ったときＴＡＩＫＯになりました。

ＴＡＩＫＯ、それは太古を突き抜けたモダンな宇宙、これを現わしております。宇宙、それはゴタゴタしながらも美しく調和された世界ですが、その調和されたモダンな宇宙をこの名で現わしているのです。

――つまり、神をこの名で現わしているんですね。

またわたくしは「あるぱるぱ」にいるわけですが、あるぱるぱというのは「宇宙の中央」という意味で、宇宙の中央はいま、このあるぱるぱであるのです。

またそれは「地上の中央」でもあります。地上は神を中心に廻る時代《とき》に入っており、また、調和の御柱、陽のみの世界の柱である霊的ヒエラルキーもあるぱるぱにすでに仕組まれており、また、地上にこのような霊的地場が必要な時代になっているところから地上の中央でもあるのです。

そして、この天と地の中央はいま日本の岡山にあります。つまりわたくし、神のいるところが天と地の中央、あるぱるぱであって、わたくしはいま日本の岡山にいるからなんですね。で、ゆえのポカポカの南の国なのです。以前、「書くことの悟り」をお話しした際に、岡山はポカポカの南の国、タヒチとかの南の国はあくせくすることなく呑んびり暮しておりますが、そのような南の国といい、また、人の気を休め、そこよりさらに気負い立つ今様浄土になっていると申しましたが、そしてそれは母なる存在がおり、《まんだら》もあるゆえ、と申しましたが、父なる神もお座なすゆえのポカポカの南の国であり、また浄土、今様浄土であるのです。

また、岡山はミラクル発祥の地でもあるのです。ミラクル、それは奇跡ということですが、岡山は奇跡発祥の地であって、それは《まんだら》は岡山で生まれたからなんですね。

なお、新しい文明の発祥の地は津山です。新しい文明、それは物をも疎かにしない陽のみの霊文明ですが、この文明の発祥の地は津山となっております。

つまり、陽のみの世界、時代の発祥の地であるということであって、そしてそれは、神であるわたくしが生まれた地、宇宙根源神の生誕の地であるからでありますが、また、祭りでもあるところの芝居が行われるからなのです。22の悟りの歴史を芝居にして「祭り」とすることが極めて肝心ですが、その祭りは津山においてなされるからであるのです。

否、なされる計画、ストーリーになっておりますので、この宇宙の計画やストーリー通りに津山において祭りを行うことが肝心ですし、急がれます。

何しろ、祭りをしてこそ万事うまくゆく、陽のみの世界や陽のみの霊文明になってゆきますのでね。

つまりは、日本が陽のみの霊文明、また陽のみの世界、時代、その発祥の地であって、いまこの国、日本の方々が大きく目覚めなくてはなりません。

つまり、

津山！　岡山！　日本！

ここの方々が大きく目覚めなくてはなりません。

特に目覚めなくてはならないのは、神が人の身に生まれているということ、このことであって、そしてこの人の身に生まれている神のところに駆けつけること、その自由意志のもと駆けつけることであり、また、《まんだら》を呑み込んで生まれ変わることであるのです。

その自由意志のもと、神ほどの本来の人間に、《まんだら》に生まれ変わることであるのです。

そしてそこにおいて、陽のみの新しい世界、時代の幕を開く、この日本からさらに開くのです。

わたくしのところで開いている新しい世界、陽のみの新しい時代の幕をパーと大きく開いてゆくのです。

――さて、これが、神が話されている極めつけの悟りの歴史（22の主要な悟りの歴史）です。

なお、この話の中で、実はわたくしが神であることを明かす具合になりましたが、実はわたくしが神であるのです。

また、わたくしは預言者の長《おさ》でもあって、そして預言者の長《おさ》としてこの書と前の書（悟りのシリーズ①）を出しております。この書と前の書、これは神の言葉であって、神の言葉を預かる預言者、その長《おさ》として出しております。

なぜ神として出さないのか、と申しますと、これらの書は神の功績を称えるものでもあって、それは雅《みや》びでも、奥ゆかしくもなく、雅びや奥ゆかしさでもあるところの神、《まんだら》とズレることになるからなんですね。

――ではこれで、悟りのシリーズ②「極めつけの悟りの歴史～22の主要な悟り」を終わります。

なお、この悟りの歴史はカセットテープとCDに吹き込んでおりますので、そちらをお求めになられたい方はあるぱるぱの方に申し込んで下さい。

また、《おっぱい》マークの本をお求めになられたい方もあるぱるぱの方に申し込んで下さい。

## あるぱるぱの歩み（歴史）

あるぱるぱの歴史、それは悟りのスタートからとなります。

○悟りのスタートは１９７０年です。

○完了したのは１９８９年12月22日です。

○∴《まんだら》が生まれたのは１９９３年です。

○「あるぱるぱ」となったのは神として立った１９９５年のときでした。

○そしてそのときに△《霊的ヒエラルキー》の体制になりました。

○根源の神（ＴＡＩＫＯ）を頂点とする、シト、ポヂシャンの△です。

## あるぱるぱのご案内

○あるぱるぱは交流をメインとしており、どなたでも自由に訪れることができます。

○ホームページを開いております。

http://www.icity.or.jp/usr/alpalpa/

○現住所

〒７００－０８２４

岡山県岡山市北区内山下2丁目6の3

電　話　０８６－２３４－１３９５

# おわりに

さて、これでわたくしのお伝えすべきことはほぼお伝えすることができました。まだお伝えすべきことはありますが、それはいずれお伝えさせていただきますゆえ、ひとまずこれで終わらせていただきます。

それにしましてもこのように上梓できましたことにホッとしております。何しろこの情報が世に出ない限り、せっかくの快挙が水の泡…

神と神々と人間、この三者あいまっての快挙、否、この宇宙にある全ての存在あいまっての快挙が水の泡になるわけで、それではまことに申し訳なく、何が何でも世に出さねばと思っておりましたが、やっとこのように上梓でき、ホッと致しております。

されども、いささか心が苦しゅうございます。――それはわたくしの表現が拙なく、おわかりづらい思いをおさせしたのでは、と思い、心がいささか苦しいのですが、おわかりづらき面ありますこと、どうぞお許し下さい。

また是非、《まんだら》を呑み込んで生まれ変わって下さい。いま多くの方が生まれ変わっていって

おいでですが、100%生まれ変わるには自からの力によっても手に入れた《まんだら》を呑み込むこと、これが必須であって、《まんだら》を呑み込んで生まれ変わり、そこにおいて世界も御自分も幸福にしていって下さい。とことん幸福にしていって下さい。

わたくしはそのことをつよく思い、この本を一生懸命書きました。

また是非、神のところに駆けつけて下さい。神のところに駆けつけ世界平和や陽のみの世界の柱であります△《霊的ヒエラルキー》を築いて下さい。この柱、△《霊的ヒエラルキー》がこの地に立ってこそ世界は平和に、宇宙と同じ陽のみになります。いまこの柱は立ってはおりますが、細々としており、この柱を太くしっかりすることがとてもとても肝心ですし、そしてそれはその人自身最高に実ります。

宇宙には、尽くせば実る、尽くしたなりに実る、という法則があり、その法則のもと最高に実ります。

なにしろ尽くす極め、それは神であり、また神はいま人の身に生まれておいでであって、この人の身に生まれておいでの神に尽くすことで最高に実ります。

霊的にも物質的にも申し分なく実ります。

なお、《まんだら》を《ハガキ大》の紙に印刷したものを本書に挿入しておりますので、壁にお張りになるなり、手元にお持ちになるなどして御活用下さい。《まんだら》は意識の中心、焦点でありますれば、意識の中心、焦点に据えれるよういろいろに御活用下さい。

それではこれで失礼します。

みなさまのますますの御多幸をお祈りしております。

２００９年８月

ＴＡＩＫＯ

◎「あるぱるぱ協会」連絡先
〒700-0824　岡山県岡山市北区内山下2-6-3
TEL 086-234-1395

◎「あるぱるぱ協会」HP
http://www.icity.or.jp/usr/alpala/

悟りのシリーズ②
**極めつけの悟りの歴史　22の主要な悟り**

2009年10月30日　初版第1刷発行

著　者　TAIKO
発行者　韮澤 潤一郎
発行所　株式会社 たま出版
〒160-0004　東京都新宿区四谷4-28-20
☎03-5369-3051（代表）
http://tamabook.com
振替　00130-5-94804
印刷所　株式会社エーヴィスシステムズ


ISBN978-4-8127-0280-2 C0011